農村社會工作

葉至誠 著

封面設計：
實踐大學教務處出版組

出 版 心 語

　　近年來，全球數位出版蓄勢待發，美國從事數位出版的業者超過百家，亞洲數位出版的新勢力也正在起飛，諸如日本、中國大陸都方興未艾，而臺灣卻被視為數位出版的處女地，有極大的開發拓展空間。植基於此，本組自民國 93 年 9 月起，即醞釀規劃以數位出版模式，協助本校專任教師致力於學術出版，以激勵本校研究風氣，提昇教學品質及學術水準。

　　在規劃初期，調查得知秀威資訊科技股份有限公司是採行數位印刷模式並做數位少量隨需出版〔POD＝Print on Demand〕(含編印銷售發行)的科技公司，亦為中華民國政府出版品正式授權的 POD 數位處理中心，尤其該公司可提供「免費學術出版」形式，相當符合本組推展數位出版的立意。隨即與秀威公司密集接洽，雙方就數位出版服務要點、數位出版申請作業流程、出版發行合約書以及出版合作備忘錄等相關事宜逐一審慎研擬，歷時 9 個月，至民國 94 年 6 月始告順利簽核公布。

執行迄今，承蒙本校謝董事長孟雄、陳校長振貴、黃教務長博怡、藍教授秀璋以及秀威公司宋總經理政坤等多位長官給予本組全力的支持與指導，本校諸多教師亦身體力行，主動提供學術專著委由本組協助數位出版，數量近50 本，在此一併致上最誠摯的謝意。諸般溫馨滿溢，將是挹注本組持續推展數位出版的最大動力。

　　本出版團隊由葉立誠組長、王雯珊老師、賴怡勳老師三人為組合，以極其有限的人力，充分發揮高效能的團隊精神，合作無間，各司統籌策劃、協商研擬、視覺設計等職掌，在精益求精的前提下，至望弘揚本校實踐大學的校譽，具體落實出版機能。

實踐大學教務處出版組　謹識

2012 年 9 月

序言

　　《農村社會工作》是社會工作的一環，社會工作是一種幫助人和解決社會問題的工作，它服務於社會上的貧困者、老弱者、身心殘障者和其他不幸者，預防和解決經濟困難或生活不良而造成的社會問題，實現人與社會的和諧發展。

　　《農村社會工作》要服務農民以應農村群眾需求，裨益社會發展，促進社會建設。在農村開展社會工作，必須立足於農村實況，服務於農民需求，將群眾的需求和願望作為社會工作的切入點，落實服務工作的實效。《農村社會工作》採用行為科學的理論及方法，從多元角度探索社會問題（包括農村貧困、老人、婦女、青年等）的原委，從而探討如何借用社會工作專業知能以協助解決這些社會問題，體現著專業者們對社會服務的熱情和對社會弱勢群體的關懷。

　　在台灣，農村不僅是農民生產與居住的場所，也是大多數其他非農民的活動空間。農村的功能從以往以生產為唯一目標，轉而同時扮演著自然生存基本條件的維護、生物多樣性動植物的保護、文化及人文景觀的維護角色等。隨著全球化（globalization）和在地化（rurality），形成農村機能的變遷，我們必須知道農村與整個農業、農民在地區、國家或全球分工的生產網絡位置，以及它們對於農民生活的社會結構關係。也需要瞭解農村中各種不同產業之間的網絡關係，以及它們對於農村生活的影響。如此，農村社會工作對於現代社會中的「農村」、「農民」、「農業」的重要性意涵，才會周全、合宜。

　　《農村社會工作》是屬於社會工作專業範疇之一。結合歷史與現實的有機連繫，引導深入理解農民與農村社會的關係，從而實現社會工作的服務價值──關注民生、服務農民。學習農村社會工作宜把握理論與實踐的相互依存關係，既能系統地梳理農村社會工作的歷史脈絡和現實環境，也

能深入地認識農村社會工作各種理念、理論、價值觀、實務模式和方法技巧等。旨在使閱讀者能根據社會情境、歷史分析，整合地思考農村社會工作的介入模式。

《農村社會工作》結合理論探討及實務工作的系統陳述，根據實務經驗，希望委身於農村社會工作的同好，經由理論與實踐的循環往復，創造出適合在地特色的農村社會工作情境模式，以期達到：

第一，對於社工學系，增進於專業議題關照的高度。

第二，對於社工系老師，增進教師專業能力的寬度。

第三，對於社工系學生，增進渠等生涯能力的深度。

第四，對於實務單位，增進服務於社會實踐的廣度。

第五，藉由研議的成果，增進專業學術交流的厚度。

等寬泛功能，以便更好地建設農村社會，邁向「讓每一個人能平平安安、快快樂樂的過生活」的福利社會。

二十一世紀是「全球化」與「國際化」的時代，任何一個國家與人民都不能夠閉關自守。社會工作是起源西方國家的一種保護性社會制度安排，是其社會安全制度的組成部分。我國社會在現代化的過程中引進這種專業助人的機制，但我們在引入其理論、方法的同時，必須注意到中西社會的差異，積極探索我國社會工作在地化的道路；就是在立足我國社會發展現實的基礎上，把來自國外的社工理論、方法與我國的傳統、文化和價值觀念有機結合起來，使之能夠有效地服務我們的社會。農村社會工作是我國社會工作在地化的實施點，也是社會工作專業化發展的重要領域。過去我們的農產品，以供應內銷為主，但是在全球化的趨勢下，產銷方式、農家的生活型態，將受到很大的影響。農業生產結構的改變，將無可避免的衝擊農民的想法及鄉村生活的方式與品質，農村的結構都正面臨全新的挑戰，這些都是農村社會工作重要的課題。當前，西方農村社會工作的議題轉向「社會網絡（social network）」和「社會資本（social capital）」。社區發展強調「資產（assets）」和「能力（capacity）」的充實（Kretzman & Mcknight, 1993）。資產建立（assets building）以「增強為本」的實務模式為基礎，旨

在發現及重新肯定個人能力、天賦、智慧、求生技能及志向,以及社區的共同財產和資源。爰此,農村社會工作結合地(自然資源)、景(景觀資源)、人(人的資源)、文(文化資源)、及產(生產資源)等五項資源,注重對社區居民的直接服務,特別是從個人、家庭和社區的層面對農民提供面對面的支援和幫助,強調的是用專業知識與方法幫助處於不利地位的個人、群體和社區,克服困難,解決問題並預防問題的發生,恢復、改善和發展其功能,以適應正常社會生活的服務活動。

筆者任教大學校院已逾二十載,常期能體現韓愈所言「化當世莫若口,傳來世莫若書」,將此專業知識擴及教室之外的社會大眾,以能對社會教育略盡棉薄的貢獻。盱衡我國社會進入全球化、專業化,不論是在專業服務或是培訓人員方面,都需有能一窺農村服務領域全貌的關照,凡有志者皆可以一同朝向未來應建構的方向共同努力。為此,於所參與的中華民國社區發展協會倡議並推動,結合兩岸大學校院共組「兩岸青年志工農村社會服務隊伍」,於二〇一一年七月起分別於大陸安徽合肥市及黃山宏村,進行五所兩岸高校的聯合服務。為使助人專業得以永續,乃結合志工隊伍的實踐歷程及專業學理,融合而為本書,以期能成為這項服務工作的參酌,在服務行動能提供其資訊的借鑑性,讓學習者瞭解農村社會服務的最新學理與趨勢。就此專業領域的引介,感謝中華民國社區發展協會的「青年志工服務團」、秀威資訊科技股份有限公司及實踐大學出版組的玉成,方能完成這本著作。唯知識分子常以「金石之業」、「擲地有聲」,以形容對論著的期許,本書距離該目標不知凡幾。唯因忝列杏壇,雖自忖所學有限,腹笥甚儉,然常以先進師長之著作等身,為效尤的典範,乃不辭揣陋,敝帚呈現,尚祈教育先進及諸讀者不吝賜正。

葉至誠 謹序

農村社會工作

目次

第一章　農村社會工作概述

前言

　　社會工作是起源西方國家的一種保護性社會制度安排，屬其社會安全制度的組成部分。我國社會在追求現代化的過程中引進這種專業助人的機制，但我們在引入其理論、方法的同時，必須注意到中西社會的差異，積極探索我國社會工作在地化的道路；就是在立足我國社會發展現實的基礎上，把來自國外的社工理論、方法與我國的傳統、文化和價值觀念有機結合起來，使之能夠有效地服務我們的社會。農村社會工作是我國社會工作在地化的實施專業，也是社會工作專業化發展的重要領域。

　　全球化的趨勢所造成的影響是國際性的，許多先進的國家，如美國與歐盟各國，較早歷經調適的過程，這些先進社會的社會發展經驗，有許多值得台灣學習與借鏡之處。他山之石，可以攻錯，瞭解別國在全球化與國際化過程中所遭遇的困境與應變之道，農業、農民與農家生活的改變與調適，農業結構與農村組織的改變，以及農村社會學理論的建構等等，都是建構「農村社會工作」參酌的內容。拓展專業視野、借鏡他國長處、提昇實踐能力，是農村社會工作亟待開拓之處。

壹、農村社會工作的涵義

　　《農村社會工作》是社會工作的一環，社會工作是一種幫助人和解決社會問題的工作，它服務於社會上的貧困者、老弱者、身心殘障者和其他不幸者，預防和解決部分經濟困難或生活方式不良而造成的社會問題，實現人與社會和諧發展。社會工作就其本質而言，是歐美先進國家在其社會

轉型初期，為應對一系列的社會新問題而構建的一種保護性的制度安排，是社會安全機制的組成部分。基督教社會中的慈善事業歷史悠久，社會工作就源於社會慈善工作。作為一種正式的社會制度安排，社會工作萌芽於十八世紀後期，發展於十九世紀，成熟於二十世紀初期。這段時間正是歐美國家從農業社會轉向工業社會、從農村社會轉向城市社會、從傳統社會轉向現代社會的時期，在這一個多世紀中，社會工作適應社會變遷的需要，其工作內容從早期的以救濟（Saving）為主，轉變為以救濟、解困（Helping）和發展（Developing）為其工作內容的龐大體系，並逐步完成了其制度化、組織化、專業化的建設。

農村社會工作是社會工作的一個重要組成部分，《農村社會工作》要全面服務於農村群眾需求，推進社會工作發展，促進社會建設，是個系統工程。在農村開展社會工作，必須立足於農村實況，服務於農民需求，將群眾的基本要求和迫切願望作為社會工作的落實點，增強工作的針對性和實效性，使服務能實際、方向能清晰、目標能具體，也是現階段社會工作的體現；它是廣泛發動各種社會力量在農村所開展的社會服務；農村社會工作的目的在於預防和解決社會問題，增進農村的社會福利，推動農村的社會發展。

農村社會工作，如果依照工作性質來劃分，可分為消極被動型和積極主動型兩類。所謂消極被動型的農村社會工作是指對發生各種困難的農村居民給予幫助或對已出現的農村社會問題採取應急措施，如對受災地區的農民給予援助等。所謂積極主動型的農村社會工作是指開展具有預防性和建設性的工作。預防是為了減少農村社會問題的發生，如做好疾病預防、防止生態遭受破壞等；建設性工作指為提高農村居民的社會適應能力而進行的工作，如：健康休閒娛樂、農村文化教育、農業技術推廣等。

農村社會工作依照執行機構劃分，有以下五類。

其一，政府部門中的農村社會工作。內政部門是我國社會福利工作的主要行政服務機構，現階段大部分社會工作屬內政部門的工作範圍，如：社會救濟、老農津貼。

　　其二，政府部門中的農政部門工作，行政院農業委員會主管全國農、林、漁、牧及糧食行政事務，對於省（市）政府執行主管事務，有指示、監督之責。設企劃處、畜牧處、輔導處、國際處、科技處、農田水利處，農糧署、漁業署、林務局、水保局、防疫局、金融局等。

　　其三，地方政府的農村社會工作，如縣的農業局、鄉鎮的農業課，以執行地方的農業服務事宜，辦理農產品增產、植物保護、農業調查及統計、獎勵農業資料、糧米管理、農地管理及利用等業務，輔導農會會務、會計、供銷、保險、推廣部門執行、農會法定會議財務監督、農民保險、老農津貼、家畜保險、經收稻穀服務到家烘乾濕穀、農事四健家政推廣及政府農業政策宣導與執行。畜產推廣、畜產增產計畫及預算之編擬、家畜保險業務、家畜品種改良及檢查登錄等業務。辦理山坡地農業水土保持、人民申請案件派人勘查、山坡地保育利用管理、各項報表之填報等業務。辦理漁業管理、漁業增產、漁業團體輔導、漁業財務計畫預算決算之核定、輔導漁會辦理漁民福利事業等業務。辦理農產品批發市場管理、農產品共同運銷、農產品資訊報導及服務訓練、輔導農產品運銷及展售等業務。是農村社會服務的重要組成部分。

　　其四，農會組織，為一經濟性、政治性、社會性、教育性的多元目標之綜合性人民團體，其宗旨以保障農民權益，提高農民知識、技能，促進農業現代化，增加生產收益，改善農民生活，發展農村經濟為宗旨。

　　其五，群眾自行組織的農村服務組織。如：四健會協會，緣起於民國四十一年，由農復會（現農委會前身）引進美國四健會運動，當時農復會的主任委員蔣夢麟倡導：農村青年是下一代的農村幹部，為了要使他們將來能夠擔當繁榮農村的責任，必須先加以適當的訓練。現在計畫推行的四健會，就是組織農村青年，指導他們應用科學方法，提高農家的收益，改善農村的生活，增加貢獻國家的力量。以訓練有科學知識和技能的農民，追求農村永續發展的大計。

　　相互協助、相互支援是中華民族的優良傳統，在農村以「生活共同體」為念，那些在生產、生活上有困難的貧困戶不但得到集體的扶助，同時也

得到其他村民的幫助,「遠親不如近鄰」早已成為傳統。農村經濟發展後,有些地方還出現了農民自己修橋、鋪路、建文化活動中心與圖書館等新景象,創造農村社區營造的氣象。

農村社會工作考量農村差異性的脈絡和現實環境,強調農民真實的需求,與社會發展和社會整合相結合,以發揮專業的社會功能,提昇農村社會生活品質為目標。依照工作內容劃分,還可分為:農村社會救濟、農村社會福利、農村計畫生育、農業技術推廣等。農村社會工作的社會價值,是來自於關注民生、服務民眾,應該以社會公正、社會關懷和發自內心的慈善的情懷去理解和參與農村社會工作。

社會工作是具體、直接的提供社會援助。社會福利是種政策、理念。廣義的社會福利是:提高社會成員物質生活水準和精神文明程度的政策、行動。狹義的社會福利是:消極的對符合特定標準者進行救助。農村社會工作是社會工作的一環,社會工作強調社會工作是一門專業兼具理論與實務的整合,並發展一套助人的專業,旨在改變人與環境以提昇個人在環境之適應能力,以藉此提昇人民生活品質。包括生活福利性服務、生產性服務和社會性服務,針對社會成員的生活福利提供的服務。農村社會工作將社會發展的思路引進社會福利或社會安全制度,把社會政策和社會工作結合起來。農村社會工作則是透過居民不斷的凝聚共識及充分參與農村的規劃、設計與建設的過程,使居住的社區能夠很舒適、很健康、很快樂,並且共同享受成果。而居民、政府、專業團隊成為服務網絡的堅實團隊。

農村社會工作是結合地(自然資源)、景(景觀資源)、人(人的資源)、文(文化資源)、及產(生產資源)等五項資源。農村社會工作注重對社區居民的直接服務,特別是從個人、家庭和社區的層面對農民提供面對面的支援和幫助。社會工作強調的是工作者是用專業知識與方法幫助處於不利地位的個人、群體和社區,克服困難,解決問題,預防問題的發生,恢復、改善和發展其功能,以適應正常社會生活的服務活動。農村社會工作是對農村提供個人、家庭、團體及社區等直接支援服務,改善他們的人際

關係和溝通能力，以適應社區重建的需要，最終實現可持續發展能力建設的目標。

從總體上說，對農村社會工作的理解和認識必須具備兩個條件：一是具有專業性、甚至職業化的社區社會工作，已超過傳統時代所做的發放救濟糧款和救災物資；二是工作的範圍和對象是農村、農民和農業。當然，現代農村已經不是傳統意義上的以農業為生的面朝黃土背朝天的莊稼漢，我們這裡討論的農村，包括廣大的城鎮和集鎮社區在內；我們所說的農民，除了農業勞動者以外，也包括農村及城鎮中的鄉鎮農民。這樣，社會工作在農村社區的開展就可以理解為農民服務的專業助人工作。

從農村社區的分散性和區域性特點來看，我們認為，農村社會工作一般應該設定在鄉、鎮中的社區為範圍。這是因為，鄉鎮行政單位的社區為民眾生活的主要聚落，在空間上，鄉鎮是農民生產、生活、交往等活動的主要社會交往圈，再加上行政區劃的因素，所以農村社會工作以鄉鎮區域中的社區為基本單位或範圍較宜，就如城市社區中社區社會工作以社區等為基本單位和範圍一樣。換言之，農村社會工作者的「組織關係」和「事務推展」可以鄉鎮區域中的社區為基本工作單位。根據以上分析，我們認為，所謂農村社會工作，就是專業性的社會工作者以社會科學理論知識和社會工作的基本方法，在農村社區中，以鄉鎮社區為空間範圍，以農村社區居民為對象，運用社區資源，有計畫、有步驟地從專業的角度解決農村和農民的問題，以減少社會衝突，提高農村社區的社會福利，促進農村社區的穩定與發展。

從這一點出發，根據農村社區的實際情況，農村社區社會工作的主要內容大致包括：農村社區的社會救助、農村扶貧、老人服務、醫療保健、婦女服務、媽媽教室、社區整建、社區營造、基礎工程、精神建設、生產建設等方面。

貳、農村社會工作的歷史

在我國農村，以往實施這類工作的主體主要是兩個方面，一是建立在血緣關係基礎之上的家庭成員之間的相互依賴，以及建立在地緣關係基礎之上的鄰里之間的互助合作，這是一種直接的互助依存。二是以政府為主體的社會工作，主要由內政、農政部門組織實施，重點是組織農村社會救助、農事推廣。是以，農村作為一種社會主體，農民為國家的公民，農業為國民生活的機能，農村社區自然是社會工作的主要領域，就是把社會工作理論、專業方法和組織服務，引介至農村。

我國是一個古老的農業大國，早在秦漢時期就設有專門管理農業的官員。其最高官員為「大司農」，負責規劃總體農業事務，負責農業生產的執行官員為「大田」，縣一級的農業官員叫「田嗇」，管理糧倉的官員叫「倉嗇夫」。此後各個朝代蕭規曹隨，均有專門管理農業的官員，並設有相應的機構。至於，在全國範圍內成立的農民組織，則能追溯到清朝末年。1907年清政府設立的直隸農務總會，是我國歷史上成立最早、直接由政府頒發關防、享有社團法人地位的農會以服務農民。此後，在整個民國時期，農會組織名稱、性質多有變化，但其存在卻未曾中斷過。農會作為超越血緣、宗族關係的社會組織，在近代中國社會轉型中曾經發揮到不可忽視的作用。農會亦擔負著協調政權與民眾之間關係之責，推動農業改良以圖富國，謀求實業救國，且大量從事農事調查，向政府提出農業改良建議，已具有相當程度的中間組織的性質。在台灣，各鄉鎮皆設有農會組織，農會係以保障農民權益、提高農民知識技能、促進農業現代化、增加生產收益、改善農民生活、發展農村經濟為宗旨，得由居住農會組織區域內，實際從事農業之人依法參加為會員。農會既以其組織區域內之農民為服務對象，其會員資格之認定自以「居住農會組織區域內」及「實際從事農業」為要件。農會成為農民與市場連繫的中間橋梁，農業技術的改善、推廣、水利建設、農業教育、金融服務等都由農會負責。在台灣，農會是一個重要的機構，其重要性僅次於鄉公所。在台灣鄉村社會結構中，農會、鄉公所組織構成

一個相輔相成的結構。農會既是農民與技術之間的橋梁，也是農民與市場之間的橋梁。由於農民收入的提高，農村的教育和公共衛生事業也有了長足的進步，基本上實現了把「科學技術」和「團體組織」引入農村，農業推廣為農會宗旨中，最能發揮農村服務的功能，本著「取之於農，用之於農」委託經營精神，配合政府農業政策，推行農業機械化，鼓勵稻田轉作，組織農民，推行精緻農業，促進農業，擴大農場經營規模，推行現代化，以達成繁榮農村經濟、建設富麗農村為目的，實現農村現代化的功能。

美國農村社會工作，是起源於二十世紀初為因應農業危機和農村問題。該時，美國正處於「進步時代」和「新政時期」，配合當時美國社會關注失業農民以及其他農民生活困境，政府採取了應對農村危機和農村各種問題的各種政策舉措，社會工作者即在各個層面上擔當相當活躍的角色。他們運用其專業知識和方法開展各種服務行動，發揮出了社會工作幫助農民群體改善處境、解決農村社會問題，並促進城市和鄉村更加協調發展的功能。當時美國的一些社會工作者們或擔任政府有關部門的官員，在事關農村生活和農民事物的社會行政中，運用社會工作獨特的視角與技術開展工作，使各種針對農民和農村的社會政策措施發揮出優良的效果；或者在政府的支持下開展各類農村社區工作的項目，實施以綜合性的社區發展或社區建設為內容的農村社區工作計畫；又或是獨立地進行一些以農民為主體的農村社會工作的嘗試，旨在具體地改善農民及其家庭的生活困境，驗證社會工作知識與方法的有效性。可以說，這些構成了農村社會工作的早期形態，也為農村社會工作的發展提供了基本的方向。

韓國農村社會工作，為推進「新村運動」，韓國於一九七二年成立了專門的研究院實施新村教育。透過培養新村運動的指導員，成立社區新村學校，對農民進行教育，以「勤勉、自助、合作」為「新村運動」的宗旨，以「擺脫貧困，走向富裕」為「新村運動」的目標。研究院於一九九〇年改名為「韓國新村運動中央研究院」，中央研究院的教育內容側重精神訓練，對象不分職業、年齡，從國會議員、內閣部長、到社會各界領袖與新村運動輔導員、核心農民一起，參加內容、形式都相同的培訓。全體學員

都集體住宿，穿統一的服裝，有統一的紀律和統一的行動。每天早上六點鐘起床，唱國歌、做操、跑步。產生了直觀、生動、互相教育、相互啟發、互相鼓勵的效果。「新村運動」的實質就是振奮國民精神，提高國民素質，培養國民的上進心，衝破貧窮與灰心喪氣的過去，積極投身以增加收入、提高生活素質為目的的社會改革和經濟開發運動。「新村運動」的重點在於「精神啟發」，始終將「勤勉、自助、合作」作為一種民族精神加以啟迪，喚醒國民，克服農民的懶散、易於滿足的陋習，培養勤儉節約、自主自助、相互信任、相互幫助的良好社會風尚。韓國「新村運動」的組織者、輔導員，甚至基層單位的工作成員，在運動中身體力行，努力工作，不計報酬，團結合作，自信自強，對「新村運動」的開展及韓國農村現代化發揮極大的推動作用。

　　日本農村社會工作，是以「農協」為主體。日本戰後的農業協同組合（農協）是農民自願結合的組織，分為基層農協、農協聯合會及農協中央會三大層次。依其業務對象和經營範圍不同又可分為綜合農協和專業農協。綜合農協以本地區的農家為服務對象，業務包括所有農業部類，且經營範圍很廣，不僅包括購銷、信貸、保險、農產品加工、存儲、農村工業、技術指導、農業資訊，還包括生活服務、醫療衛生等。日本農戶的絕大部分農產品和農業生產資料，都是經由農協銷售和購買的，甚至農民的部分生活用品也是透過農協經營的商業管道購買的。隨著日本工業化和都市化過程的推進，日本農民人數在下降的同時，兼業化程度不斷提高。根據二〇〇〇年的統計，在日本農戶中，專業農戶只占總農戶的 15%，兼業農戶占 85%，其中以農業收入為主、以非農收入為輔的第一兼業農戶，占總農戶的 18.8%；以非農業收入為主、以農業收入為輔的第二兼業農戶，占總農戶的 61.1%。日本農協提供的各種服務為以兼業為主的日本農民的現代化提供可能，日本農協的「營農輔導員」不僅提供農業技術服務，還向農民傳播、傳授現代的文明生活方式，是現代文明的在農村的主要傳播者。在日本經濟進入高速增長時期後，農協適應農業專業化、機械化和市場化的需要，在組織機構、農產品流通形式、副業範圍等方面不斷調整，不失時機

地發揮自身優勢，依循政府的農業政策，採取一系列相應的措施，促進了日本農業的發展，為振興日本經濟、改善農民生活提供指導。日本農協既改善了農民的交易地位，又減輕了基層政府的行政負擔，承擔了農村主要的經濟功能。

在現今發展中國家和地區，農村社會工作也獲得了持續的發展，社會工作在農村領域繼續扮演著活躍的角色，甚至更加突出。這主要有兩種情況：第一，是一些發展中國家和地區本土的農村社會工作的探索與實踐，往往展現出鮮明的文化特色；第二，是與發達國家的發展援助活動相連繫的一些專案工作，運用了新的農村社會工作的原則。就前者而言，亞、非、拉美等第三世界國家多以本土農村社會工作的實踐探索，形成了特有的關注農村和農民的社會工作，主要體現在強調社區化的特點。不同於英國、美國所代表的個人主義和功能主義，也與社會主義國家重集體福利制度的結構取向和革命模式有所不同。然而，歸結各種農村發展專案有關的農村社會工作模式，具有：參與式發展、能力建設、增能、文化保護、生態保護等。

大陸在改革開放以後，相較其他產業，農業仍屬於弱勢產業，不僅要承擔自然的風險，還要承擔市場的風險，因為與市場上的那些有組織的力量相比，農民是分散的，市場的風險大多會被轉嫁到農民身上。到二〇一〇年，大陸農村總人口為七點八億人，農村勞動力為四億人，農村人口占總人口的比重約為 60%；因此，社會工作無論是從自身專業發展的要求來看，還是從推進農村現代化的角度來看，都要高度關注農民這個最大群體。鑑於農村發展和社會工作發展的現狀，大陸的農村社會工作有幾個方面作為突破：

第一，推動新農村建設運動。二十世紀上半期的農村建設運動實際上是一場影響深遠的社會綜合發展，農村建設運動的領導者、參與者，可被視為農村社會工作者。農村建設運動的目標，在新世紀呼喚更多人的參與，社會工作者的投入對農村社區更顯重要。

第二，政府注重對農民進行技術培訓，社會工作者可以承擔起培訓組織者的角色，同時在對農民進行技術培訓的同時，增加對農民的組織培訓，

因為現代的科學技術必須經過一定的載體，才能轉化為真正的生產力，這種載體就是「農業生產中各種合作組織或農民社區自治組織」。

第三，參與農村居民的扶貧濟弱工作。相較於都會地區農村存在著貧困居民，社會工作者多是用參與式方法進行各種扶貧工作，社會工作者參與其中，為這些貧民提供各種服務，並推廣其成功的經驗。

第四，為各種農民協會或專業技術協會提供專業服務。各種農民協會或專業技術協會正在興起，社會工作者可以為這些組織提供培訓、資訊、組織、管理等方面的服務，這些組織的成長也需要更多社會工作者的參與。各種農民協會和專業技術協會的成長必然增加對組織、管理人才的需求，這成為社會工作的專業化建設。

第五，進行廣泛的農村調查。對農村進行系統而科學的調查，既是認知農村實況不可缺少的方式，也是開展農村社會工作的前提。大陸幅員遼闊，各地區的自然條件和發展現狀差異很大，廣泛的調查、深入的研究不僅對農村社會工作來說是必須的，也就是制定農村政策所不可缺少的基本依據。

第六，為進城市謀職的農民提供各種職業培訓，加快其融入城市的步伐。這樣的培訓，是為使其成為現代城市社會中合格公民做準備的，也是其下一代脫離農村、成為市民所不可缺少的。就先進各國的經驗來看，都市化是一個不可逆轉的進程，大陸農村人口的減少、都市人口的增加將是一個可預見的進程。社會工作者可以在此過程中發揮自己的作用。

第七，影響社會及政府的措施，促使政府推行更加有利農村發展的社會政策，呼籲更多的人關注農村的發展、籌集更多資金用於農村發展。社會工作者也是政府政策的影響者，社會工作者可以參與國家有關農村社會政策的制定、修改，在某種程度上成為農民利益的代言人。在價值和利益多元化的現代社會中，政府政策的制定是多元利益主體協調的結果，其對政府政策的影響主要是把現有政策在運行過程中存在的問題回饋給政策的制定者，利用自身的專業優勢幫助政策的制定者或修改者完善政策的技術性細節，使之更具有操作性。社會工作者的呼籲，能引起全社會對農村發展給予更多的廣泛關注，從而籌集更多的資金用於農村的發展。

　　社會工作者幫助農民改善生活環境，社工要具備綜合能力，以應付各種差異性和複雜性的農村社會。要求社會工作實踐沒有偏見，能夠運用系統的知識、價值和技術發揮社會及個人的正向功能，以使農村社區良性運行。強調個案和社區工作兼具，務實鼓勵服務對象運用各種社會支持網絡建立自助組織。

　　農村社會工作者以農民為對象、農村為範疇、農業為基礎，藉由重建政府與農民信任關係和農民的自信心、自尊和權利意識，透過與村民的同行、廣泛參與和增能，倡導政府的社會政策使政策更符合農民的真實需求，以使村民獲得與其生活相關的知識，提高他們應對社會變遷的能力。在新世紀，「富麗新農村」已被提出，這一新農村建設運動正召喚更多人的參與，農村社會工作者尤其顯得責無旁貸。

參、農村社會工作的特徵

　　農村社會工作以社區為中心，與農村發展息息相關，農村社區是以地緣為紐帶、以農業生產為基礎，由同質性勞動人口組成的社會結構簡單、人口密度較低的地域社會。其特徵有：第一，廣闊的地域、人口密度低；第二，對自然生態環境的依存性強；第三，血緣關係較濃厚，人際關係較密切；第四，社會組織、社會制度較簡單；第五，依賴非制度性因素作為社會控制（約定俗成）；生活節奏較慢。隨著農村經濟、政治、法律等方面不斷進步，農村社會工作成為整合社會發展的重要組成。而農村發展提供農村社會工作廣闊的活動舞台。

　　農村社會工作要求社工介入問題時要考察社會各層面，綜合運用社會工作知識、價值和技術對案主提供整全的服務。並根據案主問題的具體情境決定採取相應的干預措施。農村居民是社區最好的設計師，社區總體營造讓居民的想法與專業規劃團隊的理念互相結合：專業規劃團隊利用「透視圖」或「視覺模擬」將居民的想法展現出來，不是紙上談兵。居民也可以在圖面上討論自己村莊的願景，並透過不斷的修正，尋求最適方案。用

地取得之位置、範圍皆於事先溝通，使工程能夠順利完成。是以，農村社會工作人員於表現其服務專業時，具有如下特徵：

第一，建構與政府和農民的合作夥伴關係，強調政策倡導和改變不合理的社會政策，介入社會政策。系統主義取向的農村社會工作持守結構功能主義的價值理念，社會工作的目標是為了維護社會穩定。是以，進行廣泛的農村調查。對農村進行系統而科學的調查，既是認知農村不可缺少手段，也是開展農村社會工作的前提。農村社區相對於都會社區幅員較為遼闊，各地區的自然條件和發展現狀差異很大，廣泛的調查、深入的研究不僅對農村社會工作來說是必須的，也就是訂定周全的農村政策所不可缺少的基本依據。

第二，扮演協調者、教育者、參與者等角色，建立社區居民與政府間的合作關係；目的以民眾自身力量增強社區居民間的團結，倡導參與社區事務，組建農民組織以利服務農村。社會工作者可以為這些組織提供培訓、資訊、組織、管理等方面的服務，這些組織的成長也需要更多社會工作者的參與。各種農民組織的成長必然增加對組織、管理人才的需求，這為社會工作專業的學生提供就業機會，也裨益推進社會工作於農村的專業化建設。

第三，號召社區民眾發揮互助精神，共同應對市場化和現代化的趨勢，滿足農村穩健、前瞻發展的需求。「居民參與」為農村建設重要成功的因素之一，因為居民對自己家鄉的地、景、人、文、產是最瞭解的，透過對農村資源的發掘與凝聚村民的意識，結合政府資源與專業規劃團隊的努力，進而使「家鄉」呈現健康而充滿活力與生氣盎然的景氣。台灣光復後以和平漸進的方式完成了土地改革，同時也對日本統治時期的農會進行了改造，使之成為農民自己的組織，農業技術的改善、推廣、水利建設、農業教育、金融服務等農會扮演的重要角色。

第四，以社區為依託，用團體支持和個案晤談，對社區積極民眾提供實質性的幫助，並動員當地居民廣泛參與。例如建立各種互動小組，使其團結共同發展。傳統農村文化實質上是農耕文化，農耕文化造就了農村社會獨特的生活方式和耕作制度，因此農村社會工作必須對文化的差異性有所瞭解。發掘與保存社區文化、文物古蹟維護管理、強化社區組織與人才

培育、提供終身學習及社區照護和形塑社區特色而努力，希望整合社區自然生態、生活文化及農村生產特色，建立社區新的經濟經營體系。社會工作者參與其中，為這些扶貧開發提供各種服務。

第五，著眼在地化，傳統文化因素對農民影響大，因此農村社工必須對鄉村文化有足夠的敏感，在專業倫理與鄉土文化之間尋求平衡點。「文化」，是社區的傳承，是社區的靈魂，經由農村社會工作者培根計畫的開啟，社區開始思索讓在地傳統延續，在地技藝延伸，在地歷史活現，在地藝術提昇，重現在地人與土地、人與空氣、人與未來的結合。透過農村再生，社區可以找回在地文化的價值，也讓社區的傳承得到承諾。例如：苗栗薑麻園社區致力於傳統農村文化的保留，請社區的老師傅當老師，將失傳的技藝「竹管仔厝」做成標本，同時傳承了在地文化與技藝。值得一提的是薑麻園社區透過各個計畫的執行，逐漸建立金三角夥伴關係——「社區、專家學者及公部門」，讓社區居民有極大主權得以自行管理社區，並且按當地特有資源來整體規劃、建設自己的社區發展，讓社區民眾更熱愛自己的社區，使社區的凝聚力更強。

第六，重視教育訓練：參與政府或社會中間組織對農民的培訓，社會保障提昇困難者的基本生活安全；社會工作還有發展受助者能力的任務。注重對農民進行技術培訓，農村社會工作者可以承擔起培訓組織者的角色，同時在對農民進行技術培訓。為農民提供各種職業或非職業培訓，加快其導入現代化的步伐，但對他們進行各種培訓、特別是非職業技術方面的培訓是必須的，這樣的培訓，是為使其成為現代社會中合格公民做準備的，也是其脫離貧困、成為公民社會所不可缺少的。

從農民增收的實際要求看，由於受生產資源的制約，農業發展已經不能只是單純以數量規模的擴張滿足農民增收的願望，要充分促進城鄉平衡發展，進一步根據經濟社會發展變化，拓展農業發展空間，運用現代化方式，加快結構調整和功能轉變，推進農業現代化，促進農業品質，帶動農民增收，農村生活的現代化。

肆、農村社會工作的功能

　　農村社會工作是在立足我國社會發展現實的基礎上，把社會工作理論、方法與傳統、文化和價值觀念有機結合起來，使這種結合後的社工理論、方法能夠有效地服務農村社會。如何實現社會工作在服務對象、理論與方法、服務組織等方面的本土化建設呢？在借鑑、學習、交流的同時，尚宜尋求社會工作本土化的資源。農村社會工作是一種內容廣泛、意義深遠的社會綜合發展，內容包括：農村自治、農村教育、農業改良、農村金融、合作組織、衛生建設以及風俗改良等方面，為農村建設提供專業服務。

　　第一，解決社會問題，恢復農村社會功能；對農村社會進行變革時，可以發揮其助人專業加以協助。對農村中的個人、家庭和社區進行社會保障。促進農村社區的可持續協調發展。例如：台東縣東河鄉藍寶石的故鄉——Atolan 都蘭社區，這裡是台灣極富熱情和詩意的阿美族原住民部落，這裡有歌唱有歡樂，因此留下了不少藝術工作者。然而，近年台東都蘭部落面臨文化傳承的考驗，加上社區文化空間尚未整合，使得社區原有的特色逐漸消失，這是當地族人的隱憂。經過農村社會工作所導入的培根課程後，都蘭社區居民的凝聚力增強了，因為他們開始看見未來的希望，社區「自然、農家、藝術村」的願景將指日可待。

　　第二，配置社會資源，協調農村社會關係；落實由國家規範的救援措施與政策達成社會保障；提供具體直接的社會援助。為確保屬於收入或物質上的幫助社會保障；社會工作更注重對象的自力更生。例如：新竹東山社區經由農村培根課程傳遞生態保育的知識，讓社區居民重新發現，原來過去雜草叢生的東山里四寮野溪，有著豐富的生態資源。在台灣已知四百多種蜘蛛中，東山社區至少擁有其中的一百種。農村社會工作促成社區居民願意成為社區生態的發掘者及守護者。而四寮溪有了學員們齊心合力整理，如今溪畔盛開黃花鼠尾草，加上埔里三線蝶等百餘種昆蟲，溪中溪哥、蝦虎等生物更是隨處可見。此外，社區更將原本廢校之仁和國小改建為金廣成文化館，館內保存著社區居民共同探訪蒐集到的各種歷史文物及生態

資源之資料。農村社會工作除提昇了社區居民的互動關係，更引導社區居民瞭解自己的農村特色，進而強化其農村魅力；除在地人可享受優質化生活外，假日更吸引許多遠道而來的遊客，在享受生態旅遊的同時，更為社區帶來無限的商機。

　　第三，調節社會資源的分配，使之得到充分的利用；增進農民的社會福利，尤其是社會工作已日益成為現代社會福利制度的一部分。例如：透過農村社會工作帶給社區新觀念的激盪，好比花蓮鶴岡社區位在充滿柚花香氣的花蓮一九三縣道旁，拜鶴岡文旦的名氣所賜，它有一個美麗的名字──「國柚花道」。鶴岡不僅是東部文旦的主要產地，也是阿美族重要的部落之一，族群規模龐大，但卻分散為三個聚居部落，儘管有著優渥的產業條件，但社區想要發展，碰到最大的課題就是人員與組織的整合。農村社會工作開啟社區營造的觀念，居民們慢慢放下私念，開始思考如何共同用產業去經營社區這個大家庭，凝聚了眾人的信念，朝向和諧發展的道路。

　　第四，預防農村社會問題的發生；助人自助是農村社會工作的基本作用，增強農民的社會適應能力，不斷提高農村對社會變遷的適應能力和應變能力，推動農民的文化自覺，幫助他們建立應對全球化進程的自信心。農民是社會中最基層的一群，為提昇農村發展，農村社會工作積極推動農村再生培根計畫、小地主大佃農等政策，引導發展創新自己的農村，農民都是自發性去努力，那種奉獻是無私的、是社區建設的力量泉源。

　　第五，促進農民潛能的提昇；以促進農村社會的動態穩定。「產業」是社區經濟的命脈，是社區生活的必需，透過培根計畫，社區學習提高農產附加價值，追求永續生產，改善產銷結構，強化社區自身的產業競爭力。農村社會工作的推動，提供了社區實現產業活化的管道，也讓他們找到了新的方向。例如：台南嶺南社區地處偏遠山區，在農村社會工作引領之下，為沒落的嶺南村打開了一扇希望之門。農村社會工作所帶來的成長與共識，讓社區居民深信唯有提昇農產品的附加價值，推廣無毒、有機農業，營造產業與觀光，種植「友善環境的無毒柳丁」，採用「無毒管理」，是嶺南社區產業的出路，也是嶺南的獨特魅力。

農村社會工作是為了回應各種現代性問題而出現的，需要朝向下列方向努力：

第一，推動農村社區創新服務。依照地域相近、規模適度、群眾自願的原則，明確農村社區的定位，理順鄉鎮公所、農會組織與村民社區發展協會之間的關係，構建適應富麗新農村建設需要的農村社區組織體系，完善村民自治的作為。明確各職能部門在農村社區建設中的職責和任務，引導農民在志願的基礎上建立各類社區民間組織和仲介服務組織，增強農村社區建設的活力。

第二，制定農村社區發展規劃，探索農村社區建設的主要內容。結合農村實際和村民需求，因地制宜地推進農村社區建設工作，明確農村社區建設的內涵和方案，探索推進農村社區建設的不同模式、工作思路和政策措施。

第三，推動公共服務向農村延伸。積極推進為民服務制度，改進服務方式，探索引導社會救助、社會福利、醫療衛生、計畫生育、社會治安、科技教育、文化休閒、勞動保障、法律服務等公共服務進農村社區的機制，使政府公共服務落實到農村，探索縮小城鄉差別的有效措施。

第四，開展農村社區互助服務。從解決農民關注的議題入手，以社區服務逐步向農村延伸，探索推進農村社區服務的方式、方法和途徑，組織村民和社會各方面力量參與農村社區服務和社區建設活動，引導社會力量共同參與農村社區建設。

第五，加強對農村社區建設的宣導活動，使村民瞭解農村社區建設對於自身利益的密切關係，積極參與農村社區建設的各項活動。把握農村社區建設業務菁英培訓和農村社區工作專業人員培訓，開發培訓教材，組織示範培訓，促進農村社區建設向專業化、規範化和科學化方向發展。

第六，進行農村社會工作人員投身建設行列，積極推進農村社會工作發展。明確農村社區社會工作在農村建設中的地位和作用，提出農村社區建設中配備社會工作人員的有關政策措施，培養適應農村社區服務需要、專業齊備、富有活力的農村社會工作人員。

伍、農村社工的學科整合

隨著工業化的發展，併同都市化的到來，社會工作的著眼點多為都市社區，相較之下農村社會工作成為邊陲服務，以先進國家——美國為例：農村社會工作實踐可以追溯到一九〇八年羅斯福（Theodore Roosevelt）總統任命的農村生活委員會和同年召開的全國慈善與矯治會議。二十世紀三〇年代的大蕭條和新政措施推動了農村社會工作實踐的開展和擴大。到第二次世界大戰和二十世紀五〇年代，人們對農村社會工作的興趣逐漸消退。二十世紀六〇年代末期，由於向貧困宣戰哲學以及金斯伯格（L. Ginsburg）等人對社會工作的卓越領導，人們對農村社會工作的興趣開始恢復。許多人加入農村社會工作運動，他們創設的組織和聚會被稱為農村工作小組和農村社會工作年度研究會（Ginsberg, 1976）。一九七六年美國第一本農村社會工作的教科書出現。二十世紀九〇年代以來，隨著美國鄉村社會的不斷變遷，社會工作開始關注「農村服務」，指出社會服務應該關注：1.工作與經濟問題；2.成年人和年輕人的酗酒和毒品問題；3.有益的休閒項目和設施的缺乏；4.婚姻家庭問題；5.個人壓力、焦慮和抑鬱；6.人口的貧困問題。7.城鄉均衡發展問題（L. Smith, 2005）。

借鑑美國農村社會工作的主要內容，包括：

一、農村社會服務。在過去的幾年中，全國精神健康協會促進了農村地區社區精神健康中心的發展。這些中心以及公共福利機構給個人和家庭提供絕大部分服務。其他如矯治、職業康復和教育等服務，也可以由在鄉村地區建立的一個人或者兩個人的小型機構提供。如：個人、夫妻、家庭和群體工作（為酗酒、家庭暴力、藥物濫用、抑鬱等人提供二十四小時危機熱線等）。

二、農村遠端教育。從二十世紀九〇年代初開始，為了滿足社會服務機構對社會工作專業人才的需求，猶他大學社會工作研究生院採取遠端教育的方法（教育網等）面向農村開設社會工作碩士課程。

三、農村社會組織。包括：（1）資源專家——農村社會工作者必須清楚政府或社區具有哪些資源，如何有效地配置資源等；（2）社會服務行政管理者和社區組織者——農村社會工作者常常扮演協調社區所有服務的角色；（3）農村社會工作者需要具備與社區的領袖建立起連繫、共事的能力。

借鑑先進社會的農村社會工作者是通才，他們必須具備開展個人、家庭、群體以及整個社區工作的能力。他們所扮演的角色推動了農村社會工作的發展，朝向「服務為本、教育為本和組織為本」三個明顯的特點。爰此，農村社會工作為能落實以上四項發展方向，需要結合多項相關知識：

一、農村社會學

農村社會學是研究農村個人與社會關係的社會學的重要分支學科，從社會整體的角度研究農村社會關係與社會行為、農村的社會結構及其功能、社會變遷及其原因等。農村社會學從理論綜合研究農村社會關係，揭示各個時期農村社會關係變動規律。

農村社會學能幫助農村社會工作為：分析農業問題，為農村社會工作的介入提供理論支持。在介入時能進一步豐富與發展農村社會學理論，開展農村社會工作時應具備社會學的想像力，並從農村社會學的角度思考為何造成的社會因素，以便從宏觀的社會結構和社會政策的層面探討解決問題的具體政策。

二、社會發展學

農村社會工作引進社區後，所帶來的正面改變，尤其是人心的改變，更是推動農村發展最大的原動力；農村社會工作著重於協助的角色，真正推動社區進步的是「人」、是社區居民未來希望的共同「願景」。社區居民藉由農村社會工作重新認識自己的故鄉，找回居民愛鄉如愛家的天性，開始主動參與社區營造構思及規劃，開始自力營造社區發展，開始實現社區美好的願景。

社會發展學是研究人與自然和諧發展規律與方法的科學；除普通發展學外，還有很多特殊領域。發展學既要進行宏觀的綜合研究，還要開展微觀的細化研究；與時俱進，進行理論創新。發展學和農村社會工作的相似處在於：追求解決問題，達致美好生活的願望，以社會公正為價值訴求，追求和諧社會。

三、文化人類學

人類學強調從文化角度研究人類種種行為，研究人類文化的起源、發展變遷的過程，由於世界上各民族、各地區文化的差異，人類學試圖探索人類文化的性質及演變規律。

農村社區多與民族社區重疊，需要運用文化人類學知識，深入認識社區，評估農民需求。在不同類型的農村社區由於地理環境、經濟發展及風俗習慣等不同，社工需依據各社區特點開展社會工作。農村擁有都市所沒有的自然環境、清新的空氣和寬廣的視野，都是農村獨特的資產，農村社會工作傳遞給社區，社區空間的維護必須自己來，生活基礎設施的建設，髒亂環境的淨化，閒置宅院的維護，從農村再生開始，逐步營造高品質生活環境，帶給子孫最好的生長家園。社區居民能夠協力合作，將原本髒亂且影響交通安全的閒置空間，結合當地藝術營造社區環境；另外社區也努力生態環境的保護及復育工作。

四、政治學

政治學是研究權力關係的科學，不但指國家政治體制，也研究行政和日常生活中的權力運作。政治學和農村社會工作的相似處在於：維護弱勢群體的權力，實現社會公正；為解決弱勢群體問題，完善社會制度。農村社會工作既是政治實踐，也是社會工作的專業方法。農村社會工作必須透過活動的設計，提高社區居民的參與度，透過內外部角色來監督社區服務計畫之品質，有效掌握與運用社區組織內外部資源，加強各部門之間的協調與合作關係，導入專業化之協助制度與服務模式。社區發展協會需不斷

充實累積工作人員與居民對於社區發展工作相關之知識理論與經驗，社區居民亦需增進個人與社區團隊資源互動的能力，讓社區發展保有自主權，才能發揮與政府單位互補作用，以促進社區發展工作之推行。

五、法律學

法律學是研究「法」這一特定社會現象及其規律的科學。農村社會工作除自身需要在法律的範圍內開展工作，還要培養服務對象的法律意識和依據法律維護自身合法權益的意識。如：強化農業科技研發成果管理制度，建構產學研合作環境及配套措施；成立農業科技產業策進，推動智財保護及加值運用；辦理智慧財產專業知能培訓，進行農業科技研發成果保障與專利作為。

六、管理學

管理學對農村社會工作的作用集中在運用計畫、組織、指揮、協調控制這一整套管理方法，對社會工作機構進行以有效地達致社會工作目標。目前管理學的知識運用於農村社會工作的其他領域，進一步提高農村社會工作的效率。如：新市場開發——建構多元化行銷通路，開發特定族群市場，輔導農夫市集，企業認購及電子商務，便利商店鮮食、家庭代用餐等特定市場，結合宗教團體及志工，投入有機農業，選定全國有機日，強化消費者認知。近年來由於電腦及通訊網路等科技之發明與普及應用，在國外，專家們除利用電腦進行電腦模擬、生產管理、資料分析外，一些農業發展過程中所累積之經驗與技術資料亦經電腦處理建成專家系統、診斷系統或資訊庫等來供推廣人員或農民參考，使科技資訊的傳播管道多元化；而通訊網路之應用，使得原本單一、冗長的資訊流通管道縮短並轉為雙向溝通，無形中就加快了推廣的效率與速度。電腦化資訊系統之應用不僅為推廣人員帶來莫大的便利，也使農民與業者能快速地獲得相關資訊。

七、經濟學

經濟學是社會科學中一門研究人類在「稀少」問題下作出選擇的科學。一般會把研究範圍歸納入「微觀」或「宏觀」層面。「個體經濟學」研究的是個體或個體與其他個體間的決策問題，這些問題包括了經濟物品的消費、生產過程中稀少資源的投入、資源的分配、分配機制上的選擇等等。「總體經濟學」則以地區、國家層面作為研究對象，常見的分析包括收入與生產、貨幣、物價、就業、國際貿易等問題。於農村社區推動新經營模式——建立有機農業專區，成立物流中心，利用大面積休耕地建立專區，成立物流中心統籌產品理、配銷，提昇經營效率，建立品牌。

八、傳播學

傳播學是主要研究基於大眾傳媒而發生的傳播現象以及大眾媒介運行規律的學問。農村社會工作是一種專業性的工作，要達到預期的效果，工作人員不僅要有農業與傳播教育的知識背景，也要有蒐集與分析資料的能力，如此才能不斷的學習到新技巧，再將資訊傳播出去。所以影響農業推廣效率的主要因素，有專業人員的經驗、資料蒐集與分析歸納能力，而這些能力的培養，除平時之自我充實外，最快速便捷的方式就是要熟悉擷取科技資訊之管道與技巧。換句話說，要打破推廣工作的瓶頸，就必須要增加農村社會工作人員吸收資訊的管道與熟嫻運用方式。

在綜合相關學問，農村社會工作希望能達成：

第一，達成向現代化農業轉變，運用現代方式，提昇農業的綜合生產能力、農業環境保護和農業生態建設；開發和推廣應用相關農業生態的技術和設備，初步建立起涵養能力較強、生態景觀優美、空氣水源清潔、高效節能節水和農業廢棄物得到有效治理利用、生態服務價值較高的農業生態體系，實現農業和首都經濟社會的可持續發展，以提昇農業的現代化水準。

第二，達成由粗放型向集約型農業轉變，優質精緻配置生產要素，提高勞動生產率和資源利用率；透過完善基礎設施和增加科技支撐，提高農業生產的現代化裝備水準和產出水準，推行標準化生產、品質體系和產品認證以及監督檢測，建立起相對完善的農產品安全生產體系，提高農產品的安全無害化水準，以達成永續發展。

第三，達成向組織化、專業化、標準化、市場化、生態化轉變。由過去單一關注生產以產定銷的生產方式，向以市場需求為導向，以銷定產的方式轉變，發展特色企業和農民專業合作組織，提高農業的產業化經營水準，以培育出滿足農業市場化服務水準。

第四，達成農村服務向多功能轉變，實現由單一生產型向生產、生活和生態型多功能轉變，使農業的生產力、農民生活素養、農村環境達到現代化國家的水準，使農村和都市發展相互融合、相互依託、和諧發展。

結語

向社會、政府進行影響，促使政府推行更加有利農村發展的社會政策，呼籲更多的人關注農村的發展、籌集更多資金用於農村發展。社會工作者也是政府政策的影響者，社會工作者可以參與國家有關農村社會政策的制定、修改，在某種程度上成為農民利益的代言人。在價值和利益多元化的現代社會中，政府政策的制定是多元利益主體折衝的結果，社會工作機構作為社會仲介組織並不參與這種博弈，其對政府政策的影響主要是把現有政策在運行過程中存在的問題反饋給政策的制定者，利用自身的專業優勢幫助政策的制定者或修改者，以完善政策的技術性細節，使之更具有操作性。社會工作者的呼籲，能引起全社會對農村發展給予更多的廣泛關注，從而促發更多的關注用於農村的發展。

　　《農村社會工作》是屬於社會工作專業實務範疇之一。結合歷史與現實的有機連繫，引導深入理解農民與農村社會的關係，從而實現社會工作的社會價值──關注民生、服務民眾；強調學習農村社會工作應該把握好理論與實踐的相互依存關係，既系統地梳理了農村社會工作的歷史脈絡和現實環境，也較深入地介紹了農村社會工作各種理念、價值觀、理論流派、實務模式和方法技巧等。《農村社會工作》結合理論探討及實務工作的系統作為，創造出適合在地特色的農村社會工作情境模式，以便更好地建設農村社會。

第二章　農村社會工作的發展脈絡

前言

　　傳統上我們是「以農立國」，因為中國長久以來社會經濟的發展，植基於農業的開發。「以農立國」為我國的傳統。在先秦學術流派中重要的有九流十家，農家即是其一。依班固《漢書藝文志》載，形容農家:「農家者流，蓋出於農稷之官，播百穀，勸農桑，以足衣食，此其所長也。」自古以來「民以食為天」的重要性，「君臣並耕」說明農業的重要性，歷代政府，始終要把發展糧食和農業生產，置於解決人民溫飽的首位。中華文化是農業社會的文化，所謂的「農為國本」，農業社會最需要的民生經濟就是五穀豐登，傳統的「士農工商」觀念中，「農」僅次於「士」，可見「農」在國人心目中所占地位的重要性;也因為農民和農業的重要性，而使得任何朝代的主政者都清楚:農安則民安;民安則國安。這個道理直到今天不論中外，仍然是世界各國內政的重心。台灣以農業為根基，農民一直扮演著社會推動的重要角色，透過農民的勞動與生活，我們可以領悟到農民生活的智慧，如今因為 WTO 的緣故，使農民們遭受前所未有的經濟打擊，讓原本已經逐漸邊陲化的台灣農業雪上加霜，農村發展和農業轉型是一件極為嚴肅且必須面對的大事。這對農為國本的社會而言，不啻是一個嚴肅的議題。

　　其實，瞭解我國農業和農村的人都清楚，農業問題並不只是產品的研發改良，更要在生產觀念和行銷觀念上創新。台灣的傳統農業雖在我國加入 WTO 後逐漸式微，但藉由知識經濟帶動精緻農業，以強化農業體質，迎接台灣農業的新時代;在亞洲的整體農業成就而言，卻是數一數二的優秀。尤其是在稻米、花卉、水果等方面，不但有新的品種足以進軍世界農貿市場，同時更是農業先進國家如日本等國所望塵莫及的，近年來，透過 WTO

架構，台灣產的水果不但在日本市場上屢獲好評，即使在大陸市場上亦有不可取代的地位，這就是知識經濟所呈現的結果。這一領域更牽涉到整體農業未來走向，強化農漁會體質以及造林、育苗的工作，這是相當具關鍵性的政策，唯有基礎踏實後，農業發展的根才植得深，更重要的是要以科技知識來教育農業工作者，以優秀的農業人才、良好的氣候條件、適當的地理位置和精密的生產技術來突破台灣地形狹窄、幅員有限的限制，才能開創屬於台灣特有的農業生技環境，迎接台灣農業的新時代。

壹、我國古代農村社會工作

社會工作目的乃在於追求合理規範社會資源的分配，以滿足人類的基本需求，進而提昇人類的生活品質。廣義的定義泛指由政府、公立機構、私立機構或民間慈善組織所共同提供的專業助人服務；狹義的定義則是指當政府部門選擇做或不作為，都會影響人民基本生活福祉時，就必須為民眾的基本生活提供專業服務。

農村社會工作是一種應用行為科學的原理組織農民，與農民溝通農業和農家生活相關的實用消息，藉以增進農民的知識、改變態度、提高技能，不但使農民採用新技術，並且要培養個人與社團發展能力，以改善農家生活，促進農村社會經濟之發展。社會工作與社會價值觀綿密關聯。在我國，居於主導地位的社會價值觀主要源於以下各個方面：

一、儒家學說的政治倫理和家庭倫理；在兩千多年的歷史中，儒家學說構成中國傳統思想的主幹。德治原則原本就是構築儒家學說的基石，經由孔孟、董仲舒及其之後的思想家對儒家學說的大力闡發和完善，德治思潮亦得到發揚。儒家學說瀰漫著仁民愛物、民胞物與的仁愛思想，禮運大同篇的「不獨親其親，不獨子其子，使老有所終，壯有所用，幼有所長，鰥寡孤獨廢疾者皆有所養。」的理念，更顯示儒家思想的理想境界，其所觸及的生活層面（生、老、病、死、苦）的關注，涵蓋男女老幼的廣泛層面。從漢武帝尊儒術確定家庭倫理，用孔孟的學說來教化國人；這個政策

確定之後，一直到清朝沒有改變，在中國推行了兩千多年。儒家的家庭倫理就是倫常八德，以牢固的家庭價值觀念、勤勞節儉、重視教育等，社會為個人的發展規定了一個固定的脈絡，那就是「修身、齊家、治國、平天下」。

二、道家型的社會福利思想：老子把天道自然論運用於人類社會，提出「天之道損有餘而補不足」的思想，力倡均富，使百姓，尤其是那些窮困孤獨者能夠擁有基本的生存權利。老子提出「小國寡民」的社會理想，其蘊涵的是自為的思想，其雖然被視為一種烏托邦，但其所指出的「甘其食、美其服、安其居、樂其俗」，卻是現代社會安全制度所要達到的生活目標。

三、佛家學說的行善積德勸化；佛在經典裡面教導我們是從根本救起，根本是什麼？根本是人心。佛家講「依報隨著正報轉」，依報是什麼？自然環境；環境的好壞依人心轉。人心善，環境就善；人心不善，環境就不善。諺語常講「風水輪流轉」。風水就是我們居住的自然環境，有所謂「福人居福地，福地福人居」，這個跟佛法講的就相應。你有福報，你住在任何地方，這個地方就是福地。一切以善為出發點，行善積德做基礎。不因善小而不為，福雖未至禍已遠離。社會以「觀音是救苦救難、大慈大悲的菩薩」信念，強調為善最樂的慈悲為懷作為。

四、墨家學說的勤儉和兼愛；墨子思想體系的核心是「兼相愛」、「交相利」。以「兼相愛」、「交相利」為思想原則，他提出具有鮮明「愛民」、「利民」特色的社會福利思想。在以農立國的古代社會裡，墨子提出以糧食短缺來作為政府進行災荒救濟的依據。墨子的理想是達到「有力者疾以助人，有財者免於分人，有道者勸以教人。」

五、法家學說的規範紀律主張：法家社會思想的代表人是管仲及韓非。法家的思想看重的是富國強兵，不過，富國之本在於富民，同時也是寓富國於富民之中，也就是說，法家是以為人民謀福利來作為治國安邦的先決條件，這是因為法治失效的根源就在於貧富的不均。準此，重農防災、政府干預與富民保國是君王用以統治和爭戰的手段，而同時兼具有實利的社會意涵。

六、農民共濟共助的社會思想：古代農民追求的理想社會是「太平」世界，「等貴賤，均貧富」是其理想目標，歷史上大多數農民起義者都提出了類似的主張，太平天國就是本此思維。洪秀全在其《天朝田畝制度》裡表達了理想社會方案，以饑荒地和豐收地之間相互周濟，使天下「豐荒相通」，使得百姓可以過上較為富足的日子，永無饑民，建立「有田同耕，有飯同食，有衣同穿，有錢同使，無處不均勻，無人不飽暖」的社會。中山先生提出了社會系統的建設理論──三民主義。「民生主義」是孫中山三民主義中最具特色的部分，其顯示孫中山試圖「舉政治革命、社會革命畢其功於一役」，建立一個理想的福利保障社會。中山先生構想的福利保障社會的藍圖，代表了中國人民對理想大同社會的強烈渴望。關於「民生」，中山先生強調：「民生就是人民的生活，社會的生存，國民的生計，群眾的生命。」「民生就是政治的中心，就是經濟的中心和種種歷史活動的中心。」他認為，「民生」就是國民的生計，即是要改善人民的物質生活，解決人民的穿衣、吃飯和其他生活需要。民生問題是社會進化的原動力，也是人類歷史活動的中心。

貳、我國近代農村社會工作

中國自秦以來，人與人之間的根本關係是人倫、情誼和義務關係。倫理關係的溫情充斥了社會生活的各個層面。在現代社會裡，發展社會工作價值的一個根本的焦點是社會價值取向與個人價值取向的衝突。傳統的價值取向是家庭、社會，受西方社會影響，人們對個人價值的認識也在不斷加深。目前，社會所倡導的仍是社會取向的價值觀，但是也並不否認個人價值的實現。因此，社會工作價值應在社會與個人之間取得平衡，那就是在不危害社會安全、不侵犯他人利益的前提下，個人價值的合理實現。社會既有責任為個人的發展提供資源與保證，個人也有責任為社會的發展貢獻自己的力量，主動參與社會發展。

二十世紀二三十年代，由於外侵內戰，中國農村經濟蕭條、民生凋敝的狀況日益嚴重。一批有識之士紛紛為救活中國農村而加緊奔波，代表人

物包括梁漱溟、晏陽初、黃炎培等。他們或注重農業技術傳播，或致力於地方自治和建設，或著力於農民文化教育，或強調經濟、政治、道德三者並舉，殊途同歸，旨在為破敗的中國農村尋一條出路，史稱「鄉村建設運動」。這其中最有代表性的當數山東鄒平、河北定縣、江蘇無錫、昆山四地，尤以一九三一至一九三七年間梁漱溟主持的鄒平實驗最具影響。

一、梁漱溟與鄉村建設運動

梁漱溟先生早經指出：「中國的文化之根在農村」。文化是社會的一個重要組成部分。而要發展社會優質文化，繁榮社會文化事業；可是在農村文明生活迅速提高的今天，許多地區的農民雖然脫貧致富，但文化生活卻顯得十分貧困，社會風氣汙濁，精神文明衰敗，有學者稱之為「鄉村病」。

梁漱溟之所以致力於鄉村建設運動，並在一九三一年出版其《鄉村建設理論》一書，將其思想理論化，且在現實中積極實踐，是基於他對中國社會的獨到認識。梁漱溟認為，中國社會是「以鄉村為基礎，並以鄉村為主體的」，但近代以來，由於中國農村屢遭天災人禍，已破敗不堪，所以中國近百年史，也可以說是一部鄉村破壞史。梁漱溟的分析的確反映了當時的現實，有關數據表明，一九三七年，占總農戶 3.11%的地主占有土地41.47%，6.38%的富農占有土地 19.09%，24.02%的中農占有土地 25.87%，而 61.4%的貧雇農則只有 20.77%的土地。土地的高度集中使大部分農民流離失所，農村經濟日趨破產，農村社會動蕩不安。鄉村破壞的嚴重現實引起了梁漱溟等的高度關注，對其破壞原因的認識又使他採取改良的建設辦法，來拯救鄉村，並希望透過鄉村建設來拯救整個中國，正如梁漱溟所言：「鄉村建設運動實是圖謀中國社會積極建設的運動。」

另外，對中國傳統社會特殊性的認識，也是梁漱溟積極投身鄉村建設的原因之一。梁漱溟認為，中國較一般的社會，其特殊性體現在兩個方面：倫理本位，職業分立。所謂「倫理本位」，照梁漱溟的看法：在經濟上，中國社會「隱然有一種共產」，並以「倫理關係之親疏、厚薄為準」。在政治上，不但整個的政治組織放在一個倫理的關係中，而且其政治目的也全在

維持大家倫理的相安。所謂「職業分立」，梁漱溟認為中國沒有階級對立，只有職業分立，無論為士、為農、為工、為商，各有前途可求，貧富貴賤升沉無定。由是，可以透過改良的辦法，而非暴力革命之途，就可以實現拯救農村的理想。因此，梁漱溟在鄉村建設運動中就著力於傳播科學技術，並培養農民的團體精神，以儒家文化中的精義來塑造「新農民」。梁漱溟認為，中國的前途必然是農村建設，必走鄉村建設之路者，即謂必走振興農業以引發工業之路，換言之，即必從復興農村入手。

鄉村建設研究院分三部分，第一部分是鄉村建設研究部，該部招錄大學畢業生或大專畢業生，二年畢業，主要教材是梁漱溟著《中國民族自救之最後覺悟》和《鄉村建設理論》，學員畢業後分配到實驗縣任科長和輔導員等職務。第二部分是鄉村服務人員訓練部，負責訓練到鄉村服務的人才，招錄對象是初中畢業生或同等學歷者，每期一年結業，主要課程有鄉村建設理論、農業知識、農村自衛、精神陶煉、武術等科目。學員由每縣招考，結業後各回原縣，擔任各縣鄉村建設的骨幹工作。第三部分是鄉村建設實驗區，以鄒平縣為實驗地。實驗區有縣政府，隸屬鄉村建設研究院，縣長由研究院提名，省政府任命。一九三二年鄒平由鄉村建設實驗區改為縣政建設實驗縣。鄉村建設研究院於一九三五年還成立了一個鄉村建設師範，課程除鄉村建設理論、鄉村教育和精神陶冶外，其他與普通師範課程相同。

鄒平實驗縣的行政區劃經過整改為十四鄉。全縣整個行政系統實行教育機關化，以教育力量代替行政力量。縣以下設鄉學，取消鄉（鎮）公所，十個村有一鄉學，鄉學就是「政教合一」的機構，鄉學下設村學。設置鄉學村學的目的是培養農民的新政治習慣——農民對團體生活及公共事務的注意力與活動力。梁漱溟說：「我們鄉學村學的組織，如能發生作用，鄉村真正活起來，則對於中國地方自治問題的解決，不啻發明了一把鎖鑰，找著了它的訣竅。鄉村建設研究院在鄒平作鄉村建設實驗，什麼時候才算成功呢？直截了當地說，就是鄉學村學真正發生組織作用，鄉村多數人的注意力與活動力均行啟發，新政治習慣培養成功而完成縣自治，研究院實驗縣的大功就算告成。」

梁漱溟認為，中國倫理是從情誼出發，以對方為重，中國從前有五倫之說，現在再添一倫，就是團體對個人，個人對團體，彼此互相尊重，互有義務。梁漱溟通過自己編定的「村學鄉學須知」，來要求大家各盡自己的義務，使自己的行為符合倫理情誼。梁漱溟認為，鄉村組織必須是一教學組織，最根本的是要提倡農民「求進步、向上學好」。梁漱溟廢掉鄉鎮公所而成立鄉學村學，用意即在此處。鄉學行政上受縣政府的領導，同時接受研究院的指導，是「政教合一」的機構。全鄉組織董事會，推出鄉中德高望重、有文化、年齡較高的人當學長，學長由縣政府下聘書，實際大都是地方鄉紳學者名流擔任。鄉學裡還有教導主任一人，負責管理教育工作。再有研究院直接派來的輔導員一人，負責指導協助鄉理事和教導主任，在各項工作中貫徹鄉村建設理論思想。鄉學內設以下組織：鄉隊部、戶籍室、衛生室。各村的村學組織與鄉學差不多。鄉學村學中的成員，包括全鄉全村的農民，統稱為學眾。

在鄉村建設運動中主要為農民做些什麼呢？梁漱溟概括為：「團體組織、科學技術」。「團體組織」即把分散謀生的農民組織起來，主要是組織合作社。「科學技術」即改良農業品種、提倡植樹造林等。梁漱溟在鄒平提出「大家齊心向上，學好求進步」的口號，就是「團體組織、科學技術」這個精神的具體體現。「大家齊心向上」是提倡團體精神，其中「向上」指道德禮俗，「求進步」指生產技術和良好風尚。農村長期存在一些陳規陋習，如求神拜佛、吸毒、女孩纏足、男孩早婚等，鄉學村學教育就是要糾正這些陋習，以邁向現代化的道路。

二、晏陽初與中華平民教育實驗區

在民國初年，晏陽初開拓農村建設，對農村建設運動寄予厚望並具體作為，有「定縣實驗」的平民教育實驗區。晏陽初認為中國人生活中的愚、弱、窮、私，可以透過教育來克服，要實現「除文盲、做新民」的目標，單讓農民識字是不行的，因此主張實施四大教育：以文藝教育救愚，以生計教育救窮，以衛生教育救弱，以公民教育救私。晏陽初及其同仁在深入

農村、向農民學習的基礎上提出了「四大教育，連環進行，相輔相成」的主張，逐步發展的四大教育相輔相成過程，明白說明相互依存的功用，公共衛生協助農民健康而增加生產。農業生產計畫又協助教育的推行，農民親自體驗識字讀書才能有新知識新技術。教育又協助合作社的發展，如何記帳、經營運銷都需要知識技術能力。這充分表現四大教育互相環結、同時進行的重要性。實際上，定縣實驗並非僅僅是平民教育實驗，而是一項綜合社會發展實驗。

為了把科學技術應用到農民的生產、生活方面，晏陽初提出了「科學簡單化，農民科學化」的主張。「定縣實驗」創造了研究、訓練、示範、推廣這種四步遞進的方法來普及科學技術，定縣實驗昭示：以訓練做準備，以示範為方法的實施制度，農業科學確實可以深入民間。一九七二年菲律賓國際鄉村改造學院實施的「農民學人」計畫（The Farmer-Scholar Program）可被視為定縣經驗的發揚光大。這一計畫的方法是：每一鄉村選擇五人，接受某種技術培訓，受訓後即成為「農民學人」，由「農民學人」傳授五名「示範農民」，然後由「示範農民」訓練「推廣農民」。這種方法既考慮了農民的實際需要，又激勵了農民的積極性、主動性，把科學技術與農民的生產、生活緊密地結合起來。

鄒平實驗和定縣實驗都是以農民為對象的，都主張把來自西方的科學與民主引介至農村，要完成這種思維就要把農民組織起來，在農村社區推行民主自治，讓農民學會自我管理；在經濟上組織各種合作社，使它成為分散的農民與市場連繫的橋梁，同時也是科學技術應用於農業生產的有效載體；在教育方面，提出僅讓農民識字是不夠的，還要有內容更為廣泛的社會教育，要讓農民分享社會進步所帶來的精神成果。在農村建設運動中，他們在工作對象、指導理論與實際工作方法、工作組織上有諸多的創新，所涉及的許多內容在今天的農村發展也是仍然要認真面對的。

三、青年參與農村建設工作

有感於我國農村社會除了「愚、弱、窮、私」外，造成國家積弱不振所存在的積習，尚有：

第一，農村教育不足。農民自我教育與學習困難重重。一方面受傳統的小農意識短期目標的影響，「讀書無用」在許多農民的心目中「根深柢固」，農村失學率較城市為高，稚氣未脫的孩子，早早的為生計奔波忙碌。另一方面農民自身由於本身知識水準和知識來源管道的限制而缺乏有效的學習，遑論生活品質的提昇。

第二，農村社區凝聚力的薄弱，缺乏文化建設的氛圍。喪失凝聚力的核心與載體，許多祖祖輩輩生活在村子裡的人們也都越來越不認識眼前的村莊。在這種村民思想多元化，村莊凝聚力普遍的薄弱的情況下，缺乏有效的將農民組織在一起的平台與基礎，農村的文化建設也變得欲振乏力了。

第三，農村文化休閒生活匱乏，文化休閒生活品質粗俗。當健康、積極、向上的文化生活進不了農村社區時，當缺乏高雅、健康的文化生活，低俗的、無聊的東西便充斥了農村文化的空間。

第四，傳統美德的嚴重流失。尊老愛幼、勤儉節約等美德一直影響我們國家數千年，具有極其深遠的意義；然而隨價值、觀念的衝擊，民族精神與傳統倫理淡然。

有鑑於此，在對日抗戰揭開序幕前夕，當時國家領導人蔣總統於民國二十六年六月十五日在盧山對徵集暑期農村服務學生以「救國最有效的工作」為題演講，勉勵青年學子：

第一，救亡復興必先提倡精神建設，恢復民族固有道德。我們要救國要復興民族，必先要提倡精神建設，恢復我們民族固有的道德，來改革過去一切自私怯懦虛偽紛亂的習慣，而成為一個互助團結忠勇整齊的民族。這樣重大的工作，決非一朝一夕所能做到的，必須要有長時期的努力和百折不撓的精神，才能達到我們的目的。這樣的工作，到底應當由誰負擔起來呢？這是全民族的責任，就是每一個國民都先要有這個覺悟，才能夠群

策群力來完成復興民族的工作。但是要使全體國民有這樣澈底的覺悟，必須要有人以身作則的來做振聾發瞶的領導工作。這種領導群眾的事業，是青年人——尤其是青年學生的使命。

中山先生說：「人生以服務為目的，不以奪取為目的。」青年在學校裡讀書的時候，一、必須建立一個正確的人生觀；二、必須認識我國社會實際生活及其病態與缺點，來盡心盡力的研究；三、必須利用餘暇來學習生產技能，和改造社會建設農村的工作。

第二，青年學生要確立正確的人生觀，參加改造社會、建設農村的服務工作。新生活運動總會所提倡的「學生暑期農村服務」的意義，就是要使學生們共同振奮起來，負擔這個復興民族的責任，學生們精神建設的濫觴，是偉大前進的發軔，猶如久經嚴霜後春機的發動。青年人的人生觀，漸漸呈現著積極的趨向，知道社會的實況、民間的痛苦、物力的艱難，明瞭服務為人生的天職，這是可貴的人生成長。

第三，農村服務是救國工作。建設事業是中國到處都有迫切的需要。我們因物質文明非常落伍，所以必須要迎頭趕上，才能與列強各國並駕齊驅。看到近年來我們各種建設事業，也有相當的成績，但是如果走到農村去看一看，我們就可以明瞭農村經濟是怎樣破產，農民生活是怎樣困苦。我們的農村和農民生活，如果一天不改善，復興民族的工作，便一天不能算完成。所以農村的建設，是各種建設事業中之最重要的基礎，我們應當認識農村服務，是做建設事業的出發點。學生們，如果肯利用餘暇，到農村去服務，埋頭苦幹，那是真正的救國工作。復興工作是要從大處著眼，小處著手，各位不要認為農村服務的工作，事情很細小，很困難，但是我們實施服務的意義和所生的效果是很深長而偉大的。古語說：「國家興亡，匹夫有責。」我們做學生的時候，就是在準備的時候，出來幫助人民和國家，才稱之真正救國救民的工作。

第四，青年是民族的希望。青年都是最有志氣和血性的人，到了相當的時期，一定能夠及時奮發。凡是能夠到鄉下去服務的人，一定是有志氣的青年；凡是能夠犧牲個人的安樂而去助人的人，必定是最有血性的第一

等人格。他們並不是為名或是為利，他們是為要做復興民族的基本工作。這種經過實地練習的學生，將來畢業以後到社會上去，一定認識社會上實際情形，得到無數經驗，這是我們提倡學生到農村去服務的意義。

第五，組織大學生暑期農村服務團，目的是要使現在在校的學生，利用他們的假期，去認識農村，和體驗現在農村的情形，鼓勵他們下鄉服務的精神，調查現在破產的農村和農民，使能設法服務。當時參加的除中央政治學校全體學生不計外，另有其他的十四所學校，六十六位同學。參加的人數雖然不多，可是他們在酷熱天氣苦幹的精神，已經博得農民不少的信仰，引起袖手旁觀的知識分子莫大的慚愧。就是在實際上，他們對於農村衛生、社會調查、平民教育等等方面，也有相當的收穫。有許多醫學校的學生，帶著藥箱和宣傳品到農村去做了不少實際衛生的工作，有許多學經濟政治的學生，不但做了服務的工作，並且得到了許多書本上所得不到的學問。此外，學習各種不同科學的學生，都感覺到農村是他們最好的試驗室。我們深信我們中國的農村，是有辦法進步。

第六，也許有些學生離開農村太久，或是完全沒有到過農村，不知道農村的情形是怎樣，有點不敢參加服務的工作。我們中國農村總要占了十分之九，所以我們要知道中國真實的情形，正要乘機去看看農村到底是怎麼的樣子，而且農民的忠實可愛，很能夠引起我們服務的精神。農村也許骯髒一點，可是農民內心的清潔，會令我們忘卻一切外表的不如意。農村服務人員都和農民產生很好的感情，臨別的時候，大家還都依戀不捨，所以到農村去，到了那裡，就會覺得好像回到家裡一樣的歡樂。並且新運總會已經編好一本《農村服務辦法》、一本《暑假農村服務手冊》，就可以此為根據去做。

農村服務的利益，直接可以救濟農村，間接可以鍛鍊本人身體，養成刻苦耐勞的精神。只要每個大學生人人都能參加農村服務，鍛鍊出一種刻苦耐勞的精神，體認拯救危亡復興民族的重要，將來方能擔任起更重大的責任，是以，救國的工作莫過於救民，救民的工作莫過於到農村去服務了。

參、借鑑台灣推動小康計畫

台灣省小康計畫（The plan to help the needy in Taiwan）為台灣省消滅貧窮計畫綱要，於一九七二年台灣光復節，由當時省政府謝主席東閔先生宣布實施。由於當時正值台灣光復後的鄉村經濟轉型，剛剛起步進入輕工業階段。所引用「小康」一詞採自於《禮記》禮運篇孔子之語，是指政教修明，人民康樂，為大同之世的前沿階段，故謂之為小康之世。孔子的政治思想源自於仁，仁在能愛人，消極面為己所不欲，勿施於人；積極面是己欲立而立人，己欲達而達人，小康境界是循序漸進，由小康而大同。小康之境雖不若大同世界的深厚崇高，但卻為邁向大同境界必經的歷程。

以二十世紀七〇年代台灣的社會狀況，乃以我國傳統小康之名與內涵，並以家庭為基本照顧單位，連結鄰里社區現代化及社會政策的推動，得便因應當時台灣社會全面提昇，積極朝向民生經濟建設，與生活文化品質的提昇的目標。此一計畫內容包括：1.擴大救助、收容、安養。2.輔導生產。3.轉介就業。4.辦理職業訓練。5.興建平價住宅。6.指導家庭計畫、節制生育。7.鼓勵並延伸公民教育。8.推行社區生產福利事業、建構客廳即工作場所。9.發動民間企業、社會力量配合救助運動等九大項目。對於救窮之道，認為消極性的救助，只是維持貧窮者的生存，不能轉變其環境，更不能防止貧窮的產生，實踐「給人一條魚，只能吃一餐；不如教他釣魚，則可享用一生。」也就是要教困境中的族群謀生的技能，才是根本之道。若能激勵民眾勤儉持家的精神，以及人窮志不窮的信念，一定能順勢開發民眾的潛能，跳脫困境的挑戰，促進社區生產力。以增加財產，藏富於民，解決台灣貧窮問題，防止新貧戶為目的，透過民間均富、小康之家而邁向大同世界之意。

小康計畫排除傳統制式慈善性救助，透過個人家庭背景、體能、性向、專長等客觀分析而依不同需求，有的需照顧老人、幼兒，無法外出，有的體能反應不適擔任工廠生產工作；於當事人根據情況提出申請之後，承辦人員依據訪視、審查、與分析，分別提供家庭手工業、媽媽教室、農村副業、小康農場、小本創業貸款、小康市場、分配攤位、以工代賑，並由社

政及農會家政工作人員或產銷人員指導引領。此外，根據貧窮問題系統分析圖例可知，住家不理想及家長教育程度低且無專長訓練是致貧的主因，「小康計畫」執行要領如下：

第一，採標本兼治，消極與積極並重方式，著重於積極輔導生產、就業，對老弱殘障無生產能力者，則給與適當救助與照顧。小康計畫係針對以上的致貧因素提出除貧的計畫構想，計畫採取兼顧消極以及積極救濟方式，以救助、安置、生產、就業、教育訓練作為根本措施，對於有工作能力者，著重在積極的輔導從事生產；對於無工作能力者，給與適當的救濟。不同機構在村里間共同工作，社區組織互相連結。徵詢意見，相互協商，徵詢社區內的組織與人民的意見，提供案主不同的機會或空間，使之能自助並互助。除此之外，小康計畫的推動工作團隊努力於住宅之改良工作，同步強化教育學校輔導工作以消除髒亂與噪音；衛生與社政工作相輔相成，諸如街道上環境不潔，而影響公共衛生民生疾病與死亡，透過大中小學校男女生的協助把街道弄清潔，以及配套式的家庭計畫教育的引導，生育率及死亡率亦因之而降低，人口數量得以控制，人口品質因而提高。

第二，發揮各級政府團隊精神，發揚社會仁愛精神與激發貧民自立自強精神，並配合輿論界的宣導，結合成整體力量，找出問題與需求。為了匯集更多的資源，小康計畫發動社會力量配合救助運動，設置「仁愛專戶」，接受民間機構、團體捐贈物資，作為小康計畫基金；設置「仁愛信箱」，接納各界對於小康計畫的意見，或是民間機構可以透過仁愛信箱，提供技藝訓練或就業機會，連同收容安養、家庭補助、貧民施醫、精神病患收治、殘障重建、創業貸款、職業訓練、家庭副業輔導等措施。使用參與投入的技巧；讓社區案主成員認識自己並發揮本身已有的技術和知識；訓練社區居民為達成目標而所需的技巧。協助案主發展因應的技能，以處理他們在特殊境遇中的瓶頸。

第三，當時省政領導人謝東閔主席的大力投入，親自不斷宣導督促與號召，實有莫大關係，所謂君子之德風，風行草偃，有以致此外，全力以赴，走訪專家學者、基層工作人員、各業領袖，的確做到了諮詢博采、廣

納建言；計畫定案後，充分運用溝通協調宣導，凝聚社會共識，形成參與推動力量。培養社區人士參與地方服務的管理網絡，培育社區組織村里鄰長彼此建立相互連結系統。地方扎根服務以村里鄰為場所，省政工作人員與民有約，全省走透透；第一線專業社工人員與社會大眾做直接的接觸，聆聽案主的需求，適應其環境，提昇生活。給社會大眾辦夜校，強化家庭生活與衛生教育並授以職業技能，一方面使他們變成良好的公民，另一方面並設法激發民眾保存中華民族固有勤勞文化之優點。

第四，組織仁愛工作隊，由社會熱心人士或學校機關團體的員工、師生所組成的服務團隊，利用假日訪問、關心貧戶生活狀況，深入瞭解貧窮原因，並協助其解決困境，希望藉此透過政府以及民間的合作可以達到最大化脫貧的效果。它是生活的，行政權力藝術化，協力合作增進常民生活內容的泉源。均富的觀念提昇民生品質，而不是被用來對抗外來政權的武器。在計畫推動過程中，則處處表現出不居功、不諉過，功成不必在我的開闊胸襟，以贏得各界的支持。協助改善特殊境遇的民眾，做到自立自強，不是社政機關所能單獨完成的工作，必須政府各部門、專家學者、民間企業與社會各界全力支援配合，才能發揮功效，政府全力投入各部門分工合作，互相支援配合，發揮團隊精神。例如：農忙時辦理托兒所，由保育人員去督導，並設立媽媽教室以及家庭手工藝訓練推廣，打破貧窮女性化的循環，有效促進婦女社會力的參與及人力培訓企業化的參考架構。

第五，運用社會工作之科學方法，才能真正輔導貧戶脫離貧窮而自立自強，小康計畫自起草，就可行性做深入探討評估，結合行政工作與學術，隨後頒訂各縣市「社會救濟調查綜合分析統計表」，提供統合性的福利服務，奠定並完成階段性專業化的福利工作，而且重新定義貧民為低收入戶。激發人們生長的家園、社區之愛與關懷，客廳即工作場所與媽媽教室的理念，打破了貧窮文化的循環迷失，進而創造了以社區為本位的產業福利文化的生活方式。

第六，教育脫貧——輔導接受教育：台灣省政府經濟動員委員會擔任審查、協調連繫、根據貧民需求提供必要服務，不重複、不遺漏，使所提

供的服務措施足敷使用者的需求，服務計畫經實驗發現問題，隨時修改，充分考慮到使用者的接受意願。

1. 加強輔導、鼓勵貧戶學齡兒童入學，增加其知識，以累積其人力資本。
2. 提供就學貸款，鼓勵貧戶子弟就讀技職學校，如成績優異者免除學雜費並贈與獎學金。
3. 辦理貧民成年補習教育，培養勤勞精神，灌輸現代生活知識，以增加其謀生能力。

小康計畫如小本創業貸款、社區發展福利基金、媽媽教室計畫等，均存在對社會福利服務發揮頗大之功能。

第七，尋求資源統合運用：根據居民組織或團體依其需求來開發和連結外部資源，獲得經濟貿易上的資源及專家的協助。對於勞工有深切的同情並有積極的主張，除了平日為附近的勞工階級作實際上的援助或為其解決困難之外，諸如：位於台中大里區及彰化二水、社頭鄉等，若干手工藝（紡織業、鞋子製作）出口商，在創業貸款時由金融、各級農會、合作社等不同機構募得擴展業務所需的資金，推展創造更多的就業機會。針對有工作能力但無技能之貧民，由農、工、商等職業學校辦理職業訓練，促進其技能，以利輔導就業；或者，透過政府與工廠業主合作辦理職業訓練，學成之後在原工廠就業；另外還可以鄉鎮劃社區為單位，設立小型工廠就地辦理職業訓練並輔導就業。

第八，善用社會資源發揮助人目標：小康計畫的「資本」部分來自國內漲價歸公的土地增值稅，當時在政府的團隊推動下，遠比過去有效的方式，細心規劃並妥善利用外國援助，以及貿易管道支持台灣的農業社會轉型。推動市場經濟，處理貧窮問題，擴大了台灣全球經濟貿易的範疇，對於國家正在實行的脫貧政策、改善國民基本生活水準，亦十分重要。

第九，運用社區為載體，動員社區企業組織：發動社區的力量，辦理社區的救助工作；倡導家庭副業，推行「客廳即工場」增加家庭生產；辦理社區托兒所，讓有工作能力之婦女有時間從事生產，以及社區內的「以工代賑」方案，社區內的興建公共設施，優先僱用貧民從事建設。小康計

畫同步針對社區中的企業為單位，瞭解其在外辦理工廠，已具規模之當地人士，發動成功的企業家錄用有勞動力之貧困子弟，按其志願能力輔導工作，協助企業家培訓貧民，並追蹤輔導。小康計畫就是把人窮志不窮的「有志工作者」送入企業及工廠，除了安排獨居者進入慈善仁愛機構，身心障礙者送入療養院等……可以說是「個案轉介企業管理」的先導計畫。此種組織後來便成為台灣就業輔導社會服務機構之基礎，間而鼓勵許多資本家承擔社會責任，除了捐款外，以為社會發展轉型之用，以增進一般民眾之幸福。

第十，激勵文化價值核心：小康計畫的任務之達成，歸根究柢是當時的主政者於公共救助的議題上重視人性的需求，包容不同族群的差異性，積極激勵文化價值核心，即勤儉美德，倡導均富，同步重視台灣農村與都會，經濟與社會發展共生互惠運作的問題，始能在貧富兩個世界與龐大科層組織裡有效執行方案細則，貫徹工作。

第十一，尊重人性，以人為本：它包容尊重人性的尊嚴，不論貧富地位，都能有尊嚴和諧共榮，排除貧富之分，而非對立抗斥。它鼓勵民眾發揮自信，因此自我形成一種有機體系，健康地營造融合工作倫理，跳出貧窮的泥淖，凸顯台灣本土文化中無所謂的貧窮文化（culture of poverty），發覺並成長民間智慧。它排除了相對貧窮（relative poverty）及相對剝奪（relative deprivation）的社會不平等的情結，啟動轉化了解決貧窮問題的原動力。扭轉生活化的小康藝術文化，引導締造生活的打拼觀念與態度，是具體的理念、操作方式和市場規則的碰撞、衝突和融合，為台灣中小型企業文化灌注生命意義與價值。

第十二，一九七三年，台灣省政府頒布「台灣省各社區推行媽媽教室活動實施要點」，陸續在全省各社區推廣媽媽教室活動，至一九九一年內政部頒布「社區發展工作綱要」後，台灣省政府重新修定「台灣省各社區推行媽媽教室活動實施要點」，社區媽媽教室的體制已相當完備。實踐大學所屬二水家政中心成立之後，戮力推展媽媽教室研習課程，成為全省媽媽教室研習訓練中心，這也是實踐大學創辦人謝東閔先生將二水家鄉故居捐獻社會以改為媽媽教室人員訓練場所。謝東閔創辦人深受中華文化薰陶，認

為母親為家庭之本，家庭也是人類第一個學習接觸的場所，培養一位稱職的媽媽，就能健全一個家庭，家庭健全，社會自然安康祥和。因此，家庭教育是一切教育的基礎。媽媽教室活動是由社區、學校或家庭提供媽媽一個學習的園地，且由專家或有經驗的媽媽授予生活新知或技能，因此也是一種家庭教育、社區教室、家政教育與親職教育。媽媽教室的課程規劃包括：（1）倫理教育、（2）家政指導、（3）衛生保健、（4）生產技藝、（5）休閒康樂、（6）福利服務、（7）家庭法學、（8）生活新知等。

台灣的小康計畫的特色是以家庭及社區為中心，緊密與社區各機構脈絡工作結合，推動各項救貧防貧方案。小康計畫達成了階段性成功的社區發展輔導工作方案，協助民眾度過危機，提供因應的資源策略。小康計畫有助於我們對台灣的社會力及經濟趨勢的展望，重視社會福利乃是社會資本的累積、人力資本的提昇、社會基礎的穩定及社會安全的維持。社會救助相關業務部門應積極進行政策與方案的整合與協調，避免福利服務的提供發生片段，並調和所得維持社會服務的功能。強化人力資本的投資，提高職業訓練的效果，連結經濟發展。同步創造就業機會，提昇青年、中高齡人口群的就業能力，鼓勵創業，公民美學、知識社會的落實。

肆、我國當代農村社會工作

農村社會工作是一個農業專業服務人員應用資訊傳播、人力資源發展或行政服務等方式，而促成農民或民眾自願性改變其知識、技術、行為，並獲得決策能力來解決問題，以達到農業與鄉村公共效用和福利的一項助人專業。

農村社會工作於面對變遷的社會，呈現我國傳統、現代和當代的農村社會工作的智慧和遺產。這種傳統主要體現在強調「福利社區化，社區福利化」的特點，既明顯不同於英國美國所代表的個人主義和功能主義，也與社會主義國家重集體福利制度安排的結構取向和革命模式有所不同。至於與各種農村發展項目有關的農村社會工作模式，歸納起來有：參與式發

展、能力建設、增能賦權、文化保護、生態保護等。應當說各種農村發展項目的具體目標和所依據的理論及其模式是很不一樣的，其對社會工作的運用也存在差異。使之在接受西方專業社會工作的同時，對我國已累積的農村社會工作經驗有所珍惜和借鏡，打造出適合本土風情的我國專業農村社會工作。

　　二十一世紀是「全球化」與「國際化」的時代，任何一個國家與人民都不能再閉關自守。尤其台灣加入世界貿易組織，農業的生產與銷售、農家的生活型態、農村的結構都將面臨全新的挑戰。過去我們的農產品，以供應內銷為主，但是在全球化的趨勢下，產銷方式將受到很大的影響。農業生產結構的改變，將無可避免的衝擊農民的想法與鄉村生活的方式與品質，這些都是農村社會工作重要的研究課題。台灣的農村發展歷經社會經濟的快速變遷與調整，在空間地理環境方面也出現極大的改變，由於農業近年來受到 WTO 的影響，因此農戶所得日益偏低，政府也開始積極關心農民的生活環境，許多的措施開始投入農村建設。

一、農村發展現況

　1. 產業結構的改變

　　　　從我國總體經濟的發展軌跡來看，第一級產業（農林漁牧業）占 GDP 總產值由一九八三年的 7.1%不斷下滑，至二〇一〇年只占 GDP 的 1.3%，同期間第三級產業（服務業）的產出比率則由 50%攀升至 71%，顯見農業、製造業及服務業的快速消長，以及我國加入 WTO 後面臨的國際農產品激烈競爭，致使農業生產的重要性降低，農村地區的農業經濟生產型態與功能也因之改變，加以現今飲食文化與休閒風氣的形成，稻米市場萎縮，農產品及相關休閒農產服務業均朝向多元化、專業化、地方特色化方向發展。

　2. 就業結構

　　　　在就業結構方面，我國第一級產業就業人口占總就業人口由一九八三年的 18.6%下降至二〇一〇年的 5.1%，同期間製造業就業人

口比重則由 41.1%微降至 36.8%，而服務業部門則由 40.2%增加至
57.9%，顯見農村地區之農業部門之剩餘勞動力主要移轉至服務業部
門，也隱含了農村人口外移至都市地區。

3. 農家所得

　　二○一○年我國農家所得構成中屬農業收入來源之比率占
20.5%，其他農業外收入占 79.5%，而農家每人所得僅為非農家每人
所得的 70.9%，顯示農業勞動生產力與所得水準相對偏低，且農家依
賴業外收入之比重很高，在在顯示農業的重要性式微，直接、間接
地造成了農村人口嚴重外流及農村環境的衰敗。

二、社會變遷

1. 人口老化與外流

　　以台灣主要農業生產區的雲、嘉、南地區之二○一○年之農業
就業人口比重仍分別高達 21.7%、22.5%、18.3%，明顯高於當年度
全國平均 5.5%，其經濟型態相對仍偏重於農業，查該三縣之老年人
口占該縣人口比率係介於 12.7%至 14.8%，高於全國平均 10.0%；再
就其人口社會增加率發現，該三縣均呈現負成長（介於-0.49%至
-0.74%之間），僅次於台東縣，顯見農業地區之人口外流與高齡化情
況之嚴重。農村地區人口老化與外流的原因很多，例如農業所得偏
低、就業機會缺乏、農業機械化生產以致造成勞動力需求減少、都
市生活與就業的吸引力等，造成人口嚴重外流。

2. 農村傳統文化、社區紋理脈絡喪失

　　由於經濟效益掛帥與都市快速發展，長期間造成農村地區居民
價值觀念的改變，居民對於家鄉的認同感、鄰里關係漸趨薄弱，缺
乏社區意識與向心力，對於公共事務參與度不足，社區喪失活力。

三、農村環境的變貌

1. 土地使用的改變

　　農業部門的萎縮不僅明顯反映在地區的產業發展、就業結構的改變，在空間土地使用方面也相應呈現有明顯變化。就土地使用情形觀之，依縣市統計要覽統計，現行非都市土地各分區間之數量變動發現，非都市土地中限制發展區數量逐年增加，而特定農業區及農村區則因農業發展萎縮而面積逐年減少，特定農業區從一九九一年占非都市土地的 26.42%，至二○一○年減少為 13.7%，鄉村區部分同期間也從 3.9%降至 2.3%，顯示主要農業生產用地逐漸轉型為他種分區使用。因此，農村地區由於農業發展的式微、社會結構的改變、空間土地使用型態的轉變，造成農村景觀風貌、生態環境、人文社會等各方面大幅度的改變。

2. 生產與生態環境破壞

　　由於都市地區居住高密度以及地價、房價高漲，以致產生了都市周邊的農村蔓延與蛙躍式發展，農舍、違規工廠四散分布於農地間，以及新闢道路等相關公共建設的不當規劃，不僅影響農業的機械化與規模生產，更切割原有綠地區塊或生物棲地而造成零碎化，加上汙水及垃圾未能妥善處理的汙染，更造成農村水圳、埤塘、林地、河川、溼地等生態系統的破壞，並影響安全農業生產的隱憂。

3. 自然地景、田園風貌的消失

　　過去由於政府部門及民眾普遍思維，將城鄉均衡發展與農村都市化二者畫上等號，以致政府對於公共設施規劃不當，缺乏與當地地貌、文化特色的融合，把都市型態設計的公共建設橫向移植到農村，建設諸多筆直的柏油道路、水泥鋪面廣場、單調而無特色的公共建築，更將原生的植栽樹種任意砍除，造成熱島效應也在農村社區出現。此外，農村地區的建築形式也向都市看齊，單調的二、三層樓平頂式的鋼筋水泥建築，甚或鐵皮違建、鐵窗、水泥磚牆、停

車空間與庭院鋪面等等，加以突兀的建築色彩與紛亂的座向，因此今日台灣鄉間自然質樸而和諧的田園風貌已難復見，代之而起的是髒亂單調、缺乏特色的水泥化、都市化鄉村景觀。

4. 農村地區公共設施質量不足，生活品質低落

　　由於農村人口外流，弱化了公共設施與居住環境的質量維持需要與能力，同時地方政府財政拮据，在都市建設重於農村的政策權衡考量下，導致農村地區公共設施的建設與維護人力、經費投入相對不足，在在均造成公共設施服務品質低落，陷入人口外流、缺乏產業投資誘因、就業機會不足的惡性循環之中。

四、政策法規及計畫層面

1. 農村規劃建設缺乏上位計畫法令有效引導規範，亦無農村景觀營建管理辦法，來規範農村的建設行為。目前國土規劃體系僅以區域計畫及都市計畫有專法規範，國土綜合開發計畫及縣市綜合發展計畫尚無專法可依循；而農村地區也無專屬的法令來引導規劃建設，目前農村地區主要仍以「非都市土地使用管理規則」和「農業發展條例」作為規範其計畫和空間發展之依據，然而「農業發展條例」主要偏重農地管理，無法引導農村實質建設發展，有關農村建設所涉土地利用、建築計畫與管理、農村生態景觀及環境保護、公共設施的規劃興闢，並無特別法律予以規範，多依照一般性土地使用及營建管理相關法規，無法因應農村之特殊性及居民需求，有效落實農村永續發展。

2. 缺乏整體性規劃，無法有效引導農村建設與發展

　　農村規劃涵蓋層面廣泛，必須就農村的生活、生產、生態三方面做整體發展思考，惟目前農村建設發展不僅在中央缺乏整體性規劃予以引導，地方政府對於所轄農村之軟硬體實質建設亦無中長期整體發展計畫以循序推動，而多流於有多少預算辦多少事，所提建設計畫多屬即興式，缺乏整體性，無法發揮整體建設效果，各部門

間無法有效協調均衡發展。不僅事權難以統一，且地方行政管理人力、經費不足，難以有效落實農村之規劃、建設與管理工作。

3. 政策配套不足

　　「農業發展條例」在二〇〇〇年開放非自耕農購買農地興建農舍後，由於缺乏完善的配套管理辦法，除造成農舍零星散落於農地外，農地違規用於興建工廠、住宅或移作其他非農業用途的情況亦相當嚴重，不僅農村田園景觀、農地的破碎化與農地汙染，更影響農業大面積機械化的有效生產與糧食安全。

4. 土地利用及管理機制僵化，土地產權複雜，影響鄉村建設與發展鄉村人口集居地區屬非都市土地使用分區中之鄉村區。隨著時代變遷、農村經濟的轉型與多元化發展，土地利用也愈趨多元，土地使用分區管制模式無法符合當前社經環境發展需要，影響農村的多元發展。在農村公共設施用地方面，只能依早期發展型態在既有空間架構下作道路鋪面、排水溝等局部性修繕工程，而有關社區聚落巷道彎曲狹窄、公共設施不足與社區排水不良等整體環境問題長期間均無法解決；在私人住宅方面，則因土地權屬複雜、地籍凌亂及人口外流等因素，農村住宅任其荒廢破敗而乏人管理，凡此均造成農村聚落環境品質低落，陷入人口外流及產業發展受限之惡性循環。

　　為解決此一問題，政府自二〇〇五年起推動農村新風貌工作，並於二〇一〇年訂定「農村再生條例」，該計畫除推動農漁村建設、休閒農業外，並納入縣級鄉村風貌綱要規劃，作為指導未來鄉村發展建設、輔導及獎助計畫之設計準則與行動計畫。惟農村建設所涉層面甚廣，包含土地整理重劃、基礎公共設施、農宅整建、產業發展、古蹟文物歷史保存、自然資源保育、景觀維護等。實需導入農村社會工作以期提昇農村建設。

　　從我國產業的發展歷程、就業結構的轉變、家庭所得以及人口變動情況均可看出，經濟的發展歷程導致農村人口外流與老化，從而引發以下的農村生活、生產、生態環境的發展困境，亟待政府及民眾共同努力，尋求

農村的更新與再生。農村產業、就業、所得、人口結構的改變，對於農村生活、生產、生態環境的影響，使得農村社會工作必須有新的作為：

一、農村社會工作是一種教育，引導農民去分析並承認他們自己的問題，經由專業級團體的力量去解決問題。農民教育之舉辦，要根據地方已經存在的基礎；可以減少地方的阻力並可加速推行成效。

二、農村社會工作要瞭解每一個社區的人文與風俗，而以地方的利益與瞭解為出發點，運用各項技能，以獲得最大的效能。透過參加專業培訓和進修，努力實現專業化，提高工作效率和服務效能。

三、農村社會工作不只要幫助農民解決眼前的問題，還要勉勵農民建立其長期的目的與工作計畫。

四、農村社會工作使用科學證據，由合作方式以進行。

五、農村社會工作是一種合作事業，農業研究與社會工作要緊密的合作。

六、農村社會工作是一種經由推廣人員與地方義務領袖，直接與農民接近的途徑。農村社會工作是一種橋梁工作，介在政府與農民之間。

七、農村社會工作是一種有伸縮性的工作，可以隨時做迅速而有效地修正，使其適應新的環境。

八、農村社會工作是有助於保存家庭農場和農村的生活方式，同時也承認家庭不能從社會及國家的利益與富強分開。

九、農村社會工作要協助發展農村人民的性格，使其成為優良公民，並培養他們的領導能力，與生活中的基本知識。是使農村居民手腦身心並用，達到改進農業技術、提高農民生活、養成良好品德、培植服務觀念等目的。

結語

　　農村社會工作是傳布農業成果和資訊，教育且組織農民的工作，其工作內容可包含個人、家庭和鄉村等各種事務，其目的乃在達到整體鄉村發展。農村再生需隨外在環境而建構，而這樣的變化需基於農村居民對於地區變遷的觀感，多以生計方式所嵌植在的社會關係來考量；我們認為必須一方面清楚知道農業在地區、國家或全球垂直分工的生產消費網絡位置，以及它們對於農村生活的社會結構的關係；另一方面，也需要瞭解農村生活中各種不同社區之間的關係，以及它們對於農村生活的社會結構有什麼影響。如此來考量農村社會工作對於規劃鄉村地區未來發展的作為。

第三章　農村社會工作的理論

前言

社會工作在邁向專業化的過程，大部分的實踐過程和工作技巧都是建立在一定的、系統的理論知識基礎上，而非僅僅依賴於社會工作者個人的經驗。David Howe 指出社會工作理論為社會工作實務提供使其能夠自我說明的功能，也是服務使用者評價好的專業服務的重要方面。隨著農村社會工作上處於起步階段，需要理論的指導，以便探尋出與農村社會文化脈絡相契合的理論模式，這對農村社會工作的發展至關重要。

理論是由揭示事物的各種關聯或因果關係的概念、判斷、原理組成的知識體系。社會科學理論主要指在社會某一活動領域（如經濟、政治、社會）中實際推演出來的概念或原理。社會工作理論可分為二個層面。一種是宏觀層次的理論，其多是借用社會科學的相關理論，著重從理論上分析社會工作的社會環境，如社會結構、組織系統、社會衝突與社會流動、社會公平與社會正義等，可視之為「基礎理論」；這些理論的廣泛援引滿足了社會工作者多元的理論需求，推動了社會工作寬廣思維。另一種是微觀層次上的理論，其主要來自社會工作者的實踐經驗，是社會工作者在展開具體工作時的經驗和依據，如工作技巧、工作方法、介入模式以及須遵守的相關原則、法則等，是社區工作者對社會的分析與理解影響其介入策略及對自身角色的看法，可以視之為「實務理論」。

社會工作是源自西方發達資本主義國家的一種保護性社會制度安排，是其社會安全閥制度的組成部分。我國社會在現代化的進程也需要引入這種安全閥機制，但我們在引入其理論、方法的同時，必須積極探索我國社

會工作在地化的道路，與我國的傳統、文化和價值觀念有機結合起來，使之能夠有效地服務社會的過程。

壹、農村社會工作基礎理論

二十世紀六〇年代起，西方福利國家普遍進入迅速發展的時期。高度的經濟增長使人們享受到有史以來最優厚的生活保障與福利服務，但同時也因福利經費的膨脹潛藏著新的福利危機。在美國，社會意識形態的主流關注的是生存環境及公民權利。最早的針對危機的社會政策的調整，是一九六三年美國推動「大社會」運動的龐大計畫提出的，它包括了教育、訓練及提供就業機會等一系列協助窮人使之獲得自立的社會福利服務政策。同時，政府開始削減福利經費、並強調資源使用的有效性，這與發展社會福利服務形成了矛盾。繼之，社會環境和社會政策的變化對於社會福利服務形成了衝擊，因為受助者的問題已經從一般的物質需要轉到對社會環境和基本權利等精神需要的層次。

社會工作在自身發展上開始尋求對傳統的社會工作方法的突破和選擇新的理論，引導社會工作人員開始運用系統理論，提出整合觀點，探討將不同的方法結合到一起來解決問題的新途徑（Johnson, 1998）。

一、社會資本理論

「社會資本（social capital）」是指個人在組織中，利用自己特殊位置而獲取利益的能力。一般就是指個人的親戚、朋友、同學、同鄉等關係，一個人能從這些關係中獲取的利益越高，那麼他的社會資本就越高。Hanifan（1920）使用社會資本來代表個人或家庭在日常互動中所體現的資產，如善意（good will）、同胞感（fellowship）、同情心（sympathy）等。社會資本創造人力資本，社會資本與物質資本、人力資本一起構建了新的經濟增長和社會發展理論模式。

　　柯爾曼（James S. Coleman）強調：社會資本研究的目的就在於通過對社會資本的研究來研究社會結構。行動者為了實現自身利益，相互進行各種交換結果，形成了持續存在的社會關係。這些社會關係不僅被視為社會結構的組成部分，而且是一種社會資源。社會資本出現的形式如下（Coleman, 1988）：

1. 結構性。社會資本有賴於對社會環境的信任程度，及義務所包含的實際範圍。社會資本之存在不僅為可用之資源，同時，亦可作為媒介，進而連繫起代間的人力資本傳遞。

2. 資訊性。社會資本是一組有助於行動的關係連結，可視為個人的關係網絡，將社會資本視為網絡的概念，因為關係交換的社會資本，有助於透過期待、以及建立和強化規範來達成信任。

3. 規範性。社會資本有助於規範的創造與制裁，而連繫個體間的社會關係即是導引媒介，並藉此獲得額外有利獲得社會的資源。有力的社會規範將使個人放棄自我利益而依循社會整體利益行動。

4. 權威性。權威是指擁有控制他人行動的權力；就是在特定的情境下，人們願意賦予領導者權威，以產生解決共同問題的社會資本。

5. 組織性。指源於某一目的而成立的組織，可借用為因其他目的而繼續存在的社會資本，此多樣關係的特質能使資源由其中之一的關係挪用於其他情境。

6. 目標性。社會資本是一種團體的甚至國家的財產，而不是個人的財產。如果認識到社會資本是重要的，那麼它的重心不應該放在增加個人的機會上，而必須把注意力放在社群發展上，為各種社會組織的存在留下空間，這種公民精神及公民參與所體現的就是社會資本。

7. 公共性。公民對於公共事務的參與有助於產生自發的社會網絡組織及成員間的信任和規範，這是公民社會生存所依賴的社會資本。

　　對農村的社會資本探索，發現：隨著市場經濟的衝擊，貧富差距拉大，農村社會的社會資本存量越來越少，農村的人際關係觀念逐漸淡薄，相互之間的交流與幫助越來越少，農村的社會資本不斷流失。這種狀況對本來

就處於弱勢地位的農民非常不利。社會資本理論避免服務活動引起當地農村社區家族之間的衝突，同時也尋找契機去改善不利於當地社區發展的各種社區關係，充分利用各種資源服務當地農村社區，人們可以經由社會參與和志願組織活動更為積極地參與社會生活和公共事務。

二、次級文化理論

文化是一群人所共享的一套生活方式。包括人類生活中的各種創作，以及表現內在心靈世界的各種知識、智慧、倫理道德情操等。不同的文化間往往具有各自的特色，無法用絕對標準來區分高下或優劣。「次級文化」（sub-culture）就是有別於大眾的文化，不同於主流文化的文化，組成因素是社會上特定團體的價值及信念，組成成員是部分成員或少數人，成員間同質性較高，涵蓋層面通常較窄。

此理論認為社會包含許多次級文化，每一個次文化都有其自己獨特的目標和價值，這些文化可能集中於種族生活方式、地理位置或者以其他因素為中心而形成。社區發展強調的是「增能」的概念，即幫助個人和社區提高自己解決問題的能力，鼓勵社區居民參與、居民自決和自助。社區社會工作者應著力鼓勵居民參與社區事務，透過居民間、居民與居民組織之間的互助和合作，重建和諧的社區關係，增進居民對社區的感情投入和歸屬感，促進社區進步，這就是社區發展。強調自下而上的發展，社區建設本身就是一種基層建設，其強調居民的參與和創造、自助和自治、人民與政府的合作、地方與國家的合作，社區發展本身就是一種「由下而上」的發展，以及「向下扎根」的方法。由點而面的發展，以社區為地方基層建設單位的社區發展，在改善人民生活、提昇生活素質方面作用突出，進而促進了單個社區的發展，而許多社區的發展會逐漸形成大社會的發展。

三、均衡發展理論

均衡發展理論（balance development theory）強調由於人類社會的結構如同生物有機體一樣，透過演化而走向更高級更複雜的階段。而其演化是

一種理性化的過程，就社會結構而言：工業化、都市化、專業化、法治化、制度化、普及化等，皆屬社會發展的情形。一個國家的發展乃是社會組織與制度一連串的分化與整合，透過此一漸進地分化與整合的對應過程，整個國家在社會結構上將會變得日益分殊細緻。均衡發展就是透過制度技術和創新方法的導入，在發展目標群體參與下，打破原有社區的自然發展的節奏，找出發展的制約因素，選擇解決問題的方案，以建立更合理、更高效和更和諧的理性發展模式。

均衡發展理論主要內容有三：1.整體的發展觀念，是一套綜融經濟、社會、政治與文化各方面的發展計畫；2.平衡的發展措施，是著重經濟與社會、農業與工業、都市與鄉村，協調與平衡發展的策略；3.民主的發展程序，特別強調民主參與、民眾自治與自助互助力量的提昇（李增祿，1995）。社區工作包括基礎建設、倫理建設及經濟建設等事項，亦即推動社區發展，應兼顧各領域工作的同步發展；既重視有形的基礎工程建設，也兼顧無形的社區文化、社區教育與福利服務等精神層次的提昇；強調在地特色的發展，更要與國家整體發展相協調。

一九八〇年以來，世界各國家的社會發展理論在不斷自實踐經驗的基礎上有了長足的進步。這些發展理論的歷史進程大體上包括三個方面的基本內容，第一是由單純追求物質財富的增長到追求經濟、政治、文化等社會因素的綜合增長；第二是從城鄉之間、地區之間的非均衡發展到城鄉之間、地區之間的均衡發展；第三是從以犧牲自然環境與資源為代價的增長到人與自然的和諧發展。這些社會發展理論對推動人類社會的健康發展，具有重要的價值。

四、社會公正理論

社會公正理論是當代社會發展理論中引人注目的理論內容。什麼是社會公正？社會公正既是一個重要的利益分配原則，也是一個重要的社會價值原則。貧富懸殊、兩極分化與社會公正直接相悖。平均主義當然也不是社會公正。西方學者認為，公正與正義同義（英文均為 justice）。有的提出：

公正表現為「給每個人他所應得的」那種表現形式。不少學者抨擊世界範圍內兩極分化的嚴重趨勢。社會公正的基本宗旨是「人人共享，普遍受益」。社會公正與一定的社會基本制度相連繫，規定著社會資源的利益在社會成員之間的合理分配。「小康計畫」、「和諧社會」、「幸福社會」、「生命共同體」就是社會公正的體現。社會公正應體現於公民的生存權、就業權、受教育權、社會保障權、人身自由和安全權等權利的行使。社會公正體現於公民對經濟、政治、文化一切活動的平等參與和機會均等。對在分配過程中處於不利地位的弱勢群體給予必要的調劑和救助，也是體現社會公正的一個重要方面。對弱勢社會成員和生活困難者進行救助，不能看作是「恩賜」或是「德政」，更不能看作是「負擔」，而是應該享有的憲法規定的公民權利。可持續發展不再是單純的經濟增長，而是人口、經濟、社會、資源、環境五要素的和諧協調發展。發展關鍵是正確處理人與自然的關係，可持續發展的重要目標是資源的永續利用和良好的生態環境。要克服人定勝天和人與自然的主僕關係的片面觀點，建立人與自然的平等合作夥伴關係。發展要求人們樹立整體觀念和全球觀念，反對為了一個地區和一個國家的發展，損害其他地區和其他國家的發展。發展不僅為了造福於當代人，而且為了造福子孫後代，不能以犧牲後代人的幸福為代價，來換取當代人的幸福。以達成「世代公義，永續發展。」

五、賦權理論

賦權（empowerment）（另稱為：賦能、充權、充能、授權、授能等），是給予權力或權威；給予能力；使能；給機會。這暗示權力能被給予其他人，並且能夠發展、促進權力。它的基本涵義是在發展決策、發展實施和發展成果分享全過程中，權力在社區內部、在不同的利益群體間再分配，用通俗的語言來講，就是把農民應該得到的權力還給農民。賦權乃是個人、組織與社區藉由一種學習、參與、合作等過程或機制，使獲得掌控（control）自己本身相關事務的力量，以提昇個人生活、組織功能與社區生活品質（quality of life）。第一，更多積極和權威的自我感之發展。第二，建構更

多知識和能力，能對於個人環境的政治與社會做批評。第三，為了達到個人和集體的社會目標，而去培養資源和策略或功能。

　　賦權是一個範圍較廣泛的過程，其中含有「公民參與」（citizen participation）、「協同合作」（collaboration）、「社群意識」（sense of community）等概念。

　　社會問題的存在，乃是起源於資源分配不均，這些無法獲得資源的人最好是透過互相、幫助別人或自己努力去爭取他們應得的權利，而不是讓社福機構或慈善團體來滿足其需求。在賦權的過程中，專業者扮演的角色是合作者（collaborator）與促進者（facilitator），而不是專家（expert）與諮商師（counselor）。專業者的技巧、利益或計畫等應強加在社區，而使成為社區的資源之一。賦權政策的產物，研究取向涵蓋（多元）文化層面、社會經濟和社會心理的取向等（approach）。除了探討經濟產業和社區發展（社區總體營造）的影響外，亦同時包含人們的心理認同和團體意識的衡量。除了探討結果面的影響外，亦同樣關注賦權政策制定過程之權力集中和分散的影響。賦權理論有三個面向：第一，更多積極和權威的自我中心發展；第二，構築更堅固的知識能力，如此才能對個人環境的社會和政治做出評論；第三，努力培養資源、提出策略、提昇本身能力來達到個人和團體的社會目標。為了賦予權力，我們必須先學習與案主開放的談權力，然後參與由個人的資源和連結權力所產生的權力基礎之調查，這些權力包括象徵性的權力、價值權力、地位權力或權威和組織的權力。教育和保證基本的收入是必要的。互動的社會工作能有助於連接不同的團體、文化，去達成權力資源的公平分享。

六、完善治理理論

　　政治學中的完善治理理論包括分權、治理、完善治理等作為，是在二十世紀九〇年代末，融入了參與式發展的理論框架。分權化為發展的賦權理論提供了制度保障。社區的治理和善治為對窮人和弱勢群體的賦權，提供了政治環境、多群體平等互動的治理框架。完善治理（good governance）即良好的治理，它是近年來西方興起的和影響較大的重要管理理論。它的

基本含義是政府與公民對公共生活的合作管理，是公民社會的新互動關係，是二者合作的最佳狀態。它的實質是公共利益最大化的社會管理過程。

完善治理的基本特徵和評價要素為：

1. 合法性。是指社會權威和社會秩序被自覺認可和服從的性質和程度。從法律角度看作合法的東西，並不必然具有合法性，只有被人們從內心所體認和擁護的權威和秩序，才具有合法性。政府的合法性越大，善治程度越高。

2. 透明度。是指政治資訊的公開性。資訊技術的發展為訊息的快速便捷傳遞提供了有利的物質條件。每個公民都有權獲得與自己利益相關的政府政策的訊息，包括立法活動、政策制定、法律條款、政府預算及其他有關訊息。透過媒體為公民所知，以便公民有效參與公共決策過程，並且實行有效監督。因為知政是參政的前提。透明程度越高，善治程度越高。

3. 回應性。它要求公職人員和管理機構對公民的要求作出及時的和負責的反應，不得無故拖延和無作為。在必要時應當定期地、主動地向公民徵求意見、解釋政策和回答問題。回應要及時、準確、有效。

4. 與社會組織的良好合作。善治實際上是國家權力向社會的回歸。公民社會包括社會團體、公益組織、行業組織等。善治意味著社會組織的壯大和與政府的良好合作。

完善治理理論是政府管理理念的重大變革，它的積極意義就在於管理者與被管理者的高度統一，把有效管理看作是管理組織與公眾的合作過程；它強調管理就是合作，它認為政府不是合法權力的唯一源泉，公民社會同樣也是合法權力的來源，它把治理看作是當代民主的一種嶄新形式。當然建立在剝削制度基礎上的資本主義社會，政府與人民群眾不可能達到利益上的一致，所以政府與公民的良性互動、最佳合作是根本不可能的。

完善治理理論強調做決策的方式和方法，其過程可分為四個階段：1.反思，面對面的討論議題。2.評價，即對實施方案進行評估分析。3.決定，即在討論的基礎上達成共識，共同決定實施方案或工作方法。4.經營，精心

策劃、分類工作、通力合作，最終完成任務，實現工作目標。在為數眾多的直接提供社區服務的機構中，工作人員做了大量的社會層面工作，達到了一種社區聯絡的功能。社區工作者的任務主要是促進社會機構和組織之間的連繫、發掘社區資源、解決現實問題。其工作對象一般是個人、家庭和小組，有時也會擴大到整個社區、外在環境及政策制度。溝通理論肯定了社區工作在直接服務機構中的重要性。

七、計畫變遷理論

計畫變遷是指在將社區目前存在的問題和將來的發展藍圖結合起來，制定出不同時期的工作重點，並劃分出社會發展的不同階段。社區社會工作的目標是要解決社區存在的問題，而在解決的過程中，社區社會工作者要注意掌握理性化的原則，要設立清晰的工作目標和假設，要進行系統而周詳的事實考察，要詳細分析實施方案並評估其結果，然後選擇最佳的工作方案。在社會策劃的過程中，社區社會工作者扮演一個高度技術的專家，要蒐集並分析資料，要執行解決問題的方案，要善於對社區進行分析，要能對社區問題有清楚的認識，要熟悉社會調查和評估的技巧，要有較好的協調和溝通能力，要能與社區組織和各種機構保持良好的關係等。

計畫變遷理論對如何推動社區社會工作提供不同的思考方式和工作原則。計畫變遷理論有三種觀點：第一種是強調理性地和全面性地策劃。這一個觀點有二個基本的假設：有足夠的資源並且可以無限制地使用；決策的前提是為了公眾利益，而且是為了澈底解決問題。第二種觀點強調以漸進的方式解決部分問題。第三種觀點是以上二種觀點的混合，可稱為混合透視論。主要特徵是：針對某一社會問題，以理性化及全面性的方法去分析，為解決問題提供一個方向，然後順著這個方向，衡量現有資源、時間的緩急，進而有步驟地提出相應的解決方案、政策計畫，最後達到解決問題的目的。社會是由不同的利益群體所組成，每個利益群體都在努力爭奪有利於自己的資源，維護自身利益。但有些小的、弱勢的利益群體往往成為失敗者，社區社會工作者就是要扮演鼓勵者和教導者，和這些弱勢群體

一起爭取其應得的利益。社區為社會的生活單元，隨著社會變動，社區工作亦當有所對應。

在民主化社會中，為進行計畫變遷須妥慎運用溝通，把握三個層次：第一層次是專家學者與地方領袖間、地方領袖與居民間、社區工作者與地方領袖以及居民彼此之間，面對面的交談或觀念的溝通；第二個層次是社區發展知識與方法的傳播；第三個層次是社區發展的各級機構及民間的觀念或想法由上而下和由下而上的交流與溝通。藉助研究、資料管理和問題分析的技術，制定一套解決社區問題的計畫或設計一系列的活動和程序。策劃理論重視社區居民在策劃過程中的發言權和作用，又稱為互動式的策劃。李增祿教授認為社區變遷宜朝向：1.應作通盤的規劃；2.應由社區大眾參與，以進行決策；3.應作因地制宜的配合（李增祿，1995）。社區變遷取向強調通盤規劃，以引導社區變遷，至於計畫變遷內容與方向，則應由社區民眾參與來決定。推動社區發展首先必須集合民眾的共同意志，促使社區居民自動自發、自助互助，並運用一切可能的資源，如政府、專家學者或其他機構的協助，以達到社區經濟與社區文化等方面的發展。

貳、農村社會工作實務理論

農村社會工作，如果依照工作性質來劃分，農村社會工作可分為消極被動型和積極主動型兩類。所謂消極被動型的農村社會工作是指對發生各種困難的農村居民給予幫助或對已出現的農村社會問題採取應急措施，如對弱勢者進行救濟、對受災地區的農民給予援助等。所謂積極主動型的農村社會工作是指開展具有預防性和建設性的工作。預防是為了盡量減少農村社會問題的發生，如疾病預防、防止生態平衡遭受破壞等；建設性工作指為提高農村居民的社會適應能力而進行的工作，如文化娛樂、農村文化教育、農業技術推廣等。

農村社會工作的實務理論是關於社會工作基本原則、工作方法的理論，其包括農村社會工作的基本理念、對農村社會問題的假設、工作目標、

工作原則、工作方法等內容。農村社會工作實務理論發展受到社會工作範圍廣泛，涉及的問題複雜多變，因而其實務理論也處於不斷的發展變化中。社會工作理論家在討論農村社會工作實務理論時，歸納了不少模式，分別從不同角度闡述社區工作的內涵。

一、能力建設理論

「能力建設理論」是二十世紀八〇年代，聯合國系統和國際 NGO 率先提出的概念，按照聯合國開發署在 UNDP 會議中的界定，能力建設是指「建立適合國情的政策和法律規範的環境、機構的發展，包括社區的參與者（特別是婦女的參與）和人力資源發展和管理系統的完善。」從應用社會學和管理學的角度，著眼農村社區發展的途徑，強調所有的人都平等享受世界上資源的權利以及決定自己如何發展的權利，對以上權利的否認是貧困和災難的根源。要使人們有能力處理由於歧視造成的不公正，使人們能夠發揮他們的潛能，建設一個尊重權利和價值多樣性的社會。促成組織生存環境的不斷優化、組織自身的管理與完善、人力資源的開發與社會動員的廣泛性等方面的內涵，不斷滿足人道需求和實現自身可持續發展的綜合能力，由此構成能力建設的網絡體系。

爰此，「能力建設理論」運用於農村社會工作，包括：

第一個方面，要不斷滿足日益增長的人道需求，自然需要不斷強化能力建設，其主要內容包括運籌能力、籌資能力、執行能力、監管能力等方面。以「運籌帷幄之中，決勝千里之外」運籌能力強，決策正確，就會取得最佳效果。反之，則易形成事倍功半。

第二個方面，籌資能力建設，它要求充分運用社會資源的力量，達成籌資能力的不斷提高，才可望永保旺盛的發展力量。

第三個方面，執行能力是處理事務的方法與經驗，是保質保量完成使命的能力。正確的決策和安排如何落到實處，應急救援的組織能否快速到位，方案能否科學運作，人力資源整合、配置是否合理等，都是影響執行

能力的決定性因素。沒有強大的執行能力，農村社會工作的功能作用就不可能得到很好的發揮，事業發展也將受到衝擊。

第四個方面，監管能力，包括自我監管和第三方監管。農村社會工作滿足人道需求的工作能否順利推進，能否取得廣大民眾的認可，從而贏得與日俱增的公信力和專業認同，離不開自我的監督與管理，尤其在資源的募集和使用方面，直接關係到工作的成敗得失，這就要求自我監管能力的不斷提高。而要取信於民，引入第三方監管機制並加以擴大，可以彌補自我監管之不足，提昇監管水平。

第五個方面，適應能力是應對社會發展需求，有效扮演與身分相適應的角色，功能得到充分發揮的能力。農村社會工作除政府投入外，亦積極運用非政府組織。社會適應能力的不斷提高，要求有完善的組織體系，能適應社會發展需要。

第六個方面，創新能力，按照一般的解釋，是創造與革新的合稱，創新包括創新意識、創新思維和創新技能。它具有新穎性（即不墨守陳規，前所未有）、獨特性（即不同凡俗、獨出心裁）、價值性（即對社會或個人的價值大小、進步意義）。「創新是一個組織進步的靈魂，是一個專業興旺發達的不竭動力。」對一個組織來說，沒有創新，就沒有活力，沒有生機，組織發展不可能實現可持續性，以實現農村社會工作自身的變革、進步和超越。

第七個方面，公關能力，亦即公共事務的能力，是各種協調、把握、應對、處理人與事的能力。由於任何組織在它生存發展過程中都和社會環境發生各種各樣的關係，組織運用傳播溝通的手段來處理這些關係就是公關。公關的主體是組織，客體是公眾，手段是傳播，重心是溝通，目的是改善自己的公共關係狀態，獲得公眾的好感與合作，以順利實現組織預期的目標。農村社會工作要取得公眾的廣泛支持與參與，必須藉助各種傳播手段，強化傳播溝通能力。農村社會工作要與政府組織、非政府組織互動連繫，如此的「多邊關係」，都要求農村社會工作不能忽視公關能力。

農村社會工作的實踐有賴上述多元能力的發揮外，亦包括若干特點：

　　第一為文化性：文化是指實踐過程中創造出來的物質文化、精神文化和制度文化的總稱。就農村社會工作而言，不斷提高文化建設能力，可以增強影響力、感召力、凝聚力，提昇「軟實力」。農村社會工作者奉行的「人道為本、博愛為懷、奉獻為榮」的精神，經過社會實踐，能形成被廣泛認同的工作文化。至於，理念的創新以及學習能力、研究能力的提高等，這些都屬於文化建設能力的範疇，方能永續發展。

　　第二為開放性：能力建設體系並不是封閉的，而是開放的，農村社會工作結合著各式各樣的 NGO 以及各種社團組織，只要在能力建設方面有可取之處，都可以納入到農村社會工作的能力建設體系的資源中，「不為所有，但為所用」。同時，開放性的另一表現，隨著社會的發展、時代的進步和環境的變遷，會對農村社會工作能力建設提出新的要求，因此新能力建設能在與時俱進中臻於完善。

　　第三為長期性：能力建設是一個持續的、長期的過程，需賴對專業能力的要求、農村社會結構的理想模型以及能力建設的基本原則、主要規律、主要內容、基本方法、評價體系、策略構想等。農村社會工作無論是應對挑戰，還是面對機遇，都需要不斷強化能力建設，只有這樣，才會實現能力發展。因此，農村社會工作能力建設絕不是短期行為，它也需要有一個長效機制。

　　第四為評估性：建立能力建設的評估機制。這是加強能力建設的必要手段。能力建設的績效如何，透過評估機制，可以得到真實的呈現。評估可以自評，總結成績，找出能力建設的著力點；也可以自上而下測評，作為考核農村社會工作業績的依據。根據能力建設的構成要素，建置能力建設的評估指標，量化為分值，先選擇幾個點試行，以檢驗其科學性，如科學、合理、有效，即可推而廣之，促進能力建設的規範化和有序化。

　　農村社會工作於能力建設，將基本能力培養區分為領會學理精神、牢固知識基礎、優化思維方式、提高參與水準、強化業務標準、增強綜合品質等方面，分別提出相對應的標準，探索有針對性的訓練提高方法；並從總體、群體、個體多個側面分別加以評析，著重探討農村社會工作能力建設的實踐經驗，深化對農村社會工作能力建設規律的探索，以拓寬農村社

會工作能力建設的思路。構成一個有機整體；既有理論層面的思考，又有實踐層面的總結。

二、社區工作理論

透過社區工作理論可以幫助社區工作者認識和理解其工作環境（如社會結構、政治經濟制度、文化傳統）、工作內涵（如居民的行為方式、社區組織的功能特徵），選擇適當的工作策略（如採取衝突方法、協調方法或合作方法）。裨益社區工作本身的實踐模式、工作原則、基本方法等，以作為社區工作實務的依據。社區工作雖以「社區」為服務對象，但直接互動對象是「人」──社區領袖、幹部及居民為主。在社會系統觀點下，社區工作理論包括：

第一，策劃：策劃是指在沒有採取行動之前的計畫工作，其將社區目前存在的問題和將來的發展藍圖結合起來，制定出不同時期的工作重點，並劃分出社會發展的不同階段。社區社會工作的目標是要解決社區存在的問題，而在解決的過程中，社區社會工作者要注意掌握理性化的原則，要設立清晰的工作目標和假設，要進行系統而周詳的事實考察，要詳細分析實施方案並評估其結果，然後選擇最佳的工作方案。在社會策劃的過程中，社區社會工作者扮演一個高度技術的專家，要蒐集並分析資料，要執行解決問題的方案，要善於對社區進行分析，要能對社區問題有清楚的認識，要熟悉社會調查和評估的技巧，要有較好的協調和溝通能力，要能與社區組織和各種機構保持良好的關係等。

策劃理論對如何推動社區社會工作提供不同的思考方式和工作原則，社區社會工作者就是要扮演鼓勵者和教導者，和這些弱勢群體一起爭取其應得的利益。

第二，溝通：溝通理論有三個層次：第一層次是專家學者與地方領袖間、地方領袖與居民間、社區工作者與地方領袖以及居民彼此之間，面對面的交談或觀念的溝通；第二個層次是社區發展知識與方法的傳播；第三個層次是社區發展的各級機構及民間的觀念或想法由上而下和由下而上的

交流與溝通。藉助研究、資料管理和問題分析的技術，制定一套解決社區問題的計畫或設計一系列的活動和程序。策劃理論重視社區居民在策劃過程中的發言權和作用，又稱為互動式的策劃。

第三，決策：做決策理論是只做決策的方式和方法，其過程可分為四個階段：1.爭論，即面對面的爭論問題。2.評價，即對實施方案進行評估分析。3.決定，即在討論的基礎上達成共識，共同決定實施方案或工作方法。4.經營，精心策劃、分類工作、通力合作，最終完成任務，實現工作目標。在為數眾多的直接提供社區服務的機構中，工作人員做了大量的社會層面工作，達到了一種社區聯絡的功能。社區工作者的任務主要是促進社會機構和組織之間的連繫、發掘社區資源、解決現實問題。其工作對象一般是個人、家庭和小組，有時也會擴大到整個社區、外在環境及政策制度。溝通理論肯定了社區工作在直接服務機構中的重要性。

第四，發展：這一理論的主要觀點是，經濟發展和社會發展都是國家發展的重要內容。經濟發展注重物質資源的開發，社會發展強調以人為本、關心公眾福利；經濟發展是社會發展的手段，社會發展是經濟發展的目的。社區發展理論透過對社會整體和社區內部的分析，假定可以透過和諧的共識手法，達到社區的穩定，使居民有歸屬感且能夠相互合作，進而促使社區內部人力、物力資源的綜合發展。此一模式是在一個較大社區範圍內，鼓勵居民透過自助或者互助的方式，廣泛參與社區事務，解決社區問題，推動社區發展。均衡發展理論的主要內容包括：1.整體的發展理念，使各種發展計畫結合起來，共同推進。2.平衡的發展措施，不僅要注重經濟發展與社會發展的平衡，且要顧及工業發展和農業發展的平衡，以及城鄉發展平衡，協調各種力量。3.民主的發展程序，均衡發展策略注重大眾參與，強調發展民眾自助力量，提高民眾的自治精神。

社區發展模式的策略主要集中於推動居民參與和合作，改良溝通管道，合理利用社區資源。社區社會工作者扮演的角色是：1.倡導者。協助居民表達對社區問題的不滿，鼓勵並協助其組織起來，建立良好的溝通管道和人際關係。2.協調者。主要是協調社區內各個團體和居民個人之間的關

係，促進合作。3.引導者。培訓並努力提高居民解決問題的能力和技巧，培養居民參與社區事務的熱情，共建互助精神。

社區發展強調的是「增能」的概念，即幫助個人和社區提高自己解決問題的能力，鼓勵社區居民參與、居民自決和自助。基層民主建設在各國的實踐證明，其與社區發展的目標和方法是完全一致的。社區社會工作者應著力鼓勵居民參與社區事務，透過居民間、居民與居民組織之間的互助和合作，重建和諧的社區關係，增進居民對社區的感情投入和歸屬感，促進社區進步，這就是社區發展。強調自下而上的發展，社區建設本身就是一種基層建設，其強調居民的參與和創造、自助和自治、人民與政府的合作、地方與國家的合作，社區發展本身就是一種「由下而上」的發展，以及「向下扎根」的方法。由點而面的發展，以社區為地方基層建設單位的社區發展，在改善人民生活、提昇生活質量方面作用突出，進而促進了單個社區的發展，而許多小社區的發展會逐漸形成大社會的發展。

三、區域發展理論

區域發展理論興起於二次大戰後的歐洲大陸，區域發展理論的形成可以追溯到早期的區位理論，如韋伯（A. Weber）的工業區位論、杜能（J. Thünen）的農業區位論，以及克里斯托勒（W. Christaller）和廖什（A. Losch）的中心地理論等。但由於傳統的區位理論是從經濟人的角度去分析經濟活動的空間分布，因而具有靜態與均衡的特徵，與動態及非均衡的區域發展缺乏必然的連繫。一般認為，系統的區域發展理論開始於第二次世界大戰以後。由於戰後各國致力於重建國民經濟，區域發展理論才得到較大的發展。是將社會所呈現的問題，透過調查問題、組織社區民眾、討論問題、採取行動、發展新方案等作為，目的在於發展社區的能力與社區的整合。

區域發展問題較為複雜，涉及到經濟學、地理學、社會學、規劃學等眾多學科，加上戰後以來經濟發展思潮的不斷演化，因而，區域發展理論也就形成了眾多的不同的流派。比較有影響的為：

（一）歷史經驗學派區域發展理論

歷史經驗學派區域發展理論大多根據以西方國家區域發展歷史經驗為基礎，歷史經驗學派區域發展理論基本上來源於對歐美區域經濟發展過程的實證考察結果，因而在某種程度上具有一定的普遍適應性，但也應該注意到理論產生的特定環境條件。其代表性理論有部門理論（Sector Theory）、輸出基礎理論（Export-Base Theory）、區域發展的倒「U」字型假說等。任何區域的發展都存在著「標準階段次序」，這種標準階段次序可以表述為下列幾個過程：

第一階段，在大多數區域經濟發展過程中，最早階段往往是自給自足型的經濟。在這一階段中，當地居民基本上沒有貿易上的投資，人口是按照維持自給自足經濟所必需的資源基礎而分布的。

第二階段，隨著交通運輸的日益發展，貿易往來和地區專業化生產也在區域中發展起來。製造業的人口開始出現，他們進行著簡單的手工業生產，為當地農民服務。鄉村手工業生產所需要的原材料、市場和勞動力全部是由農業人口提供。

第三階段，隨著區際貿易的日益發展，區域也開始趨向於從原來粗放的畜牧業轉向發展系列農作物產品，如種植水果、生產日用農產品和發展蔬菜農場等。

第四階段，隨著人口的增長及農業生產和採掘業生產效益的下降，區域開始實施工業化。區域工業化的早期階段立足於建立在農林產品的基礎之上，工業化的後一個階段則出現了諸如冶煉業、金屬材料加工、化學工業、建材工業等。

第五階段，在區域經濟發展的最後一個階段，區域實現了為出口服務的第三次產業專業化生產。這時，區域開始輸出資本、熟練技術人員和為不發達地區提供專業化服務。

歷史經驗學派區域發展理論是根據大多數歐洲國家區域經濟發展的歷史進程而總結出來的，符合大多數區域經濟發展的歷史過程和客觀規律。

（二）現代化學派區域發展理論

二十世紀五〇年代，受發展經濟學中結構主義思潮的影響，區域發展理論強調工業化與都市化為核心。現代化學派區域發展理論對加速區域工業化、都市化與現代化提供了比較好的思路。任何區域的現代化發展都必須經歷兩個相輔相成的成長過程：一方面區域經濟必須經歷由自給自足的封閉型經濟向開放型商品經濟轉換的歷史過程。在這一轉變過程中，運輸成本下降發揮著關鍵性作用，因為只有運輸成本降低才使得區際貿易成為可能。另一方面，區域經濟必然要相應地完成由第一產業向第二產業到第三產業的過渡。而其中最為關鍵的一步則是區域工業化的實施。

現代化學派區域發展理論提出的發展目標為：

第一，從經濟方面看，認為現代社會是工業和服務業占絕對優勢的社會或所使用的全部能源中非再生資源占絕對優勢的社會，而傳統社會則是第一產業占絕對優勢的社會或所使用的全部能源中生命能源占絕對優勢的社會。

第二，從政治方面看，認為現代社會普遍具有一個高度差異和功能專門化的一體化的政府組織體制，它採用理性化和世俗化的程式制定政治決策，人民懷有廣泛的興趣積極參與政治活動，各種條例的制定主要是以法律為基礎，而傳統社會則多數不具備這些特點。

第三，從社會結構來看，認為現代社會是高度分化的社會，各組織之間的專門化程度和相互依賴程度很高；社會流動率也很高；人口大規模集中於城市；角色和地位的分配主要依據個人的能力和業績；調節人際關係的規範是標準的、普遍主義的；科層制度普遍發展，家庭功能縮小、地位下降等。傳統社會則相反。

第四，從文化層面看，認為現代社會的文化強調理性主義、個性自由、不斷進取、效率至上、能力至上等觀念。傳統社會的文化則強調超經驗的、反個性的、知足常樂的、天賦至上的、情感至上的價值觀念。

第五，從人的個性與行為特徵上看，認為現代社會的成員有強烈的成就動機，在處理事務時有高度的理性和自由性，對新事物有高度的開放性，對公共事務有強烈的參與感，對生活在其中的世界有較高程度的信任感等。傳統社會的成員則缺乏這些基本素質。

其中，最有影響的區域發展理論有「增長極理論」（Growth Pole Theory）及其衍生的「核心－外圍理論」（Core-Periphery Theory）。

（三）鄉村學派區域發展理論

西元前七○○○年，人類社會於伊拉克與巴勒斯坦的約律哥（Jericho）與雅莫（Jarmo）建立歷史上第一個城鄉雛形，這個聚落容納了三千居民，象徵人類聚落生活的開端，也改變人類史上空間利用的方式。從城鄉發展初期聚落雛形，到後來形成城市擴張、道路建立、修築河道、公共設施的分布，成為人們生活的主要區域。區域發展常產生三個重大問題，即：第一，隨著經濟發展，區域間的差距加大；第二，隨著經濟發展，城鄉間的差距加大；第三，大都會無限的蔓延。都市常可透過其擴散作用，對鄰近廣大鄉村地區產生發展的衝擊。在發展中國家，經濟的發展不但會帶來區域間差距的加大，而且，即使在同一區域內，城鄉間的差距也會因而擴大。

二十世紀七○年代以來，一般鄉村還是相當落後，交通與通訊也不發達，當經濟發展時往往集中在都市地區，更使都市產生磁場效應吸收來自鄉村的人才與資金，導致都市的發展相對於鄉村更為快速；另一方面，由於鄉村的基本設施太差，都市的發展也無法有效擴散至鄉村地區，結果，經濟的發展在較窮的發展中國家反而容易導致城鄉間差距的拉大。隨著發展中國家的經濟發展由加速經濟增長型策略向滿足基本需求型策略的轉變，以實現公平、消除貧困、增加就業為目標的發展取代了以實現國民生產總值最大增長為導向的發展，更多地關注鄉村地區的發展理論與空間平等。反映在空間背景上，強調鄉村地區發展與空間均衡為核心，以鄉村地區發展為內容、空間均衡發展為核心的區域發展理論更是取代了以都市化

為中心、空間不平衡發展為內容的傳統區域發展理論，從而在區域發展理論史上形成了獨具特色「鄉村學派區域發展」理論。

鄉村學派區域發展理論強調以景觀生態結構學原理，掌握城鄉生態系統。藉由生態規劃和生態設計方法，瞭解鄉村和區域環境空間規劃、設計、創意產業發展的基本趨勢，以達創造與自然友好的人居環境為目的。著眼：

第一，確立知識系統：需對鄉村與區域具有的客觀體認。能建立對空間規劃周延方法的概念。同時認識鄉村與區域生態環境的整體性，瞭解生態的依存關係。認識人類和景觀生態、環境文化不可分割的關係，確立規劃設計、社會工作對於環境永續發展的責任與義務。

第二，發揮專業知能：培養對景觀、生態、環境與文化的綜合規劃能力。瞭解城鄉差異，具備規劃不同型態城鄉和區域機能的判別能力。運用社會工作專業能力，推導出景觀特徵及其變遷現象，是農村社會工作者達成應具備的規劃、管理、引導、作為及成果展現的能力。

觀察先進社會，鄉村旅遊是近年來新興發展的農業區域發展經營型態，是一種將旅遊業與農業合而為一的新興產業。自一九七〇年代以來，鄉村旅遊在歐洲農村地區迅速發展，對於不景氣農村地區之經濟產生非常大的作用，並且認為是一種阻止農業衰退和增加農村收入的有效方式。從歐盟鄉村模式與農業多功能性來看，農業為一具備經濟、社會與環境多面向的初級產業，除了傳統的糧食與原料生產之經濟效益外，其不但有形塑鄉村風貌、永續管理自然資源、環境保護及生態保育等環境效益，也具鄉村文化及維護地方認同的社會文化功能。因此，善用農業資源的鄉村旅遊經營方式，將有助於鄉村生產、生活、生態多面向的永續發展。還以社會、經濟與自然環境等優勢，發展鄉村旅遊，並運用農業經營活動、農家生活與農村文化，提高國民養身休息的環境品質，增進國民對農業生產、農家生活、農業生態的體驗，成功開啟鄉村旅遊市場。整體而言，藉由鄉村旅遊，不僅擴展觀光產業的產品供應力，使得區域發展的觀光業發展更為多元，並且也有助於促進落後地區之發展，改善區域失衡的現象。

比較有代表性的觀點有：選擇性空間封閉（Selective Spatial Closure）理論、地域式發展理論（Territory Development Theory）等。

（四）主流經濟學派區域發展理論

進入二十世紀八〇年代以來，在人口日益成長、水源短缺、耕地消失、生物多樣性減少的現代，農村和區域工作受到學術及實務的重視；並以探討人類在城鄉區域中如何繁聚，與自然環境如何發生相互作用為主要重點。其間的關係，有賴於深入瞭解人文環境和經濟發展的內涵，觀察「人地關係」，分析形成地方、鄉村、社區特性的因素，藉以認識農村地理空間，俾利開創人類近代文明的現象。眾多主流經濟學家開始涉足區域經濟研究領域，形成了獨特的主流經濟學派區域發展理論。主流經濟學派區域發展理論的農村社會工作的研究，可以區分為規劃、設計及創意產業發展，其具體內容，除了涉及農村規劃及生態、文化與環境協調統一以外，也是提醒人們在發展中需要講究經濟效率、關注生態安全和追求社會公平正義，其最終目的，就是要提高人類生活水準。作為一個指導人類走向二十一世紀的發展理論，生態農村的概念已經超越了單純的生態環境保護，是將生態環境問題與社會經濟發展問題有機地結合起來，成為一個有關經濟、社會、環保、區位、創意產業協調發展的全面性策略及複合性的跨領域議題；並有待具有整體科技整合的團隊互動式工作經驗和跨領域思考模式合作。

波特（M. Porter）、克魯曼（P. Krugman）等著名主流經濟學家開始介入空間或區域問題的研究，引進參與市場競爭的主體，除了一個個企業外，還有一個個的區域政府。強調的是不僅有企業與企業之間的競爭，還有政府與政府之間的競爭。在很多國家和地區，不同區域經濟社會發展差異化的背後，不僅有區域資源稟賦的原因，還有更重要的區域政府職能效用發揮的良窳。區域政府往往都作為重要的經濟體參與和推動區域經濟發展。

受到工業化的影響，都市化成為世界普遍的現象。學術領域亦多著墨於都市區域的理論建構。林區（K. Lynch）提出都市區域結構概念以來，目前全世界已經有三分之二的人口居住在都市地區，並導致城市環境汙染與

人口社會問題。進入二十一世紀後，城鄉及區域研究拓展至環境保護、景觀美質、社會變遷、經濟發展、交通運輸、公共政策、歷史典章、都市計畫、人口住宅、建築與設計研究等綜合學說，研究範疇包括自然地理學群、人文地理學群及區域地理學群的研究；皆為區域發展理論提供重要的指引。

結語

強調歷史與現實的有機連繫，引導讀者深入理解個人與社會的關係，從而實現社會工作的社會價值——關注民生、服務民眾；強調學習農村社會工作應該把握好理論與實踐（或界定問題與介入方法）的相互依存關係，既系統地梳理了農村社會工作的歷史脈絡和現實環境，也較深入地介紹了農村社會工作各種理念，根據社會歷史分析和問題界定，整合地思考農村社會工作的介入模式。

社會工作的發展為順應社會環境與社會政策的變化，必須作出響應並積極調整。面對福利資源的短缺與競爭，專業社會工作也開始接納「管理主義」，如以「個案管理」、「有效管理」等工作取向來建立優質服務，適應社會發展和競爭的需要，保持自己承擔社會福利服務的專業地位，這一取向實際上更加重視了技術化和程序化。同時，為獲得社會認可，社會工作專業人員的註冊制度普遍發展起來。但在另一方面，社會科學的發展也帶來了對於傳統的、以實證主義為基礎的社會工作的反思，社會工作者開始更為關注存在社會工作之中的文化差異，以重新思考社會工作者在承擔「對人與社會服務」實踐中的道德倫理角色（曾乃明，1995）。不同文化背景的國家與地區，特別是在發展中國家，一些社會工作者正在修正百年來社會工作從事「社會治療」的形象，更為務實地將社會工作已經發展起來的工作技術與社會發展的取向結合起來（Midgley，1998），探索社會工作與國家制度的關係以及新的理論與實踐方式。

第四章　農村社會工作的內容

前言

　　二次大戰後，西方社會與經濟空前發展。然而都市化、工業化、高科技及社會變遷，導致富裕社會中的貧困問題反而加劇，戰後軍人的安置問題、黑人暴動、婦女爭權、兒童教養、老年安置等等，新生的社會問題與社會發展形成互相衝突的矛盾。

　　從二十世紀五〇年代起，西方國家紛紛宣布簡稱了「福利國家」，於是，一系列解決老人福利、勞工失業、軍人服務和積極性救助等旨在全盤改進福利制度的「新探求」（New Research）社會政策相繼頒布。這個政策的核心是開始強調以整個國家的福利、計畫和綜合性管理為解決手段。特別是聯邦反貧窮計畫提出由幾個不同的管理機構者聯手辦理一些大的項目，這些計畫的許多方面都涉及到社會工作專業，同時也強調福利計畫在社區的發展和推進。

　　社會政策的改變帶來了對於社會工作的大量的需求。政府的衛生機構、醫療機構和家庭，矯治機構和學校、社區開始引入團體工作者。在組成社區基金會、社區委員會的過程中，社區工作的方法正在發揮作用。因為單純的個案工作方法難於應付廣泛的和嚴重的社會問題，因此社會工作真正超越了此前由個案工作方法為主導的局面。社會工作的一些基本概念和方法不僅在個案工作中，同時在團體工作和社區工作中也得到充分運用（廖榮利，1987）。反貧窮計畫在福利服務實踐層面提供給個案工作、團體工作和社區工作三大方法的聯合契機，並於一九五五年促成社會工作人員協會（NASW）成立。

一九六五年行政院頒布「民生主義現階段社會政策」，確立了社區發展為我國社會福利措施七大要項之一，同時並明確規定「以採社區發展方式，促進民生建設為重點」。歷經三十餘年之推展，已取得豐碩之成果。為因應社會環境之變遷，使社區發展工作法制化，並期改變社區體質，使其更能達到民主、自治、自助之目標，乃於一九九一年五月一日再修訂發布「社區發展工作綱要」採人民團體型態運作，目前台灣地區已成立社區發展協會有五千四百六十八個，繼續推行社區公共設施、生產福利、精神倫理等三大建設。

壹、精神倫理建設

為凝聚社區居民意識，提昇社區居民精神生活，由社區發展協會推動，辦理各種生活講座、社區刊物、兒童、青少年育樂休閒活動、婦女及老人健康活動、社區運動會、媽媽教室、民俗文化技藝活動、社區性福利服務等，以達成敦親睦鄰、促進社區居民互動的目標。貫徹心靈改革，推動精神倫理建設，倡導辦理多元化育樂活動以提供公民參與的機會，藉以拓展身心，不僅達到寓教於樂之效益，同時兼具淨化心靈之教育作用，俾以健全居民身心發展，增加民眾間之互動，引導居民迎向圓融健康之境域。藉由精神倫理建設的角度切入，民眾開始走出家門，主動去關心社區的人、事、物，社區的生活變得更為豐富與多元。社區居民與知識分子投入家園再造的故事，在各地不斷上演，不論是為了兒童安全，齊力改善上下學路線，或是投入在地文史資料的採集、整理，大家的努力與付出確實令人動容。凝聚社區意識，改善社區生活環境，建立社區文化特色，由點而線至面，循序完成打造新故鄉，形塑新生活環境的理想。在檢視社會發展脈絡中，過去被忽略的「社區」觀念，也就是凝聚共同體意識的問題，為了因應新時代環境的需求，以「人」為主體的社群概念，必須成為精神倫理建設的中心。

社區精神倫理建設的工作種類有：

一、社區文教康樂活動

依據社區特色及需要，配合國家慶典、民俗節日，舉辦文化、育樂、藝文、民俗、各種專題講座或自強活動等活動，設置社區精神堡壘及播音站，加強民眾對社區的向心力。文化建設在農村的治理中實際上非常重要，其積極效果主要有：一、是改善村民的業餘生活，尤其是對於農村中的老人而言。現在，農村家庭日益原子化、核心化，老年家庭被邊緣化，加上農村經濟水準實際上還是偏低，因此，除了子女家庭條件非常好之外，用於老年家庭的娛樂開支很少。而通過農村集體以公共產品的方式提供文化娛樂設施，可以有效地解決這個問題。二、是透過文化建設，促進村民參與公共事務的積極性。文化建設，實際上以村民集體的方式為農村提供公共產品和公共服務，與水利等公共基礎設施的原理實際上是一樣的。參與公共文化活動之後，村民參與集體事務的熱情也得到提高。三、是一定程度上，文化建設實際上發揮了民主培育的作用。文化活動必須透過農民自組織的方式來完成。農民在自組織的過程中，實際上也培育了民主精神，培育了民主治理公共事務的能力，集體活動發揮了一種公共論壇作用。村民們在文化活動中聚集在一起，除了娛樂之外，大家也會自主地談論村治問題。因此，實際上是發揮了公共論壇的作用，資訊在這裡得到有效溝通。

二、社區全民運動

由社區發展理事會負責計畫推動。內容如：慢跑、登山、土風舞、郊遊、太極拳、健身操及各種球類，在農村社區多半為社區間趣味競賽，或民俗才藝聯誼活動，或配合媽媽教室舉辦婦女康樂活動，配合社區長壽俱樂部選擇中、老年人的健身活動。透過組織學習來探討農村社區資源、凝聚社區向心力及建立共識。社區居民經由研習討論，一起將農村過去或現在的生活經驗及產業文化予以記錄、傳承進而創新，也在不斷的交流討論中增加彼此的情感，提昇居民對社區環境與人、事、物的關心，進而選擇社區發展的方向，農村社會工作人員則是從旁協助的推手，讓社區營造工

作內化為社區與農會工作，不會因為農村社會工作人員撤離而失去動力與核心。

三、社區青少年活動及服務

協調各校充實運動器材及設備，平時供校內學生使用，課餘及假日開放供社區青少年使用。寒暑假期間，舉辦青少年育樂營。組織各級社區童軍，進行各種訓練及野外活動，以啟發、陶冶青少年心智。為推動在地文化活動，鼓勵社區居民，不管大人、小孩、老人、男人、女人、親子及祖孫利用農閒時期，學習農村傳統的文化活動，如新竹縣新埔農會輔導巨埔社區的「跑旱船」、屏東縣南州地區農會輔導大埔社區「犁牛情」、台南市下營區農會輔導的大屯社區「鬥牛陣」、雲林縣西螺鎮農會輔導安定社區 的「步馬陣」、彰化縣田尾鄉農會輔導的新生社區「內山姑娘要出嫁」……等，鼓勵農村社區居民上台表演，例如「鬥牛陣」牛隻相鬥的場面模仿得維妙維肖，令人讚嘆！這是社區的耆老帶領年輕人共同完成的，而且他們常常受邀請到外地表演喔！除了傳承傳統文化，有些社區選擇創新活動，如「超級變裝秀」、「稻草人說故事」、「西瓜蓮霧藝陣」、「戲劇團」……等，參與的居民年齡從三歲到九十一歲都有，參加農村社區活動的人就是這麼踴躍，讓人感受到的是參與的熱情與活力。

四、社區媽媽教室活動及服務

社區發展是一種多目標、長遠性、綜合性的社會福利事業，旨在透過社會運動方式與教育過程來培養社區意識，啟發社區民眾發揮自動自發、自助及人助的精神，貢獻人力、物力、財力，配合政府行政支援、技術指導，以改善社區居民之經濟、社會、文化等環境，提昇其生活品質。利用社區適當場所，成立媽媽教室，由鄉鎮市區公所、婦女會、農會、衛生所、學校、社區發展理事會等單位共同輔導。家政教育、衛生教育、家庭計畫等活動可透過媽媽教室廣為推行。

五、倡導勤勞節約

獎助節省婚、喪、喜、慶費用，捐作獎學金及社會慈善事業、社區維護、活動經費；鼓勵各寺廟宗教團體，積極辦理文教康樂活動。倡導保健、社會建設等或產品展示及正當康樂活動，以轉移風俗。並透過相互的資訊提供，彙集各地農村社區人文發展現況及問題點等，結合地方人文開發的內涵，提昇農村的心靈生活、社會關係，並將農村好的生活氛圍提供給本地人、外地人共同享受農村生活。

六、保護自然景觀及歷史文物的維護

開發新社區，要維護原有生態景觀及歷史文物；鼓勵在社區內適當公共建築物內設置文物陳列室，以保護文化遺產。以「由下而上」、「自主參與」的社區營造精神，引導居民「尋找社區目標」、「發展地方特色」、「建構在地的文化」，讓農村居民的生活更好，而且可以將農村的好讓大家分享。

七、充實社區活動文化中心設備器材並加強管理運用

社區的力量是大家一點一滴努力匯集起來的，透過大家的努力、老照片蒐集、耆老訪談、田野調查……等，將農業時代的生活文化、產業文化、節慶文化……等，彙製相關文獻資料，以提供後代認識，並進一步將過去文化創新運用，結合現代的生活需求，開創農村新契機。社區活動中心由社區發展理事會管理維護，並鼓勵退休軍公教人員或長壽俱樂部老人、社區托兒所保育員及高年級學生志願協助管理。社區活動中心每日開放供社區居民做正當活動，其使用項目為社區發展理事會會議、村里民大會、村里辦公處、各種訓練講習會、長壽俱樂部、媽媽教室、社區托兒所、各項文康活動、圖書室、播音站、各種服務及集會和社區民眾共同事項。

八、充實社區圖書室之設備及管理

　　目前台灣地區已設有社區活動中心四千零五十九所，提供社區發展協會召開會議，辦理地方性青少年、婦女及老人活動，並作為社區居民平日休憩聚會之場所。另協助社區發展協會充實社區活動中心設施設備及補貼管理人員工作津貼，以加強社區活動中心之各種功能，使社區活動中心能對社區民眾提供有效且多功能用途的服務。社區圖書室設於社區活動中心、寺廟或其他適當場所。發動機關、團體、學校、書店及社區民眾與旅外鄉親捐書，並協調文教、新聞、農林及衛生單位提供文宣資料、農業推廣及醫療保健等資料陳列縣市、鄉鎮圖書館，經常件巡迴服務，以供民眾閱讀；運用社區志願服務人力，予以編組輪流管理，並指導社區青少年閱讀自修。

九、提高社區老人參與

　　因為有了老年活動的參與，文藝娛樂活動的人氣給慢慢培養了起來，這樣大家的參與熱情提高了。文化娛樂活動與以往不同，具有群眾性和娛樂性，大家憑個人興趣參加，每種娛樂活動由參與者個人，透過非正式組織的方式，自發形成組織者和引導者。經過一段時間的磨合，活動形式越來越豐富起來，不僅有過去的傳統節目，還從網上學會新的舞蹈和歌曲，並產生互動的網絡。

十、文化創新產業

　　目前文化創意產業的發展相當受到政府及社區所重視，社區以本身所具備的條件並結合當地文化特色以推展社區產業，不僅有助於社區文化之保留，亦有助於紓解地方財政壓力。但是，社區的地方產業發展臻於成熟，並不必然代表此社區之產業能永續發展，其必須有良好的地方行銷策略與之搭配，以創造機會與因應市場變化，此為社區產業永續發展的關鍵所在。

　　農村社區還有很特別的是開發文化創新產品，在計畫下透過培育在地人力，利用在地農產品、農業的廢棄物，開發社區手工產品，吃的、用的、觀賞的都有，例如台中市霧峰區農會輔導桐林社區利用修剪廢棄的枝條，做成會動會跳的玩偶。彰化縣田中鎮農會輔導太平社區利用玉米葉做的玉米娃娃，重建六〇年代外銷產業，現在已創作五十種的玉米娃娃，並成立工作室接受訂單。高雄是林園區農會輔導林內社區的迷你糠榔掃帚，讓四、五年級生懷念、感受糠榔掃帚的特殊味道，並賦予去霉除厄的意義，讓產品具有商品的魅力，使農村的生活智慧及創意產品走入都會區，讓人們分享農村的美好。

　　工業化、都市化為發展導向，間接造成農村居民價值觀念的改變，希望向都市看齊，且環境美學觀念缺乏、公共參與程度不足、專業規劃人才難覓等困境，均導致農村原有的空間型態、景觀元素、設施建築設計、環境生態的尊重與關懷等特質急遽消失，衍生生活、生產、生態各面向的環境問題，因此如何加強農村人力素質提昇、吸引都市優質人口回流，為推動農村永續與多元發展的關鍵。農村再生是當前農業的重要施政，強調除了硬體建設外，也著眼於創新農村地區的人文發展，以期能夠激發在地居民對農村人文的熱忱、關心及創意投入，這更是農村整體與長期發展的基礎工作。

貳、經濟生產建設

　　從總體來看，現代農業具有經濟、社會和生態三大功能。經濟功能實質上是都市農業的產業功能，而社會與生態功能，是都市農業為社會提供的難以替代的公共產品，也稱為社會公益功能。現代農業是指集農業生產和生態建設於一體，承載生物技術、工程技術和資訊技術，市場化、集約化、科技化、資訊化、產業化和人文化的新型農業，是現代化農業在大城市的表現形式。它充分利用和依託都市，運用現代生產方式和生產條件，對土地、森林等自然環境資源和社會文化資源進行綜合開發利用，摒棄傳統農業的生產模式，重點發展高效、集約的商品農業，並致力於延伸產業

鏈，尋求農業產業化架構中的一、二、三產業融合，目標是引導和滿足多元化、多層次的都市消費，促進經濟增長，達到生態環境保護與產業開發的和諧發展，實現經濟、社會、生態的可持續發展。

第一，經濟功能。主要是指提供優質、衛生、無公害的產品以滿足消費需求，透過提供新鮮、衛生、安全的蔬菜、花卉、果品，提高農產品的經濟效益，精緻產業結構，增加就業機會，提高農民收入，使都市型現代農業經由適應現代消費來創造經濟的新的增長點。

第二，社會功能。主要是指為都市居民提供接觸自然、體驗農業以及觀光、休閒的場所與機會，並有利於增強現代農業的文化內涵與教育功能及示範輻射作用，從而改善城鄉關係，促進都市與人類的可持續發展，達到改善和提高整個社會的福利水準。

第三，生態功能。主要是指發揮潔、淨、美、綠的特色，營造優美宜人的生態景觀，改善自然環境，維護生態平衡，提高生活環境品質，充當都市的綠化隔離帶，防治城市環境汙染，以保持清新、寧靜的生活環境，並有利於防止城市過度擴張。

發展現代農業的理論與現實意義，有利於改變城鄉二元經濟結構；改善生態環境，有利於城鎮居民的食物在數量和品質上得到保證；有利於資源的綜合利用，從而對我國基本實現農業現代化、農村城鎮化、城鄉一體化具有重大的理論與現實意義。

現代農村於經濟建設上強調運用「創新農業」，創新農業的提法源於創意產業。創新產業是指那些從個人的創造力、技能和天分中獲取發展動力的企業，以及那些通過對知識產權的開發可創造潛在財富和就業機會的活動。過去人們對創意的關注，主要集中在文化藝術領域。在目前時代，市場需要創意，農業同樣需要創新。由此，可以將創意產業定義為：源自於創意與產業累積，透過智慧財產的生成與運用，有潛力創造財富與就業機會，並促進整體生活環境提昇的活動。而其核心概念在於創意的生成（creative production），其發展的關鍵在於具有國際競爭力的創造性與文化特殊性。對於創新農業的概念主要集中在以下幾種：

　　一、突出創新作為，創意產業可以提供附加價值予內容本身，並引發個人與社會不同價值觀念的形成；創意產業是知識與勞力密集的產業，也是創造工作機會、財富、藝術文化，以及提供創造力的原始素材。創意農業是指對農業生產經營的過程、形式、工具、方法、產品進行創意和設計，從而創造財富和增加就業機會的活動的總稱。將創意產業的定義，結合農業自身的特點所給出的。

　　二、建立「三生」作為，是指利用農村的「三生作為——生產、生活、生態」，發揮創意、創新構思，研發設計出具有獨特性的創意農產品或活動，以提昇現代農業的價值與產值，創造出新的、優質的農產品和農村消費市場與旅遊市場。創意農業不僅僅是創意農產品，還要創意農耕文化活動、創意農業產業形態。創意農業的特色和優勢就在於透過創意把文化藝術活動、農業技術、農產品和農耕活動、市場需求有機連接起來，形成多層次的產業鏈，讓人們充分享受農業價值創新的成果。運用「三生——創意生產、創意生態、創意生活」，創造「三農」即創意農村、創意農居、培養創意農民，達到「六美」即美色、美形、美味、美質、美感、美境的目的，以實現資源優化配置，產生更高附加值，促進農業增效、農民增收，建設現代新農村的一種新型農業生產方式。

　　三、以市場為導向，在隨著現代化的發展趨勢下，人們的物質生活相對於過去台灣早期農村社會愈不虞匱乏，正如 Maslow「需要層級理論」所指出的，當人們對於下層需求愈獲得滿足，對於追求更高層次的需求將相對變得重要，因此當國人在物質生活已獲得滿足的情況下，對於更高層次的需求如文化精神的需求將逐漸的獲得重視。以農業生產為依託，以創意為核心，以知識產權為基礎，充分應用美學、藝術學、生態學、農學、養生學、景觀學、智慧財產、休閒學、環境學、農業技術經濟學、園藝學、市場行銷學以及現代旅遊學的基本原理和方法，指導人們將農業的產前、產中和產後諸環節聯結為完整的產業鏈條，將農產品與文化、藝術創意結合，使其成為具有「四高」即高文化品位、高知識化、高營利性、高附加值，「四化」即智能化、特色化、個性化、藝術化，「五型」即審美型、文

化型、娛樂型、科學型、觀賞型的新型農產品。諸如：旅遊觀光農業園區經營主要集中在果樹、蔬菜、苗木、花卉種植、設施農業、特色養殖等和旅遊觀光設施相配套。主要類型有：農業觀光型、農園觀賞採摘型、畜牧養殖觀賞型和綜合觀光型等。這些各具特色的旅遊觀光農業園區，有力地拓展了農業的文化傳承、生態保護、觀光休閒等多種功能，從各個方面展現了創新農業產業化的發展水準，成為都市居民休閒觀光的理想場所，旅遊觀光農業園區每年定期舉辦的桐花節、米粉節、櫻花祭、神轎繞境等節慶活動吸引了眾多公民的眼光。

綜合上述三類具有代表性的創意農業概念，創意農業的內涵就是將科技、文化、知識產權、人的創造力等各項資源通過創意的手法變成生產要素，投入到農業，提高產業附加值，創造財富。具體說，創意農業是以市場為導向，以農業生產為依託，以創意為核心，將農業生產和藝術創意相結合，生產創意農產品和設計創意農業活動，以提昇產業附加值、實現資源優化配置的一種新型的農業發展模式。

創意農業是文化與科技相結合的產物。創意農業是創意靈感在農業中的表現。它是文化與技術相互交融、集成創新的產物，呈現出智慧化、特色化、個性化、藝術化的特點。一方面，創意農業具有高文化品位，它能夠將單純的農業生產與豐富的多元文化相結合，將農產品和農業生產過程賦予文化內涵和價值，給人以超越物質的精神享受。另一方面，創意農業具有高科技性，許多好的創意需要透過一系列的科技手段才能實現。創意農業要求以科技創新與文化創意相結合的發展新思路，去積極挖掘和開拓文化生產力在農業發展中的巨大潛力和價值空間。文化和科技的有機融合將產生巨大的引導作用，推動富麗新農村建設的發展。

創意農業是產業的新型業態。創意產業強調用新的理念，激發新的發展模式和其他產業融合發展。用創意產業的思維方式重塑農業的產業體系，拓展農業的生產、生態、旅遊、文化、教育等綜合功能，形成創意農業產業鏈和產業集群，促進現代農業整體發展的全新模式。創意農業絕非傳統農業的單一生產功能，要求產業的發展。在整個創意農業產業體系中，

產業互融互動，傳統產業和現代產業有效銜接，發揮引領新型消費潮流的多功能。創意農業是具有高附加值的產業活動。傳統農業的產出依賴於對自然資源的消耗，產業鏈條短、市場需求單一，因此附加值很低。而發展創意農業主要消耗「人的智慧」這一新的生產要素，並加入文化、科技等資源，將農產品的設計、生產、加工、行銷、配套設施開發等融為一體，構築多層次的農業產業鏈，開拓新的消費市場，因此具有很高的附加價值。創意農業不僅能夠提高農業綜合效益，直接增加農民收入，而且能夠拓展農民就業空間，實現多環節增收。

　　創意農業是對特色資源的再整合。創意農業並不是要對農業資源再創造，以發明一種新的可利用的資源，而是對現有資源、特別是特色資源的再發現和再整合的過程。這一整合過程依然以原本存在的資源為載體，透過加入新的輔助資源，重新開發、設計、包裝，使其具有獨創性，從而使其具有新的市場。諸如：到農村旅遊觀光、休閒度假，瞭解農業知識，體驗農耕文化，在國民所得已達二萬元美金的階段，已經不再只是一種時尚，而是一種生活需求。農業已經不僅是農民賴以生存的基礎，而且是現代公民生活不可缺少的一部分。發展休閒農業，既滿足市場消費需求，又實現農民增收願望。對於消費者來說，都市農業既要有賞心的自然氛圍，又要有悅目的田園景觀；既能駐足觀看，又可親身體驗，寓健身於勞動之中，益激勵於休閒之間。加上健康的有機農產品供應，消費者將獲得全面的「豐收」，充分的享受。創意產業發展計畫，藉由結合藝術創作和商業機制，以創造具本土文化特色之產品，藉以增強人民的文化認同與增加產業的附加價值。

　　欲推動農村創意產業，「社區」所扮演的角色將相形重要，社區所具備的特點在於：一、其與地方民眾最為息息相關，可作為推動創意產業的最基層組織；二、社區本身往往已保留當地民俗、文化，因此可以藉由提昇社區本身所具備的文化特色，一方面保留當地文化特色，另一方面亦可配合創意產業發展計畫之推動；三、社區發展常因財政不足的情況而停擺。因此，現在許多社區以本身所具備的特點，結合當地文化創作和商業機制

來作為行銷的工具，其不僅有助於社區文化之保留，亦有助於促進社區之永續發展。藉由結合藝術創作和商業機制，以創造具本土文化特色之產品，藉以增強農民的文化認同與增加產業的附加價值。

當社區的地方產業發展臻於成熟，並不必然代表此社區之產業能永續發展，其必須有良好的地區行銷策略與之搭配，有效的利用地方本身的獨特性來塑造當地產業特色，並藉此建立其優勢，以創造機會與因應市場變化，此為社區產業永續發展的關鍵所在。因此，社區如何運用適當的行銷方式來推廣其創意產業是一個相當重要的議題。

參、基礎工程建設

農村社區公共設施改善，以「社區改造運動」之精神推動，且須符合「居民需要、專業參與、民主決定、全民監工、永續經營」的原則，由下而上引導社區居民參與公共空間及視覺景觀的整體改善，使農村社區之公共設施改善確為地方居民所需，並達成環境之永續經營管理。主要由政府辦理社區排、汙水處理設施，閒置空地及廢棄房舍、建物拆除之綠美化，環境保護、自然保育、網路及資訊之基礎建設，垃圾清理或資源回收設施，運動、休閒及文化設施，廣場、公園綠地之興闢與植栽，廟宇及社區活動中心之修繕，人行空間、巷道、社區道路之改善，簡易平面停車場等多項改善建設項目之先期整體規劃、細部設計、工程建設等。

一、輔導及獎助以農村環境保全為宗旨的農業經營及自主性組織，制訂農村生活品質改進計畫，提供資訊、經費、資源、訓練、教育、技術和管理服務，共同參與農村建設。獎助辦理國土保安、土壤改良、坡地維護、灌溉水質監測、畜牧廢水汙染管制等地力維護與自然生態保護工作，以維護農業生產環境。

二、研訂農村聚落綠色建築技術規範及綠建築評估指標，並辦理農村建設論壇，研擬農村社區建設白皮書。

　　三、輔導發展地區農業，由農民、地方農業生產團體發揮自主、自律精神，與地方農業行政單位及農民團體，共同根據地區實際情形，重視地區農民意願，擬訂該地區農業產銷及農村生活發展計畫，以發展農業及繁榮農村。

　　四、分年分期分區建立農村資源資料庫，普查既有農村相關人文、自然、產業及文化資源。培育當地農村建設種子人員及自發性組織，協助調查既有之農村社區組織資源，以活絡當地經濟與文化活動。

　　五、辦理以農村社區整理及維護為主軸之社區更新規劃建設，補助農業生產環境與農民生活環境實質更新改善工程。輔導社區居民成立社區發展協會，共同維護管理社區更新硬體建設成果，並辦理農村住宅輔建，推動產業發展與環境綠美化，以維護農村建築景觀。

　　有鑑於現代社會，是一個借重網路資訊為人際溝通方式，而長久以來，內部扎根依賴行動者四處奔走串連，費時費力；外部傳播仰賴大眾媒體垂憐報導，罕見績效。現在，網路科技普及，眾多簡單而強大的網路工具開放公眾免費使用（如 Blogger 等部落格平台、Flickr 等網路相簿、YouTube 等影音交流平台、HEMiDEMi 等共享書籤、Wikia 等 wiki 系統，以及 Google 的網上論壇、地圖、行事曆）。同時，如 Treveillion（1997）所指出：網絡的建構係將當代社會工作者所著重的「夥伴」、「增能」以及「社區」做直接的連結，其將網絡的建立界定為「使得個別的個人、團體或組織，能在社群網絡中彼此連結，以促進溝通和積極的合作，以開創給參與者之選擇和充權的機會。」由此可見，農村社會工作於社會福利網絡的建構對協助服務對象解決問題或滿足其需求是不可或缺的。農村工作者可以運用這些工具打造自己的媒體、交流彼此的訊息、串連各自的力量，對內增進溝通連繫的效率和品質，對外形成一股新的傳播力量，補充、監督大眾媒體。因此，在農村基礎工程建設上宜包括網路資訊工程。

　　近幾年，社會運用網路工具從事的工作可以粗略分為六種：

　　第一，是建立官方網站，作為對內溝通、對外宣傳的基地；

　　第二，是開闢網路論壇，即時交流訊息、研商對策、協調行動；

第三，是建構參與平台，讓支持者共同貢獻訊息、觀點、資源（如行無礙協會號召網友舉發有障礙空間）；

第四，是展開串連行動，如網友聯手行銷紀錄片《生命》、要求保留樂生療養院；

第五，是進行知識管理，如有系統儲存、分享、更新行動知識（如《生命力新聞》知識管理平台）；

第六，是創辦專屬媒體，對社會發聲、擴大影響力（如勞工運動的《苦勞網》、環保運動的《環境資訊中心》）。

如同美籍學者佛里曼（Thomas Friedman）於《世界是平的》所述一般，網路資訊引為農村基礎工程建設其特點為：

第一，「鼓勵參與」——在參與平台方面，可先從建立 HEMiDEMi 群組書籤開始，讓農村工作者在群組書籤上推薦好文、交換意見，也讓更多網友藉由這個群組認識農業問題，進而支持、參與。這些官網、平台、媒體展現農村文化和農業議題的多元面貌，讓公眾看到大眾媒體所忽略、掩蓋的草根訊息；然而，欠缺即時論壇、參與平台、串連行動，讓農村工作者的力量難以相加相乘，如何補強這三個面向的闕漏，並鼓勵更多農民上網發聲，是未來應該努力的方向。在即時論壇方面，可用 Google 網上論壇建立即時連繫群組，在這個群組上隨時交換訊息和觀點，協調和整合行動，如此更必須加強社區居民自動自發、獨立自主的精神，培養社區幹部規劃執行的能力，運用社群本身的人力與社會資源來解決社區問題，使社群發展工作能更落實推行。例如線上討論、分工，召開農村願景會議。

第二，「連繫分享」——運用網站，書寫自己的理念、記錄自己的行動，也進行農產行銷。個人網站如《小劍劍&開朗少年的奮鬥史》、《民雄牛奶鳳梨達人》，團隊網站如《溪底遙學習農園》、《穀東俱樂部》、《合樸農業市集》，以及中原大學學生團隊協助農友架設的《原味水蜜桃》、《今生金柿》和行銷民宿的《白蘭部落農場》。運用網路，不是要以網路行動取代實體行動，而是要以網路連繫加強實體行動的力量；若能加強網路連繫，可望發展成農業行動聯盟；看看 eBay 如何塑造出一個互信的全球社群。創辦數年的《小

地方新聞網》若能在既有的報導之外，加入農業部落格訊息的綜合導覽，也可望成為農業資訊的交流平台。

匯集行動方面，現階段應先加強網路農村工作者的相互認識，再逐步從認識、交流走向共同行動。要促進相互認識，可以從三方面著手：（一）共同推薦出一份「農業優格」名單；（二）用 Google 日曆編輯台灣農村活動行事曆；（三）用 Google 地圖編輯台灣新農業團隊位置圖。有了優格名單、活動日曆、農業地圖，不僅農村工作者能夠相互認識，網友和大眾媒體要瞭解、報導農業議題，也會變得比較容易。

第三，「學習平台」──運用網路，尤其是易學易用的部落格等工具，不會增加太多工作時間，甚至可以減少許多連繫、實體開會的時間；農村工作者藉由官方網站、網路論壇、參與平台、串連行動、知識管理、創辦媒體進行內部連繫和對外傳播，可望逐步凝聚成一個行動聯盟、發展出一個媒體平台。要壯大農業傳播力量，需要鼓勵和培訓更多農友和農村青年參與，最直接的方式就是舉辦農村網路工作坊；若要舉辦工作坊，可以和積極培訓農村觀察員的《小地方新聞網》合辦，或者與公視《PeoPo》（以培養影音公民記者為目標）、數位文化協會《胖卡：部落格行動巡迴車》（以縮短數位落差為重點）、政大 NPO-EMBA 偏小上線計畫團隊（以支援偏遠小學為目標）合作。培訓對象既可以是農民、農村社區大學學員，也可以是農家青年（高中生、大學生），更可以是農業縣市的大專院校（特別是開設服務學習課程的學校）學生，讓青年學生能藉由架設農業網站瞭解農村文化、探討農業議題，進而支持、參與農村工作。

傳播媒體則是採集並傳送農村新聞，如《FM99.5 神農廣播電台》整理台灣和中國的農業脈動、果菜行情，摘錄全球農業新聞，並提供農業氣象、製作農業活動影像紀錄；《小地方新聞網》則觀照山村、漁村、農村仍有耕作的區域，報導耕作勞動、鄉鎮變遷、社區行動、教育學習、美食趣事、環境生態、行動參與等訊息和觀點。

　　知識平台,主要是記錄農耕經驗、書寫農村文化、整理農業知識。個人網站如張正揚的《兩代米生產筆記》;團隊網站如旗美社區大學經營的《農村是一所學校》。

　　第四,「傳播訊息」——社區發展工作已經由過去政府主導、主辦的角色,轉型為社區民眾自治、自覺的投入,公部門成為扮演輔導、共創資源、社會總體經營的角色,社區及民間的社團參與規劃,承辦經營和依本身需求設計的多元化社區方案,從而共同營造精緻、永續、高度滿足地區性需要的社區軟、硬體建設。爰此,農村社會工作將更為著重農民及農民團體的互動連繫,考量其功能上網發聲,不一定要用文字,以系列照片或簡易影音來記錄社會行動,有了行動聯盟和媒體平台,分散各地的農民將能匯集力量、聯合行動,並且更快速而廣泛地向社會傳播訊息和觀點,以此爭取更多公眾支持和參與,增強農業改革和農村發展的能量,同樣可以達到傳播效果。藉由網路密集溝通連繫,可以代表分散各地的農業社群,不斷對農業議題發表意見,甚至發起抗爭行動;媒體平台既自行編採農業專題報導,也彙整、導讀各個農業部落格的訊息和觀點,它可以扮演農友和公眾、大眾媒體記者間的溝通橋梁,讓公眾和記者能在最短時間內掌握各地農友的多元聲音。

　　美籍學者佛里曼(T. Friedman)在《世界是平的》強調的新思維是:「只要有寬頻,只要有雄心,不管你在哪裡,都不會被邊緣化。因為,競爭的立足點變平等了,小蝦米和大鯨魚可以平起平坐了。拜科技之賜,即使在農村裡進行農稼工作,一個小農民也可以和大企業搶生意。同樣的,大企業也可以比小公司更靈活,更細膩。從前做夢都沒想到的,今天不只變可能,甚至是必要了。」從這個角度看,農村工作者在建立官網、知識管理、創辦媒體三個面向上著力頗深,在網路論壇、參與平台、串連行動三個面向上還有待努力。抹平的世界,也是無限機會的世界。

肆、福利服務建設

農村發展項目不只是經濟建設，非生產性社會服務的社會服務項目，也是農村社會工作的重要內容。福利社區化則是具體地將社會福利體系建構在社區服務基礎上，針對社區中有需求的對象或弱勢的族群，給予周全福利服務之必要性，並有效維護民眾基本福利權。將福利服務體系或機構建構在社區基礎，與社區充分結合，規畫出社區服務體系，不僅可凸顯社區發展協會的專業性，亦可整合社區資源，提昇福利服務績效，而接受福利服務之對象亦能維持其家庭和社區生活，增加福利服務品質和效率。「福利社區化」可說是社會整體福利服務網絡的社區基層組織，所有活動，都應以社群員主體對社區的歸屬感與參與度和不斷強化及其主觀能動性最大限度發揮為基準。農村社會工作是建立在社群服務的基礎上，運用「助人網絡」，透過多個作為：1.個人網絡 2.志工連結 3.互助網絡 4.鄰里協助 5.社區資源，以達成「福利社區化」的目標。

一、農民教育

台灣的農業發展歷程是開發中國家的典範，其成功原因除了有勤奮的農民、一流的農業技術、適當的政策導引外，農業推廣工作的廣泛、深入亦功不可沒。教育是農村社會工作的重要內容，缺乏視角認為農村貧困是因為農村科學文化素質低下缺乏正規的學校教育，因此，發展要解決農村貧困問題，必須發展鄉村的正規教育。優勢視角下，農村社會工作者應該致力於發掘當地人的能力和資源，推動另類教育項目，改變正規教育對農村帶來的負面影響。農村家政推廣教育即為農業推廣重要的一環，是提昇農村婦女知能、改善農家生活的關鍵性工作，也是安定農村的重要力量。

農委會自一九五六年開始在全國各地農村陸續推動家政推廣教育工作，由農復會家政顧問指導台灣省農會辦理農家生活改善工作。由於早期農村環境與生活品質未盡理想，農家婦女地位普遍不高，接受教育機會不多，透過台灣各級農會輔導成立家政班，培訓班幹部與班員，希望藉由健

全的組織與家政教育，加速環境改善及提昇農家婦女人力素質。家政推廣教育工作從早期民國五〇年代初期以食物與健康、家庭改善及簡易縫紉為重點，傳播農業生產改善、農家生活及農村環境改善新知為主軸，至六〇年代增加家庭害蟲防治、兒童保育、美化家庭環境與副業技能訓練，近年更因應社會經濟環境變遷，著重終身學習與預防醫學，推動在地老化與健康老化，以及開創新收入來源與增進高齡者福祉工作，加強農村婦女經濟事業發展與高齡者健康照護工作，如輔導農村婦女開創副業計畫、田媽媽輔導經營計畫，創造農村婦女就業機會；改善高齡者生活，建立農村照護網絡，並開創農家居家照顧服務及訓練，在期進一步培育農村婦女取得專業技能證照，創造農村婦女就業機會，使農家婦女成為改善農村生活與農家經濟的重要支柱，也大大提昇農村婦女的社經地位。目前推動「新農業運動」，以「創力農業」、「活力農民」及「魅力農村」為三大構面，其中農村婦女的輔導亦列為「活力農民」之重要業務之一。

隨著台灣經濟起飛、農村經濟結構改變與人口外移，農村人口逐年老化，為了不讓慢性疾病成為農家的負擔，建構農家健康生活亦納入家政推廣教育之重點工作，培養農家婦女正確的營養保健觀念，改善農村高齡者生活品質，開創農家居家照顧服務，建立農村照護服務網絡。而隨著社會環境的變遷，推動農村婦女輔導下之家政推廣大致可分為幾個階段：

第一階段：吸收班員並組織家事改進班，按月召開班會，並安排教學指導課程，傳授衣食住行的基本家政知識及持家技能。

第二階段：配合加速農村建設重要措施，加強家庭生活品質的改善及環境美化等工作，包含農宅改善、農家環境綠化及美化工作外，並重視環境淨化工作與衛生保健等方面，此外並提供副業技能訓練，提昇營農婦女能力。

第三階段：除注意營養保健與生活品質外，鑑於農村之高齡化現象，家政推廣則轉以高齡者生活改善、開創居家照顧服務，同時開發農村婦女潛在生產力，以及利用農村自然資源發展地方料理、開發田媽媽產品及地方伴手禮等，讓農村居民活得健康、有尊嚴，並創造農村婦女就業機會，改善農村經濟。

由家政推廣之發展階段來看，有幾個重要之發展趨勢與議題：

(一) 由以「婦女」為主要對象，擴及關注「老人」。

(二) 隨社會環境變遷，早期著重家庭之「物質」及「環境」改善；近年來則以「健康生活」為主要關注議題。

(三) 因應整體環境對農業之衝擊影響，家政推廣亦致力於協助農家生計，包括：提昇營農婦女能力，輔導農家婦女經營副業，開創新的收入來源等。

(四) 以教育策略培育、發展農漁村婦女，提昇其生活品質，而達成「自助」之餘，近年來亦倡導「助人」，鼓勵婦女投入志願服務行列回饋鄉里。

(五) 隨農村社會之變遷，農家面臨之問題亦趨向多元、複雜，家政推廣策略除以「教育」協助其預防問題，透過「諮詢」、「資訊提供」或「資源連結」亦是協助農家面對問題之重要推廣策略。

農村婦女輔導強調提昇知識管理，推動農村婦女終身學習。給予農民學習機會，並以口述歷史的行動，讓村民學習與其生計有關的知識，例如：農業實用技術、家居安全、法律救援等。農村家庭之健全發展關鍵為兩性均衡發展、均等、平權及共同分擔分享的原則，當前農家婦女的潛能仍有提昇的空間，農村婦女，尤以中年以上者受正式教育有限，資訊及運用資訊能力缺乏，且經濟缺乏自主，常未參與家庭重大經濟決策，以及日益增加之農村外籍及大陸配偶之學習更是重要課題。因此現階段以終身學習理念規劃農家婦女及家政班課程，提供學習管道以利其接受改善生活之資訊與技能，同時提供社會支持網絡、拓展視野，增進其處理問題的能力，方能提高其自主性並參與家庭重要決策。

為降低知識落差，推動農村終身學習，以農村地區家政班為輔導對象，辦理活絡農村家政班組織，強化家政班教育功能，提供農家及偏遠地區婦女包括外籍配偶學習機會與建構人際網絡，減少弱勢婦女之知識落差，同時提昇生活經營能力，促進農家之健全發展。輔導鄉鎮農會家政班強化其功能，提供農村婦女學習課程。課程包括營養保健、健康老化、在地老化

與尊嚴老化、關心外籍及大陸配偶家庭、如何侍親、照顧經驗及開源節流等，輔導農村婦女，提昇農村婦女生活經營能力，降低城鄉知識落差。

農村教育的未來展望，將強調：

（一）推動高齡照護，建構農村健康生活

因應台灣高齡化社會來臨，二〇〇七年行政院核定「長期照顧十年計畫」，農村地區高齡照護農委會更責無旁貸，因此農村地區高齡人口照顧、農村地區人口健康改善及健康管理，更是家政業務未來重點工作之一。未來在家政推廣教育持續積極推動農村婦女健康教育及高齡照護，以終身學習的理念為前提，將高齡者組成自主性之自助與互助組織以提供營養保健、休閒育樂、生活調適與經驗傳承等課程，讓老人活得健康、獨立自主與有尊嚴。並由農村婦女健康教育之普及，將觀念及做法應用於家庭，使健康教育擴大普及至農家所有成員，以建構農家健康生活，進一步建構一個符合農村高齡者居住之無障礙且安全的居家及照護環境，並吸引外來高齡者搬至農村安老，亦能創造農村照護人口之就業機會。

（二）輔導農村新住民，安定農村社會生活

因應社會變遷，農村地區引進高比例之新住民，因文化及生活差異，造成農村地區社會潛在不安定性，近年積極輔導農村新住民，組織農村新住民，透過生活文化教育、鄉土地方認同、家人與人際關係建立等研習，讓農村新住民加速認識及融入台灣之文化、社會與生活中，安定農村社會生活，進而輔導專長訓練及協助就業，除改善農家經濟外，更成為台灣農村地區發展之最佳幫手。

（三）擴大農村婦女創業，改善農村經濟

台灣農村婦女的地位受到農業生產條件改變、教育普及、男女平權及婦女潛能受認同等因素影響，已從農村社會生計維持的配角提昇至男女相當之地位，農委會將在現有基礎上持續輔導並擴大農村婦女創業及副業經

營，除改善農業經營，輔導轉型發展具地方特色料理之餐飲業與休閒旅遊之服務事業，促進農村經濟活絡與創造就業機會外，積極發展地區農特產品及其加工品，促使產品多樣化、精緻化，增進農民收益，加速農業轉型升級，同時結合媒體活動力與傳播力，加強宣導「時令」美味農漁畜產材料，帶動地方特色料理及農特產加工品發展。進一步整合形成在地區域性產業供銷鏈，實質增加農家收入，活化在地產業組織，建構推動體系，形成地方產業聯盟，以奠定農村地區的經濟基礎，改善農村經濟。

（四）文化意識提昇在鄉村的嘗試

　　為了讓村民尋回自己的價值和能力，建立自信心，透過村誌計畫和村民的互動，可以重新發掘和保護農民社會及其文化。村誌計畫工作創發出不同類型的社區發展行動，轉化社區生活內涵，使社區歷史的探索成為建立社區文化生活的契機。應用農村人力，推動農村社區發展，農村婦女為農村地區家庭及社區之核心，農村婦女輔導已為農村地區人力發展奠定基石，未來持續開發婦女人力及潛在生產力，激發農村婦女社區認同，配合農村自然環境條件，從產業出發推動農村地區發展。

　　台灣農村社會工作推展已超過五十年，農村婦女輔導業務重點由早期的家庭與環境衛生教育，到目前的農村婦女創業、高齡照顧及居家健康管理，見證了台灣農村由傳統轉型至現代的歷程。農村婦女輔導業務將積極發揮農村婦女潛能，並因應經濟與社會發展，配合農村與農民需要，積極創新，推動農村社會進一步發展。家政推廣教育在全國各鄉鎮落實扎根，讓農村婦女及農村高齡者活出尊嚴與活力，是安定農村的重要力量，也是農業發展幕後的推手。

　　現代化的農村家政推廣工作，不僅提昇農村婦女知能，改善農村高齡者生活，同時也創造新的產業及就業機會；而農村婦女及高齡者藉由參加研習活動，與農村社區發展之間亦更緊密，成為農村生活安定與經濟發展的重要力量，未來期能以活潑多元的方式呈現家政推廣的活力與創新。

　　未來家政推廣教育需要政府、各級農會、學校及各層面熱心人士共同推動與參與，更需要志工的投入，持續以現代化的創新觀念，推動符合農村婦女與農村高齡者的家政工作，培育更多的優秀農村婦女，讓他們在農村社會及經濟有更大的揮灑空間，也讓高齡者在地過著快樂的銀髮生活，打造更具和諧、安定的農村。

二、社會救助

　　儘管從工業化後期以來，各國紛紛建立了社會保險和其他社會保障制度，但社會救助仍然是各國社會保障制度中最為穩定的基本制度之一。在當代社會，各國都根據自身的條件而建立了適合本國國情的社會救助制度。我國早在計畫經濟時代就建立起了國家負責與依託經濟相結合的農村社會救助制度。農村社會工作宜扮演重要的角色，包括資源的支持者、服務的提供者、需求的發掘者、人力的動員者與資源的整合者，藉以增加社群的活力並提昇社群居民的生活品質。

　　我國農村社會救助制度的建立與發展開始於光復初期。在計畫經濟時期，經過幾十年的發展，形成了比較完整的農村社會救助體系。這套體系的主要內容包括以農村集體經濟為基本經濟保障制度，以全民健康保險為普遍的醫療保障制度，以社會救助法為針對特殊困難者的救濟制度，以及由國家承擔責任的災害救濟制度。這套制度的特點是，由集體經濟和國家共同負責的農村社會救助體系。

　　農村社會工作係立基於社群居民因著自身的需求與自身的問題，應用社區內外在資源，必要時並配合政府協助及專家學者之指導，最終目的則以提高社群居民生活品質、改善社區問題為目標。但社區最寶貴的資產，莫過於社區裡的人，人無法完全抽離所生活的環境，社區的人際網絡正是社區照顧的重要關鍵。社區的老人及身心障礙者大多是透過親屬、鄰居和朋友所提供的非正式服務來解決其照顧上的問題，而如此的照顧服務也就是所謂的社區照顧；但在社會結構急遽的轉變，原有的支持系統亦逐漸衰退，因此，若能夠透過政府部門，來加強原有的非正式支持系統，亦較能

符合原有的文化支持系統，不致破壞原有的照顧支持系統，如此不僅能夠達到所謂由社區中的人來照顧社區中需要被照顧的老人及身心障礙者，還能夠提供就業機會，增進家庭收入，以整合社區內、外的資源，提供更完整的專業服務工作。

　　台灣農村經濟收入不同於都市，再者加入世界貿易組織（WTO）後，農民生計可能受到衝擊，因農村婦女之經濟能力密切影響農家生活品質，亟需輔導農家婦女發揮經營產業的潛能，並發揮團隊經營力量，利用周遭的農業資源經營副業以開創新的收入來源。自二〇〇〇年開始，安排訓練課程培訓家政班員，強化農村婦女專業能力，包括辦理副業經營訓練、第二專長訓練、家政專業訓練（包括照顧服務員訓練、家庭照顧者訓練、家事管理員訓練等）、輔導副業經營（田媽媽）、持續輔導班；辦理第二專長訓練班、照顧服務員及家事管理員訓練班，培育照顧服務員、家庭照顧者、家事管理員，培訓後可投入餐飲服務、烘焙、休閒、照顧服務及家事服務的需求，促進農村婦女就業。

　　除強化農村婦女專業能力外，專案輔導農村婦女集體開創與經營副業，並為該等農村婦女副業班所註冊登記之名稱及識別標章稱「田媽媽」，並訂定「農村婦女開創副業獎助輔導要點」，獎助各基層農會家政班或提昇營農婦女能力班，經營下列至少一項以上業務：

第一類：到宅家事服務、到宅照護服務及送餐服務等。

第二類：田園料理（可配合經營休閒農業、民宿等）。

第三類：地方特色農產品加工、米麵食餐點。

第四類：地方手工藝品，發展出該地之特色產品。

全台田媽媽不但改善農家生計，亦為活絡農村之重要措施。

　　農村社會工作於社會救助上，一方面統整公部門資源，由政府提供經費，一般需求者不需直接付費，像是福利社區化中，社政單位、衛政單位、民政單位、警政單位及公立學校所提供的服務都屬於公部門資源。例如社區老人服務站、老人長青學苑、老友老伴服務站、居家老人在宅服務、老人營養午餐及低收入獨居老人送餐服務、志願服務人員訓練等。另外，可

藉由非營利組織及營利組織提供服務，大部分由政府部門委託民間團體於經費上的補助，提供免付費的服務，也可能使用者付費；當然也可能企業提供公益贊助。在福利社區化中我們更需要社區中的非營利組織單位提供服務，如社區發展協會、財團法人、福利基金會、社團法人、協會及社區的教會廟宇等提供實際的服務，如送餐服務、社區照顧據點、居家在宅的服務、生命緊急守護系統的服務、社區文康活動、日間照護中心……等等。在以現代的社會型態及家庭結構的改變，除了原本家庭是最基本的照顧者，來照顧家中失能老人或身心障礙者或幼小兒童、病患，礙於現實面以至家庭的功能及支持網絡已逐漸減弱，因此要如何讓受照顧者持續在家中得到照顧？儘可能維持基本生活能力？如何讓主要照顧者能獲得支持？可以非正式資源介入協助，包括由親戚、朋友、鄰居、志工等提供服務，這一資源比較沒有資格上的限制及要求，也不需要付費，通常都是出自於表達情感的支持及互助。以現行政府人力配置上不足，結合民間非營利組織、社區發展協會來推行在地服務，由在地人服務在地人，健康的老人服務需要被服務的老人，促進強化健康有活力的社區。

三、醫療衛生

　　一般發展組織僅是資助蓋醫院、培訓衛生保健人員，在優勢視角指導下，許多 NGO 在農村推動另類衛生項目，他們發現，相較於西方醫學，農村擁有價格低廉且成效佳的珍貴中藥材資源，一方面保存民間傳統醫療智慧，另一方面能大幅減輕醫療負擔。同時，強化環境衛生及預防醫學將是農村社會工作於農村推動醫療衛生的重點。

　　農村失能者照護現況調查顯示，造成失能之主要原因為中風與糖尿病，其次為老邁。據醫療報導，我國洗腎人口增加，洗腎人口占全人口之比率排名僅次於美國。罹患腦血管疾病、高血壓性疾病導致死亡只是一小部分，其餘大部分造成程度不一之殘障與失能，失能是可預防的，及時之復健也可使失能度降低，維持不錯之生活品質。另外感染性疾病如肺結核、牙週病、肺炎、登革熱、禽流感等亦威脅農村居民之健康，必須積極防治。

慢性疾病及潛在慢性疾病如心、血管疾病、糖尿病、肥胖症、高血脂症、骨質疏鬆症、痛風、肝功能異常者為農村居民之主要健康問題，且其合併症是造成失能之主要原因，且該等慢性疾病及潛在慢性疾病亦已年輕化，農民極缺乏疾病預防保健觀念；農村社會工作強調，營養保健及預防醫學概念之學習應由農村婦女教育著手，使家庭之中間分子婦女瞭解營養保健及預防醫學之重要性，由飲食、生活習慣來帶動全家之健康維護。因此農村輔導強調營養保健概念外，讓農村婦女由年輕時即建立及維持家庭良好的飲食習慣，以維繫家人健康及減少失能之發生。進一步更積極推動輔導高齡者生活改善，將高齡者組成自主性之自助與互助組織，提供營養保健、休閒育樂、生活調適與經驗傳承課程，並協調衛生、醫療單位等在地資源，辦理健康檢查以評估高齡者健康狀況，據以提供醫療保健與居家生活照顧服務。藉由高齡者生活改善班之推動，讓高齡者學習並提昇自我健康管理能力，提昇生活品質，輔導鄉鎮成立高齡者生活改善班，讓農村高齡者學習自我健康管理。為增進農村地區高齡者福祉，除由個人教育著手提昇高齡者自我健康管理能力，輔導醫療資源較缺乏的鄉鎮成立農村社區生活服務中心，以建構農村社區照護網絡；同時培育志工，辦理電話訪問及問安，並訪視失能者，關懷農村失能者家庭、獨居與孤獨高齡農民等；並結合長期照顧管理中心成為服務網絡，宣導「照顧服務福利及產業發展方案」，如提供有關失能老人及身心障礙者補助使用居家服務試辦計畫等之資訊、諮詢及轉介服務，並協助開發案源。

四、老人關懷中心

台灣在一九九三年高齡人口數達一四九萬人，占總人口數 7.09%，高齡人口（超過六十五歲者）比例已超過聯合國所訂定的 7%之標準，成為人口高齡化之國家；二〇一〇年高齡人口為二五〇萬餘人，占總人口數之 10%。而在農村，由於社會經濟轉型，青壯人口外移，使農村高齡化情形更形嚴重。根據台灣地區農業基本調查顯示，一九八五年農村高齡人口占全農戶人口之 6.96%，一九九九年增為 14.0%；二〇〇四年台灣地區農家戶口抽樣

調查報告顯示，農牧戶內滿十五歲以上人口中，六十五歲以上高齡者占全農村人口之 18.91%；二〇〇九年台灣地區農業統計指標顯示，農村地區人口數為三百二十三萬二千五百九十二人，同時請領老農津貼人數為七十三萬二千二百二十九人，估算農村高齡人口應至少占農村人口的 22.65%。

隨著台灣人口老化的速度，伴隨而來的是老人醫療及照護問題，過去機構式的照顧方式，不只是成本過高，並且強迫老人離開自己熟悉的環境及社區，到一個遠離社區、集中式的機構，重新適應新的環境、人、事、物，對一個年老的長者而言是相當不人性的照顧方式。如何讓老年的生活仍享有應有的尊嚴及人性化的對待，「在地老化」是政府積極努力推展的老人福利，也是目前各縣市政府推動的社區化照顧，讓老人留在家中或社區仍能得到政府提供的各項服務，如日間照顧、送餐到家、居家照顧、電話問安、交通服務、居家護理、社區文康活動或社區型的安養護機構，讓老人在自己熟悉的環境中享有福利的提供，是老人應有的權利。

農村社會工作藉由在地資源，不論受照顧者是否有問題存在，親朋好友原本與受照顧者就存有某種關係，這種關係可能是基於親戚，或地緣的鄰居關係，或情感的朋友，或是其他對照顧者服務所參與的團體，如寺廟、教會……等，非正式資源就發揮了不少功能。誠如美國西北大學社區研究學者 John Mcknight 所言，社區是一種親戚、朋友、鄰居、鄰里社團、俱樂部、公民團體、地方上的企業、教堂、廟宇、種族團體、工會、政府及傳播媒體，具有共同使用的社會性地域（social place）。有效發揮志工力量，志工所提供的不計物質及金錢的服務，志工與受照顧者由陌生人的關係，建立起對照顧者問題的解決，而志工所提供的服務一旦滿足了受照顧者後，這種關係就可能宣告結束，但後續可再做不定期的關懷訪視。目前在志工方面有設置志願服務人力銀行。總之社會結構必須建立互助的功能。

「探索居家養老新模式，創新居家養老新作為」，旨在運營模式的思路探索與產品服務的維新，以理論與實際相結合的方式，貫徹落實福利社區化關於「推進和諧社區建設工作」和「大力推進社區居家養老」的政策精神，交流先進社區服務經驗；推行成功社區養老模式；擴大社會各界的參

與；營造全民敬老、愛老的環境。逐步形成以居家養老為基礎，以社區養老為依託，以機構養老為補充的養老體系，和「居家養老、社區服務」的養老互動模式，共同構建美好和諧社會。結合在社區居家養老領域內取得一定成果性進展的企業和單位，以及能夠實際解決居家養老問題的產品與服務項目；同時還將表彰在社區居家養老領域已做出貢獻的企業、社區、機關單位及個人。推動居家養老成為一個新的產業，並以此帶動相關產業，進而解決社區就業創業等與民眾生活息息相關的問題，最終促進社區和睦，社會和諧。

　　人口老齡化是當今國際社會共同面對的一個重大社會問題。在日趨嚴重的人口高齡化問題與少子化浪潮現象相交織，極大地衝擊著本來就不算完善的農村老年社會保障體系，農村老年人的貧困問題、社會福利問題十分尖銳。種種現況對構建富麗新農村社會造成了很大的阻礙。在關注農村老年這些問題的同時，我們也不能忽視農村老年人的精神層面的需求。因為精神需求是人的需求的最高層次，只有滿足了人的精神需求，人的價值才能得以體現和提昇。對於農村老年人精神需求的研究，從農村老年人日常生活中遇到的問題出發，分析成因，理論結合實際，得出解決農村老年人精神需求問題的建議和方案，為建設和諧農村、構建和諧社會主義出謀劃策，對提高廣大農村老年人的生活水準具有一定的現實意義，對解決人口老齡化問題具有一定的指導意義。我國已步入高齡化的社會，人口的老化也越來越嚴重，福利社區化的需求十分迫切，農村社會工作是結合社區內外資源，建立農村福利社區化模式。由社區民眾共同解決照顧問題，可透過家屬、親友、志工、鄰里組成一個服務團體服務社區的弱勢族群，同時政府能委託民間非營利組織辦理輔導的機制協助扶持。

結語

　　農村社會工作，和所有社會運動一樣，若要產生效益就得做好內部扎根、外部傳播工作。內部扎根是要有一群人長期努力，釐清問題、研擬策略、組織夥伴、交流知識、聯合行動；外部傳播是要將訊息和觀點快速而廣泛傳送出去，促使公眾注意、討論和支持，進而召喚更多志工和專業工作者的加入，來壯大力量，加速解決問題、推動革新。

　　以社會福利為主軸的農村社會工作服務，如要體現與達到預期目標，就必須將「以人為本」的原則貫穿於服務活動之中。這不僅表現在應以最大限度地滿足社群成員日益增長的物質、文化需求為立足點，以完善地強化人的整體素質，促進人的全面發展為根本目的，並注意從最低層次地滿足其生存需求即滿足其日常生活需求的照顧與生活服務著手，進而滿足其社會參與、社會交往、文化娛樂、醫療保健、心態調適等發展需求，使之逐步過渡到滿足其完善自身素質，發掘自身潛能以為社會多作奉獻等高層次需求之上，使社群服務進一步朝著為居民創造一個安全、健康、舒適、方便、優雅的發展空間來建置農村社會。倡導、培育社群成員社會責任意識與社會發展觀念，發揚社會參與自助互助精神，從而提高其人文素養與程度，努力發揮自身優質潛能，建構優質的農村生活環境。

第五章　農村社會工作的模式

前言

　　英國二〇一〇年主持政府工作的首相卡麥隆（David Cameron）正在進行的一項政治實驗，面對英國日漸單薄的國勢，其強調家庭價值，主張重建英國破裂的社會，身體力行節能減碳，騎單車上班，利用網路播放他的居家生活，拉近與年輕族群選民的距離。一個只有數萬人口的小鎮，在中央與地方政府的授權委託下，由居民自行決策與管理小鎮的各項公共服務政策，這不是夢想中的烏托邦，而是卡麥隆這項政治實驗的名稱叫「大社會」（Big Society），跟一九六〇年代美國詹森總統（Lyndon Baines Johnson）推動的「大社會」（Great Society），名稱相似但實質迥異；詹森的「大社會」是社會改革運動，目的是消除貧窮與種族不平等，卡麥隆的「大社會」卻是社會改造運動，目的是政府下放權力給社區居民，進行公共服務的改革。英國是世界民主政治的先進，其所進行的這項民主社會大實驗，正啟示著許多國家。

壹、農村社會工作的模式

　　五十年來台灣的農業與經濟發展的經驗，有非常傲人的成果，包括消除貧窮、土地改革、品種的改良、農業科技的研究發展與推廣、農民組織（農會）在台灣鄉村發展過程中所扮演的角色等等，此類的經驗足可作為開發中國家的借鏡與參考。把台灣經驗推廣給國際友人，可以提高台灣的國際地位。

　　社會工作者所推行的服務工作，有特別的目標及理念作為方向及基礎，而其工作方法，亦有一定的模式。這些不同的模式代表著社群工作者的經驗，但不同機構與不同社會工作者，會根據社區的不同需要以及本身的價值觀，而選擇不同的工作模式，學者樓斯曼（Jack Rothman）依據社區組織的假設、目標、方法、價值、觀點等，歸納為不同模式，以利於社區組織工作的推行。

一、地區發展模式

　　從社區指派有經驗的志願者來協助解決問題的過程，強調共識策略的運用，並針對問題本身從事科學化的探究與理性的行動決策，來解決地區的問題，並引導社會變遷與進步。著重一種有計畫的變遷（planned change），透過客觀的分析，然後進行決策，最後訂定出一個最佳的方案，並加以有效的去執行。強調理性的決策，經由方案的設計，理性、有計畫的、控制的、變遷的技術過程，農村社會工作者在地區發展模式中扮演「使能者」和「促進者」的角色，以協助社區居民解決特定的社區問題。

　　地區發展的目標在於建立社區的自助能力和社區資源的整合，採取策略是參與和合作，公民是應該並願意參與社區事務，而社區問題的主要原因是缺乏合作和有效溝通。因此其方法注重社區村民廣泛的參與澄清居民本身存在的問題，並採取集體行動去改善社區問題，從而得到社區各方面的改善。強調社區內廣泛民眾參與的重要性，強調社區居民之間的互助合作；重建和諧的社區關係；提昇社區居民的歸屬感和安全感；激勵社區居民對自己社區的奉獻精神，與此同時也強調增強。

　　地區發展模式強調溝通和合作，積極注入民主元素，協助農民推動農民組織，幫助村民溝通，以催化社區目標實現、協調社區關係、整合社區資源、改善社區問題等，培訓農民提高組織能力，注重營造和諧互助的氛圍，有利於社區支持網絡的形成和社會穩定。然而，地區發展模式假設了社區內不同利益群體之間的相容性，但實際生活中，社區內不同利益群眾之間的利益有時候也呈現為不相容，地區發展模式只能用於那些影響較小的問題；地區發展模式相信人們廣泛地參與，便能達到問

表 5-1　地區發展模式的工作策略

目標	社區問題	工作策略
個人發展	居民的疏離感	• 以互助活動增強居民辦事能力及責任感 • 以成功的經驗鼓勵居民參與及增強自信
團結鄰居	鄰居關係惡劣	• 以多元化社區活動推廣社區歸屬感及認同感 • 建立基層聯絡網的溝通，進而改善鄰里關係
社區教育	社區資源陌生	• 提供建設性的投訴途徑及爭取資源常識 • 鼓勵社區居民善用社會資源以改善生活
社區參與	對公部門意見	• 提供建設性的投訴途徑及爭取改善的方法 • 鼓勵居民表達意見，反映民意，溝通民情 • 建立政府與居民的連繫及溝通，促進瞭解
資源發展	缺乏社區資源	• 發掘及訓練社區領袖以提供服務 • 引進專業人士協助社區發展事務 • 鼓勵地區組織聯盟以加強合作
解決困難	環境設施問題	• 以集體參與方式解決問題 • 以居民力量改善社區環境
服務提供	缺乏社會服務	• 提供社區服務，如轉介服務、社區活動、教育活動 • 發動鄰里相互參與社區活動，以互助形式提供服務

（資料來源：作者整理）

題解決及自助的目標，但實際上，居民自助能力的提昇單靠居民參與，是很難達到的。

二、社會策劃模式

社會策劃模式強調是以一個技術過程去解決實質的農村問題，如青少年犯罪、農村養老問題等。社區策劃模式既是一種社區、社會的發展策略，也是指具體的發展項目的策劃管理。是鼓勵居民參與決策，採取一個寬廣的自助方法，並以自助互助的力量來解決其共同問題、改善生活品質。自助指假設人民有能力、有意願、應該合作來解決社區問題，而解決問題的關鍵在於建立強而有力的社區感與合作基礎，而自助乃是社區建立的策略。針對傳統、衰敗、紊亂的社區，透過社會工作者的協

助，促成社區居民的民主參與，以尋找解決社區問題，達成社區的共同利益。農村社會工作著手發掘與培養地方人才，並強調民主程序、志願合作、居民自助為目標。

社會策劃模式認為社會系統是建立在個人之上，而又相對客觀、獨立的一個系統整體，有自己的邊界，有自己的平衡機制，有自己的分化增長機制，各個子系統通過能量交換實現自己的功能。農村社會工作最能夠充分瞭解農村社區村民的需要，農村社區村民是服務的主要受益者，他們的需要應得到滿足；農村社會工作者在社會策劃模式社區工作中，往往扮演：項目的規劃者、項目經理、監督實施者、專家間的協調者、居民組織者和意見反饋者；是可以使社區裡有需要的服務對象得到和接受到他的服務；工作人員在構想、計畫和推行活動或服務的過程中扮演一個技術專才的角色；工作人員能夠連繫、協調和調動農村社區的資源以協助解決農村社區問題和需要。社會策劃模式認為：第一，在複雜的當代社會，社區問題的解決需要依賴專家的社會地位和專業能力，進行社會策劃；第二，人都是理性的，人際關係一般都是理性選擇和工具交換的結果；第三，人必須進行管理和模範才能帶來社會秩序和團結。

社會策劃模式的基本步驟，一般包括九個方面：

1. 澄清規劃機構的服務理念和規劃者的能力
2. 社區問題的調查分析
3. 需求和目標的界定
4. 澄清自己可動員的資源
5. 服務方案的制定、分析和優選
6. 方案測試和調整
7. 方案的執行
8. 方案的反饋和調整
9. 方案的評估

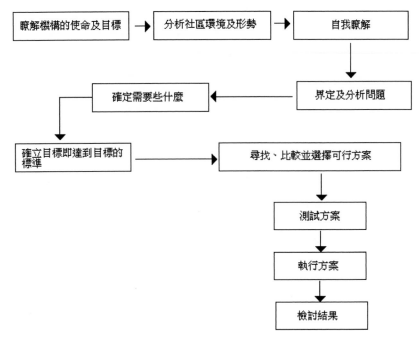

```
瞭解機構的使命及目標 → 分析社區環境及形勢 → 自我瞭解
                                                  ↓
       確定需要些什麼 ← 界定及分析問題
       ↓
確立目標即達到目標的 → 尋找、比較並選擇可行方案
標準                              ↓
                             測試方案
                                ↓
                             執行方案
                                ↓
                             檢討結果
```

圖 5-1　社會策劃模式工作策略

　　專業化的服務質量得以保證，農村社會工作者可以較容易和有效地做出決定和採取行動以解決問題。然而，服務對象主要是接受服務，但在政策或是目標的決定並未占有重要的位置。（不注重人的發展）由於決策過程中缺乏參與，村民對所提供的服務缺乏投入及認同。所提供的服務可能並不適合，因而降低他們使用的情趣和動機。村民過分依靠工作者所提供的服務，因而變得被動。

三、社會行動模式

　　社會行動模式假定了一群處於不利的群體，他們需要被組織起來，聯合其他人去向整體社會爭取資源及取得符合民主及公義的對待。社會行動模式認為社會問題根源主要是資源的分配不均，但其本質不是要推翻整個社會制度或是改革整個政治、經濟及社會結構，而是在現存的社會制度下改變不公平現象，在一定範圍內進行社會改革。社會行動的目的就是要幫助這些居民，改善他們無助的心態，強化改變現況的權力。由於被壓迫的群體常感到無助，更缺乏資

表 5-2　社會行動模式的工作策略

階段		工作重點
醞釀期		社會行動模式中，社會工作者不僅僅是一個使能者的角色，還扮演倡導者、領導者的角色。找出共同關注的問題，進行初步的資料蒐集，估量群眾的反應及他們參與的意願，初步制定爭取事件的目標及對手的反應。
組織期		廣泛宣傳社區問題，召開居民大會，工作者角色： （1）倡導者－倡導改變不合理的分配機制，倡導人民團結 （2）組織者－具體的組織動員及活動策劃 （3）教育者－以社會行動讓農民提昇意識，提高農民組織能力 （4）資源提供者－及時提供農民行動中所需要的各種資源、各項要求及行動，提高團結力量
行動期	A.對話	（1）接觸有關部門，陳述意見 （2）進行調查，蒐集相關資料
	B.集結	（1）進行串連活動，爭取支持 （2）發動群眾參加相關的行動
	C.行動	（1）直接參與決策或方案 （2）爭取社會瞭解及支持
總結期		（1）社會行動可能造成較大的社會影響，能解決實際性問題 （2）重視居民需求，居民自我意識及能力能得到良好的提昇 （3）帶來社會改變，能夠有效地促成社會不公平現象的改善

（資料來源：作者整理）

源去爭取自身應有的權益。社區工作者都會與居民一同組織社會行動，向大眾表達他們的問題以及困境，並且影響政府決策，以做出適當的解決措施。社區工作者推動的社會行動並不同等於這些工會及專業組織、政治組織團體進行的權益爭取行動。是介入的力量和資源再分配對人口的貧困改善的技術，經由公開討論，使爭論的問題具體化，進而組織那些處於不利地位的人們，對大的社區做合理的權益保障要求，以求得社會資源公平分配，從而促進社會和諧與進步。社會行動主要針對社區內有弱勢團體、不平等與剝奪現象的存在，兼顧變遷過程與完成任務兩個目標，透過社會工作的協助，將問題具體化，集合社區

居民的力量，用實際行動讓相關當局感到壓力，促使制度或政策的改革，進而達到資源和權力的重新分配。

所以在社會行動方面，社會工作者的實行方法，偏向政策過程的運用，透過溝通、協調、辯論、談判、對質等技巧，用行動來促使制度、法律、社區事務進行改革。

四、能力建設模式

能力建設模式認為每個人都有平等、公平獲取資源的權利，每個人都應該是自身發展的主體，也有成為發展主體的權利，每個人都有自我發展、成長的潛能和能力，雖然這些能力不一定為人所知，甚至他們自己也未能意識到。因此，能力建設模式恢復當地民眾的自信心，加強當地民眾掌握自己發展道路和實踐自我價值的能力。協助當地民眾看到是什麼因素和力量使得他們無法意識到自己的權利；與在地民眾同行，一起尋求和發掘使他們增權，培養及提昇能力的途徑，以便戰勝那些使得他們排斥和邊緣化的力量。

此種模式正如本章前言所引，「大社會」是卡麥隆從政以來的夢想，也是保守黨的主政軸心。卡麥隆入主唐寧街十號後，雖然每天忙於解決英國的龐大債務赤字，但上任未滿百日，他就讓他的夢想化為他的「旗艦政策」。「大社會」的目的是要解決「大政府」的問題，「大政府」的決策是由上而下、頭重腳輕，但「大社會」的決策卻正好相反，政府扮演的只是「小政府」的角色。用卡麥隆的話來說，「大社會」是權力的重分配，「把原屬白領菁英的權力，交到街頭男女手中」，不但中央政府要下放權力，地方政府也一樣，社區公共服務的決策權與管理權，都由地方公民一把抓。卡麥隆目前已選定了四個實驗區：人口五萬多的伊甸河谷、八萬多的倫敦薩頓區、九萬多的溫莎與梅登黑德以及四十多萬的利物浦，這四個區包含了都市、市郊與鄉村，他們要求政府授權委託的公共服務項目，也不盡相同。例如，利物浦的第一個要求是博物館的公民治理，伊甸河谷則是寬頻供應的改進，另外，也有居民要求集資買下原屬地方政府資產的鄉村酒吧，以及參與地方政府的預算決策、開發地方的能源等等，當然，過去政府被詬病最

多的公共服務,例如交通、治安、教育與醫療,也是這四個「前鋒社區」
公民要求政府釋權的項目。但在「大社會」中,政府並非全無角色,政府
要「去中央化」,下放公共服務的決策權與管理權,要開放公共服務的政府
資訊,要成立一個「大社會銀行」,在財務上支援志工、慈善團體與社會企
業,也要派公務員到各個實驗區協助解決問題。卡麥隆坦承「大社會」將
面臨三大問題,財政、法律與官僚問題,也將遭遇兩大阻礙,地方政府的
阻礙與既得利益者的阻礙;而且,反對黨也嘲笑「大社會」是不可能實現
的空想,更批評卡麥隆想以「大社會」來作為政府刪除公共服務預算的藉
口。但即使如此,卡麥隆政府強調:「有些事你去做,因為那是你的義務
(duty),比方說刪減赤字;但有些事你去做,卻因為那是你的熱情
(passion),那些事會讓你早上起床時感到激動,讓你相信它確實會帶給你
所愛的國家很大的不同」,「而我最大的熱情就是建立一個『大社會』」。

表 5-3　三種社區實踐模式比較

實踐項目	實踐模式		
	地區發展	社會行動	社會策劃
目標	社區能力的建立	權利分配問題的解決	技術問題的解決
策略	村民廣泛參與決定和解決他們自己的問題	通過把事件具體化凝聚並組織他們採取行動以對抗反對對象	通過蒐集問題的事實及資料做出理性的行動決定
技能	共識建立,社區小組和利益派別間的溝通及討論等	交易或對抗	共識或衝突
角色	使能者促進者解決問題技巧及道德價值的教導者	活絡組織者、倡導者	資料蒐集和分析者、計畫推行者

(資料來源:作者整理)

　　農村社會工作者角色為：同行者——工作者透過與當地民眾的「同行」，使民眾及工作者自身不斷被增權。能力建設的社會工作模式具有明顯的社會公正和社會改變意向，持守優勢視角，因此此模式不應該製造依賴關係，對國家力量具有足夠的敏感性，採取整合的工作方法，看重生計、文化和環保等可持續發展，看重結果更注重在過程中提昇個人及組織的能力。

貳、農村社會工作的方法

一、農村社區評估方法

（一）參與式評估方法

　　參與式評估法，就是研究者深入到所研究對象的生活背景中，在實際參與研究對象日常社會生活的過程中所進行的觀察。用於編製和制訂社區發展計畫和進行社區發展決策，主要內容包括：需求評價、可行性研究、確定項目活動和其優先順序、項目的監測和評估等。在「沒有先入之見」的情況下進行這種探討的。因此，為獲得社會現實提供了周延的方法。

　　第一，參與式評估方法

　　採用參與觀察方式進行的研究，通常不是要驗證某種理論或假設，其目的是對現象發生的過程提供直接的和詳細的資料。

1. 以日常生活的情境與環境作為研究的基礎。
2. 觀察與記錄特別情境與環境的社區成員的觀點。
3. 田野調查的過程，對於研究主題、對象與方法，都要維持彈性、開放、把握機會的態度。
4. 田野調查中的參與觀察法是一種深入的、質性而非量化的、個案式的研究法。

5. 在研究過程中持續建立與維繫和研究對象的關係，不只觀察，也要參與他們的生活與活動，以獲得參與社區成員的觀點中的生活世界為目的。

第二，參與式評估的步驟

1. 目的：熟悉環境、掌握研究主題的一般特性；學習並瞭解研究對象的日常生活及行為。有助於尋找其他可能的研究目標與對象。

2. 重點：迅速產生對研究環境的關心，儘可能以不造成干擾的方式融入環境。

3. 在還不確定該如何表現時，先按照自己在研究環境中應有的行為來行動。

4. 如何描述物理空間的主要特徵：這是什麼類型的建築物？這空間如何組織？空間內有哪些類型的事物？這個空間如何被使用？

5. 如何蒐集有關人和事物的資訊？總共有多少人？進一步觀察描述他們的外貌、年紀、性別、屬性、穿著？社會地位？這些人的關係：男女朋友、夫妻、親戚？這些人是否有什麼顯著的特徵？

6. 這些人在空間中的排列或組織形式為何？是否能夠根據觀察，判斷這些人之間的關聯或關係。例如，他們之間是否成雙成對？是否為家族關係？成黨成派？是否有其他形式的關係（如年齡、性別）？

7. 這些人在做些什麼？這是什麼性質的集會？這是不是一個典型的事件？是否有什麼特別的地方？

8. 你在這個環境中的感覺為何？是不是覺得有些事情無法用觀察的方式明確的說明？

9. 在變得比較熟悉研究環境之後，應該把觀察的焦點集中在某些特定的研究目標上。會與研究對象進行更為深入的參與行為，使用非正式的交談與非正式的詢問。

10. 在這個階段，你已經和研究對象建立起某種程度的互動關係，並且扮演著潛在性的圈內人角色。

11. 幾乎每一次產生互動的情境，都是一次讓研究者去認識和研究問題相關的事物。

12. 這些活動在剛開始的時候，往往會覺得十分困難，可能無法順利地一邊扮演參與者的角色，一邊進行像是隨意提出問題的動作。可先將注意力放在扮演參與者的角色，等到能夠自在地將這種角色扮演變成一種日常行為時，就比較容易能將注意力放在提出特定的問題。

13. 進一步的觀察焦點，應該是從研究主題與問題衍生出來的。

14. 集中觀察的策略是，從範圍最大的現象開始，再逐漸將注意力限制在某些特定的現象。

15. 在所觀察記錄的現象中，進一步找出你希望更仔細去觀察的目標。用更具體、有系統而詳細的方式去蒐集資料。

第三，參與式評估工具

由於參與觀察特定方式的要求，參與觀察者往往要經歷一個「先融進去」，「再跳出來」的過程。參與式評估工具有：

1. 直接觀察法：在社區人員的指引下，對社區進行沿線走訪，對社區生活的各個方面進行直接觀測、總結和歸納，比較不同區域的主要特徵、資源來源情況和存在的問題。

2. 繪製社區分布圖：瞭解社區內自然環境如：河流、山川、基礎設施（如道路、學校、醫務室）、寺廟和商店，以及社區的社會、生態和經濟環境。

3. 繪製大事表：繪製大事表展現了在村民、農戶和社區生活中有較深影響的事件，是一個鄉村史，用來分析某一特別事件或一系列事件對整個社區發展如糧食安全水平的影響。

4. 繪製農事曆：在一張很普通的時間表裡，反映大量的資料的圖表，用以明確一般情況下社區生活所發生的一系列活動。

5. 繪製每日活動安排圖：繪製每日活動安排圖，可以瞭解多個個體或群體活動的細節，在特定時間內變化情況與對活動的看法以及每日是如何運用時間的，從而確定項目的活動時間安排。

6. 貧富分級圖：把每個農戶分級歸納到不同的貧富標準內，分析產生不同貧富層次的原因，用以評價當地居民的生活素質，瞭解社區對貧富指標的認識。

7. 排序：排序是對一些因素從重要性、價值、位置及其他方面進行相對的比較而進行排序，從而確定其優先發展的順序並瞭解形成此優先順序的原因和討論其隨時間的變化。

8. 資源分析圖：資源分析圖是使用矩陣圖，分析社區成員的性別對資源的使用和控制情況。

9. 問題和解決方法：此方法是通過列舉一系列可能存在的問題和解決的辦法來展開討論，從而提出和討論社區內存在的具體問題。

（二）口述歷史評估方法

口述歷史是一種蒐集歷史的途徑，是一種以人為本的研究方法，其定位在於愈缺乏文獻資料的地方、時代，更凸顯它的重要性。口述歷史是以錄音訪談的方式，由準備妥善的訪談者向受訪者提出問題，蒐集口傳記憶及具歷史意義的個人觀點，故口述歷史的特性在於能提供一般研究者使用、能重新闡釋、能接受鑑定的確認。該類歷史資料源自人的記憶，由歷史學家、學者、記者、學生等，訪問曾經親身活於歷史現場的見證人，讓學者文字筆錄、有聲錄音、影像錄影等。之後，作為日後學術分析，在這些原始紀錄中，抽取有關的史料，再與其他歷史文獻比對，讓歷史更加全面補充、更加接近具體的歷史事件真實。口述歷史訪談是訪談者和受訪者一同呈現一個依然充滿意義的過去。

口述歷史作為史學的資料蒐集方法，由主觀史料的累積交互比對驗證以趨向真實的客觀呈現，當代人寫當代史，已成當下歷史工作者的共識，此時依賴的不全然是檔案，更重要的是從當事人眼光出發、記錄下來的史料，例如回憶錄、口述史等，這些史料的價值在於由當事人親口、親身所說出或體會。使用社區觀察和訪談方法，能夠瞭解農村概況，但難以融入當地村民的日常生活，透過口述歷史的蒐集工作，讓村民發聲。口述歷史

是一種以人為本的研究方法。口述歷史所記錄的，是由個人親述的生活和經驗；透過深入訪談，歷史學家可以追溯耳熟能詳的歷史事件中，未被發掘的側面，或為傳統歷史文獻遺忘的段落。歷史資料來源的轉變涉及的是史觀的轉變：

1. 彌補正統文獻、資料的不足。

2. 挖掘那些被壓抑的、被遺忘的、被隱藏的故事。

3. 提供不同的歷史觀。

4. 形成自我認同。

口述歷史自古以來即受到重視，尤其在文字出現時，將古老傳說用文字轉錄下來的過程中，相當倚重口述歷史，所以口述歷史出現很早，有名的例子即太史公司馬遷撰寫《史記》時大量運用口述訪問、口述資料。口述歷史獲得的資料，都是難以在官方文獻中尋獲的珍貴材料，例如戰爭時期的個人際遇、個人或家族的移民歷史、親族倫理關係、個人事業發展歷程等。口述歷史另一珍貴之處，是它將受訪者敘述故事時的情境和思想都記錄下來，透過分析語言、聲調和說話者的主觀意思，研究人員可以捕捉歷史事件背後的社會含義，以及事件對人造成的正面或負面影響。

口述歷史可以填補社會統計和量化調查的不足，讓我們可以掌握量化數據以外的材料。來自領袖人物、平民百姓和少數族群的口述故事，可以拓展研究人員的視野，開拓新的研究領域，啟發他們以嶄新的角度，重述一個社會的歷史。口述歷史是透過個人主觀陳述各有其見，以為史料之取得，再供作比較辯證，期能尋得史實真相。由訪問者主控、補充客觀史實為主的訪談方式成為兩個時代共同的特色。然而，口述歷史的方式注意避免成為外來者主導，同時在使用上必須小心，要認知這只是當事人自己片面、單方的認知，還需要用史學方法尋求佐證或對照。

二、農村社區組織方法

社區發展被認為是一九五〇年代由聯合國基於開發、進步及現代化的思維而推動，其並與創造民主自由、發展經濟和多元社會共同形成的社會

發展運動。農村社區組織工作有宏觀的一面,即是指如何促使社區具備有互助的氣氛,甚至主動地對社區內成員進行教育、鼓勵培養而有互助互利的態度,對於有困難或問題的成員或家庭,能夠重新接受、鼓勵其重返原有的團體,裨益社區成為一個具照顧、鼓勵、接受功能的關係。學者徐震、林萬億教授,曾針對社區組織工作的推動,詳實歸結出下述的方法,足為農村社會工作者參研:

(一)建立關係

農村社區組織需要有良好的專業關係,要建立專業助人關係的對象,包括社區居民、社區機構以及社區中的領導人才。與社區重要人士建立良好的工作關係是推動社區計畫的第一步;而瞭解社區居民的需求與問題,則是社區工作的目標界定之基礎。與社區居民建立服務的初步關係在於:社會工作者秉持「每一個人都同等重要」的價值,尊重案主的信仰(beliefs),尊重其自行達成決定與處理生活的能力。基於此一價值觀;社區工作乃有「以居民感覺的需要(felt need)為依歸」的原則。

(二)認識環境

農村社區組織工作者,應確信人們有主動與他人結合的需要。並經由社區生活(community life)、社區需求(community needs)、社區資源(community resources)的瞭解,促進社區居民相互間的合作關係;個人不但可以發揮影響力,肯定自我的價值感,同時也可培養成為一個有尊嚴、有權利和責任的成熟公民。因此透過瞭解案主,擬定工作方向,是社會工作中任何一種工作方法的第一步。尤其對一個社會計畫者或社區組織者而言,更是如此,因為這些工作人員如果不先對社區類型、面對的問題、可用的資源、提供居民服務的組織等方面加以瞭解,則工作極易受先入為主的想法、過去經驗與個人工作習慣、刻板化態度(sterotyped attitude),或發表意見的少數人以及偶發的情況等所左右。

（三）發展計畫

現代社會的特質是分工細密、關係繁複。往昔的血緣連結，在快速社會變遷之下，已失去其凝結力，代之而起的是一份試圖保留人們的志同道合的努力，為了達到共同目標，應建立社區發展計畫，而有效的社區發展計畫應依照社區全體人民的願望與需要，同時計畫是對政策的選擇與決定，故應考慮其適合性、可行性及可接受性（acceptability）。有效的計畫應把握目標明確和整體規劃，各層級的發展計畫一脈相承，相互配合；各單位各機構間相互呼應，彼此支援，亦務必使各年度計畫循序漸進，有效達成計畫目標。

（四）社區行動

農村社區組織工作就是要積極的指導人類發現其社會問題或需要，發揮人類分工合作的精神，計畫人類的分工與合作，組織包括人力與物力的社會資源，以剷除和預防人類環境中的各種障礙，使人類社會能在一種建設性的調適關係中獲得發展與進步。社區行動是將社區評估、計畫與組織的結果，正式納入行動運作，可分會議、協調、人事、財政、宣傳等五方面。

（五）成效評估

農村社區組織要從事調查與研究以瞭解社區，認識其一般社會文化政治與經濟狀況及其特徵，發現其需要或問題，及其一切可用的社會資源與力量以作編製工作計畫的參考。評估（evaluation），是「根據被評鑑方案的既定目標，檢討其實施的工作過程，衡量其達到的效果程度，從而提出改進建議的一種方法」。評估的目的有以下四個：1.使投入的努力更合乎經濟原則，因為精確的評估過去的努力有助於未來方案的設計。2.評估有助於隨時彈性地修正方案，使之益趨完備。3.因評估證實工作成效，以獲得社區居

民的信任與支持，以及工作人員的滿足。4.經由評估可測定社區情況與行為的改變。

（六）社區服務

根據 Moreland 提出的兩個主要的概念（Moreland, R. & Lovett T., 1997）：1.在社區內照顧（care in the community）主要是針對有需要被照顧的人士，在其所居住的社區中接受所需要的服務。這類服務大多是正式服務（formal care），是由專業人士來推行。2.由社區提供照顧（care by the community）有需要被照顧的人，除了上述正規服務提供外，並不能滿足其所有的需求，必須透過並動員社區非正式資源來協助。所謂非正式照顧（Informal care），即是指鄰居、親朋好友與社區中的志工等。非正式的支援網絡又可以包括三大類：1.支持性服務，如家務協助、電話問安、護理照護、日間托育等；2.諮詢服務和參與機會提供，如親職教育、提供法律服務與社區學苑；3.工具性服務，如提供設備和輔助或改善環境障礙、交通服務。結合上述兩項概念，其目的更在於創造一個關懷社區（care community），整合正式與非正式服務，彼此支援，建立對社區的歸屬感，尋回互助的關懷社區，即是社區照顧的理念目標。簡言之，社區照顧是指結合資源，協助社區中有需要的人，得到服務，能與平常人一樣，居住在自己的家或自己所屬的社區之中。

社區照顧是指動員並聯結正式與非正式的社區資源，去協助有需要照顧的人士，讓他們能和平常人一樣，居住在自己的家裡，生活在自己的社區中，而又能夠得到適切的照顧。此一定義中呈現社區照顧政策中兩個重要的概念，第一是強調「讓需要照顧的人士留在家中」的目標，第二是凸顯過程中正式和非正式資源聯結的必要性。社區照顧如以微視的角度來說，可以指如何使社區內居民、家庭的功能得以維持正常，對某些人士或家庭，因各種原因和轉變，而造成原有社會功能及關係轉弱，使其得到適當服務和機會，終而其功能得以維持正常，重新加入社區成為成員分子。

（七）工作紀錄

工作紀錄在農村社區組織工作中有其重要之作用，社區組織工作機關與工作員均應予以重視。社區組織工作紀錄，應包括：1.調查與研究報告及各種有關資料。2.各種設計方案與各種組織機構之規章。3.各種會議紀錄及附件。4.工作大事紀錄。

三、融入社區與農民相處的方法

（一）田野工作

田野（field work）工作又譯為田野調查或實地考察，為對於描述原始資料蒐集的概括術語，其所應用的領域包括民俗學、考古學、生物學、生態學、環境科學、地質學、地形學、地球物理學、古生物學、人類學、語言學、哲學、建築學、及社會學等自然或社會科學領域。與其他在實驗室准控制狀態下環境的研究相比，田野工作主要於實地進行。田野工作以研究為宗旨，是一種視野（vision）探索的活動，研究者以自身意識狀態作為捕捉研究對象特質的過程。研究的主題為人類本身的時候，工作的擬定必須再經過設計，以避免觀察者效應或過度理論化或過於理想化該實質文化活動的風險。

1.田野工作的類型

在田野調查工作的過程之中，相關的現場筆記亦非常重要，為了方便區分日後在使用上的屬性，約略可以分為「田野日誌」與「田野雜記」兩種類型：

(1) 田野日誌

是指田野工作期間的一般紀實，以較為客觀和理性的態度，鉅細靡遺地記下所有的見聞，透過實地臨場的經驗和紀實，來補強學術研究探討上的佐證。

(2) 田野雜記

在此則是記錄工作期間當下的感受和心得，以記錄者當時的角度、看法、立場或心情來闡述，在莫過於極端、偏執的衝動下，內容上可以較為主觀和感性的傳述，日後可以轉化成遊記或文學性的撰文基礎。

2. 田野工作的特點

田野工作在研究方法上的特點是：第一，盡可能親近被研究者，跟他們一起作息，以觀察其整體生活的樣態；第二，不但與被研究者建立人情關係，而且還經常談話和一起活動；第三，學會當地的語言，達到不依賴翻譯即能聽講自如的地步；第四，住在當地一段夠長的時間（絕大多數的民俗都是一年一循環）而且再追蹤觀察一兩次；第五，要雅俗不拘、常變皆顧，有形無形兼收，全面地掌握當地生活的結構和脈絡，不預設任何分類的想法，當然更不會只觀察預先分割好的局部現象；第六，在研究過程中，研究者自己必須時刻自我反省，調整自己的理解方式，以便更準確地掌握當地人的世界觀。

3. 田野研究的步驟

進行田野調查第一個步驟應該是學會如何找資料，如何才能做好事前準備工作，要進行訪問與蒐集的人、事、物才能深入，也才有意義。

(1) 尋找相關文獻，知道別人對此類議題和研究對象有何看法

(2) 進行理論性抽樣

(3) 建立研究網絡，同時建立正式和非真正的田野關係

(4) 若可能，可以對田野進行事先考察，接觸當地人，看看研究的可行性

(5) 到田野去長期或短期待著

(6) 田野中活動

①參與式觀察

　　　②深入訪談

　　　③每天交談

　　　④寫田野日誌

　　　⑤查檔案、拍照

(7) 修改日誌和轉錄錄音

(8) 分析資料

(9) 書寫研究報告

4. 田野調查參與觀察（6W）

(1) WHO：在團體或景象中有誰、幾個人、這些人的身分、他們如何成為這團體的成員？

(2) WHAT：在此發生了什麼？這些人做了什麼？說了什麼？

(3) WHERE：團體或景象位於何處？何種物理環境？這裡的自然環境資源和技術為何？他們如何分配、使用空間與物體？在團體的脈絡中發現何種情景、聲音、味道和感受？

(4) WHEN：團體在什麼時候接觸且交互作用？接觸的次數有多少和時間有多長？團體如何運用和分配空間？參與者如何看待他們的過去與未來？

(5) HOW：從參與者或研究者的角色觀之，這些確定的要素是如何連結的？穩定性如何？如何發生組織變化及如何處置？控制該社會組織的規章及規範為何？該團體如何與其他團體、組織或制度結合？

(6) WHY：為何該組織如此運作？參與者賦予自己作為的意義是什麼？在該團體發現什麼符號、傳統、價值以及價值觀？民族誌研究者在研究一個團體景象時，雖然不會立即探討所有訪談。

5. 融入社區建立信任關係運用下列技巧開展工作

(1) 參與觀察

(2) 深度訪談

6. 與村民相處的具體方法

(1) 深入田間地頭

(2) 入戶訪談

(3) 拜訪社區的關鍵人物

(4) 與村民共同行動

　　不論是客觀理性的紀錄，或是主觀感性的心得，只要是忠實於當時的見聞與當下的觀感，都是盡力去還原與追憶田調現場的重大線索，而且兩者必須同時發揮互補和互動的效應，才盡可能呈現出田調現場的完整性。尤其當這些文字紀錄，是要延伸為推廣性的教材時，若過度著重於理性而平舖的學術報告，則喪失了閱讀的趣味性與可看性，這是很難發揮推廣教學的效益；但若太過強調自我主觀的陳述論說，甚且毫無客觀的事實可做依據，如此則不具備作為教材參考的價值了。客觀與主觀如何拿捏？尺度如何才能得宜？全端賴於當時田野調查過程中，「田野日誌」與「田野雜記」的紀錄是否詳實和完整。

7. 與基層社區／團體互動注意以下三點

(1) 及時拜訪政府／團體各部門，向各級領導匯報工作成績和工作計畫等。

(2) 尊重基層幹部和社區菁英並與他們建立良好的合作夥伴有存在空間。

(3) 各種敏感問題，應努力將來龍去脈釐清。

8. 組織接觸的技巧：「求同存異，增加溝通」，「接觸越多，關係越深」，「既要平衡、亦要統一」。

（二）民族誌

　　田野工作的成果則為民族誌（ethnography）。人類學田野「民族誌」一辭泛指那些在方法學上採用田野研究方法的社會調查。民族誌（ethnography）通常指描述社群文化的文字或影像。其作為人類學家或社

會學家的紀錄資料，其又通常可分為研究複雜社會、多樣社區、多樣社會機構或含有多樣生活型態「單一社區」的「鉅觀民族誌」，與單單描繪某個異國小部落、中產階級社區中一小群人的單一社會情境或單一社會機構卻含有多樣社會情境的「微觀民族誌」。

1. 民族誌的技巧

　　　　民族誌內容主要為相關人的訪問內容、檔案紀錄的檢視與衡量及訪問內容的可信度，從此內容，可找出特定團體與組織之間的關聯，並為關心大眾以及專業的同行撰寫整個故事的來龍去脈。而民族誌學家則記錄人們的日常生活。田野工作的實際進行步驟和該注意的事項如下（以台灣地區為例）：（1）決定工作目標：衡量自己的時間、興趣、能力以及有無可藉助的資源，又查閱過去相關的研究資料與打聽一下當地的情況，最好能「微服出巡」，先探探路，或者在附近的村落走走，模擬一下可能的狀況，才決定田野地點和調查樣本。（2）事前準備功夫：以公文與當地村里長聯絡，表明身分及用意，並請介紹安排落腳之處；需要的話，找好翻譯人員；視經費多少，準備一些小禮物作見面禮；收拾自己的生活必需品和研究用具，如藥品、日記本、記事本、地圖、錄音機、照相機、問卷、其他個人用品等；有時還須打防疫針。（3）入境隨俗：①先與村里長見面，請他們帶去見見地方上的人物，然後安頓住處。②儘量使自己涉入當地的生活方式中，模仿他們的禮儀，學習當地的說話方式。③不要太暴露和凸顯自己的身分，避免當地人防衛、忌妒，或者視你為權貴而利用，橫生枝節。④每日寫日記和記事本，但是不要讓當地人注意到你這樣做，以免遭致猜疑和防衛。非必要時不錄音，如果錄音也要取得同意。⑤蒐集資料和分析問題：用心研磨主題，弄清楚可見的局部細節與不可見的整體結構之間如何關聯，繪製補充圖表，蒐集並追蹤可資引證的資料。⑥將資料帶回來，簡單整理之後，可編寫成田野資料匯編。如果再經剪裁和比較分析，便成民族誌報告。

2. 民族誌的原則

　　　民族誌的研究過程即是一連串「描述脈絡－分析主要事件－解釋文化行為」的序列。

(1) 研究什麼樣的社會情況

(2) 如何進行觀察此情況

(3) 在此狀況記錄什麼

(4) 在此狀況下觀察什麼

(5) 在此狀況下看到什麼文化領域

(6) 運用什麼特定觀察

(7) 用什麼將所觀察的分類

(8) 使用何種更精準的角度觀察

(9) 這些觀察由什麼組成

(10) 出現何種主題

(11) 產生什麼文化特徵

(12) 如何描寫民族誌

3. 民族誌的撰寫

　　　在田野中，最常用到的方法就是訪談（interview）。訪談的對象，一般稱為報導人（informant）；但如果訪談內容所針對的是報導人本身的傳記經歷，則改稱為被探詢人（the investigated）。民族誌報告的撰寫原則：第一，必須清楚意識到研究者自己在田野中的位置及其對整個田野經驗的影響，不可以為自己是個真正的隱形人；第二，觀點上兼顧對當地風俗的同情瞭解以及研究者保持距離的批判態度；第三，敘述時應兼顧科學性要求與獨特經驗之呈現；第四，分析時應兼顧田野對象靜態的結構整體性和動態的歷史湊合性；第五，解釋時應力求將看似不大相干甚至相互矛盾的有關現象貫串起來；第六，工作倫理上應斟酌情況，隱諱不該公布的祕密和人名，既保護被研究者，也保護自己的工作環境。

結語

　　社會工作是一種根植在科學、價值觀及技巧的專業，目的在經由問題解決的方法及各種社會系統下，協助人類提高其生活品質。這個專業著重在人與環境的互動上，它的基本價值觀是基於對人類的關心，以激發人類的自決（self determination），追求平等（equality）與社會正義（social justice），特別著重在增強並服務社會的弱勢或被忽略的（disadvantaged or oppressed）個人或團體。社工實務一般是以機構為基礎，是當人們處在一個複雜的社會脈動（social context）下，包括族群、文化、階層、地位、性別、年齡，及所成長的次團體（如家庭、社區）的差異上；而社區組織工作就是要積極的指導人類發現社會的問題和需求，發揮人群分工合作的精神，組織既有的人力、物力資源，使社區生活能在有效的調適和導進中獲得發展。

第六章　農村社會工作的過程

前言

　　台灣過去政府的農業政策從一九七〇年代的「三農」（農業、農民、農村）到一九九〇年代的「三生」（生產、生活、生態），引領台灣農業走向多面向的發展。除了要保障農民福利，更要在安全農業與責任農業的理念上，實施符合國際規範的綠色直接補貼，重視環境與景觀的永續經營，也讓我們的子孫有一塊乾淨的土地，可以永續地生產健康的糧食。然而，自從台灣加入 WTO 之後，農村結構逐漸轉型，農村青年人口外流日益嚴重，而且農業自由化使農村發展及其競爭力遭受衝擊。因此改進農業生產方式、改善農村生活及維護農村生態環境，創造農村經濟活力，促進農村社區再生，縮短城鄉差距，成為政府的農村發展刻不容緩之課題。於此，為建設富麗農村，政府頒定「農村再生條例」，以作為農村施政的依據，分十年編列一千五百億預算的「農村再生基金」，以利「農村再生計畫」的執行。而計畫中將照顧四千個鄉村社區及六十萬農戶，打造恬靜美麗的農村。此計畫的架構，特別重視由下而上的精神，將以農村居民為主體，由村里長或社區發展協會結合有經驗之社區發展團隊，研提農村社區的再生計畫，經地方政府審查通過後予以補助，以改善基層農村風貌及景觀，打造富麗新農村。

壹、農村社會工作規劃階段

近年來,台灣農村的社會經濟結構已隨著都市化與工業化的快速發展,而逐漸改變。隨著國民所得的提高,農村建設雖有長足的進步,惟農村公共設施不足,村民生產與生活之改善仍然有限。政府為縮短城鄉發展差距,多年來雖亦極力加強農村規劃建設之工作,以改善村民之生產與生活環境,惟在體制尚未建立,規劃建設內涵與項目不易掌握,農村特質與規劃目標亦未深入瞭解之情況下,致整體性、綜合性與前瞻性發展規劃不足,不易達成促進整體農村發展之目標。

一、農村社區的基本情況

1. 村莊歷史與現狀

建設社區組織包括幫助農村社區組織決定組織建立後工作的優先次序和工作任務。首先要瞭解村莊歷史,其次要認識村莊的自然地理、公共設施、文教衛生及商業狀況。包括:地理環境、自然資源、公共設施、教育狀況、社區服務、土地狀況、風俗習慣、價值觀念、生產類型和生活情況。

2. 瞭解農村社區

在工作中一般採用以下四種方法蒐集資料:社區行動、社區觀察、入戶訪談、文獻查閱。針對村莊的組織狀況,分為正式組織和非正式組織,農村的正式組織首先包括黨政組織和權力機關,直接影響著農村的權力關係、資源分配和農民生計;非正式組織包括兩種類型:第一,是傳統宗族和宗教組織;第二,是村民自發組織的興趣小組,也都在農民日常生活中發揮越來越大的作用。

3. 農村社區問題和需求評估

(1) 澄清社區問題、界定社區問題性質

(2) 確定工作目標和社區問題排序

(3) 明確扮演的角色

(4) 制定完善的計畫方案

4. 介入方式

(1) 計畫進入

(2) 協商進入

二、認識農村社區的方法

　　要全方位地認識社區，以下三項工作缺一不可：探索社區背景、探索工作方向、探索社區動力，以建立社區關係。他認為，探索社區背景應該包括三方面的內容：第一，社區的基本資料：人口及其構成、歷史、社區服務、環境設施、社區經濟、政治、交通、社區價值觀念、社區資源；第二，社區居民及團體關係，權力分布；第三，社區問題、社區需要。

表 6-1　認識農村社區的方法簡表

方法	內涵
文獻分析法	（1）從人口普查 （2）地方誌及政府相關文書 （3）媒體報導
觀察法	進入農村直接參與和觀察，是一種積極蒐集資料的方法。到田間、商店等村民常聚集的地方，主動與村民交流，近距離的觀察其行為方式和生活型態。
訪問法	口述史、深度訪談與一般聊天
普查法	（1）確定調查的主題及目標 （2）界定調查的問題與範圍 （3）設計問卷 （4）發送及回收問卷 （5）數據整理及分析 （6）公開普查結果

（資料來源：作者整理）

三、農村社會工作的評估

1. 評估的分類

　　評估是指利用相關的技術以評價社會工作預測的結果的過程。根據不同的標準，我們對評估進行不同的分類。評估也是介入的基礎，貫穿整個社會工作實務的過程，因此，根據不同社會工作過程中的內容可以將評估劃分為：問題評估、計畫評估、項目評估。

2. 問題的評估

　　問題的評估包括：需求評估、問題確定、問題原因分析和資源評估。

3. 計畫評估

　(1) 計畫評估的目的

　　① 提供資料可以改善進行中的發展項目或服務計畫

　　② 讓農村社會工作者檢測項目或服務計畫施行

　　③ 使機構能夠選擇對組織及其參與者最為有效的計畫

　　④ 提供在農村什麼方法行得通和什麼方法行不通的資料，以便機構能從經驗中學習

　(2) 計畫評估的步驟

　　① 計畫前評估，確定以下幾個問題：為何要制定這個社會工作計畫，誰是計畫資助者，由誰來制定計畫

　　② 計畫中評估，包括：設定目標、考察、選擇解決方法、確定實施策略

4. 項目評估，包括四種類型：過程評估、結果評估、效益評估、評估研究。

四、社會工作項目評估的步驟

1. 具體化目標，以下方法可幫助我們把目標具體化

　(1) 選擇目標應當與干預的焦點是一致的

(2) 目標應該是與機構的期望相關聯的

(3) 目標應當是現實可行的、可測量的

2. 建立測量標準

(1) 操作性指標應使用具體的、可測量的術語

(2) 測評指標應有有效的測評標準

(3) 使用多樣化的測評標準

表 6-2　把目標轉化成操作性測量指標

目標	測量指標
社區中心開展各項活動	社區中心開展了哪些方面的活動 有多少村民參與到社區中心開展的活動中 社區中心通過哪些方式有效地鼓勵村民參與 社區中心為村民交流和互動提供了什麼樣的平台
促進村民之間的交流和互動	鄰舍之間往來增多，有不同興趣的人們開始走到一起組織形成，共同面對社區問題

（資料來源：作者整理）

3. 選擇恰當的設計

(1) 運用比較和控制組

(2) 運用時間序列測評

4. 選擇恰當的資料蒐集方法，大多數資料蒐集採用以下四種方法之一

(1) 問卷調查

(2) 深入訪談

(3) 觀察法

(4) 可利用的資料

5. 分析：資料準備好後，進行檢測或分析工作，檢測哪些項目，以達目標項目效果如何，介入是否有效。應用電腦處理數據，通過統計分析來描述評估的研究結果的資料。

五、制訂行動計畫

建立健全農業政策支持體系，將更多的公共財政資源向農村傾斜，打造惠農的良好政策環境；農村社會工作計畫包含四部分：

1. 界定社區需求

　　具體介入的策略是首先評估農村各種社會問題根源；其次，可以採取一些策略介入：（1）社區教育（2）社區組織（3）政策倡導；為使大家明白農村社會工作者應該如何利用社區行動，回應村民的生計需求，進行社區教育和社區組織，推動行動計畫。無論使用優勢視角或缺乏視角，界定社區需求，工作者都會從下列幾個方面協助澄清農村問題：

(1) 將社區問題詳細地描繪出來，深入理解村民的需求

(2) 確定問題的性質

(3) 認定問題的程度和範圍

(4) 分析問題的原因

(5) 瞭解村民解決這些問題的方法等

2. 確定工作介入目標及優先順序、內容等，一般可以從以下幾個方面進行目標排序

(1) 村民及工作員的主客觀評價

(2) 機構的期望和資源狀況

(3) 工作者的經驗、技術和興趣等

(4) 成功的可能性

3. 制定解決問題的方法和策略

　　確定計畫目標後，必須思考要採取何種方式組織村民，如何調動社區資源？相關人員如何協助？介入的困難及應對策略等。農村社會工作介入策略大致上可分為衝突策略和合作策略，前者一般通過集體行動造成社會壓力，以期帶來社會改變；後者一般通過修修補補的策略，改善社區不足之處，維護社會穩定。

4. 可行性評估

　　所有計畫皆為主觀設計，實際過程會出現許多意想不到的問題。制定計畫時，應考慮如何通過評估保證計畫的順利進行。

貳、農村社會工作行動階段

　　台灣大多數農村社區聚落，長久發展結果，導致社區道路狹窄彎曲，公共設施不足。為了縮短城鄉差距，促進農村社區土地合理利用，改善農村生活環境，經於一九八七年開始透過土地重劃方式辦理農村社區更新建設，更新後對農村土地利用、公共設施之興建及地籍之整理，已有具體效益。惟對更新後農宅輔建、環境美化、社區發展等軟體建設方面仍有待加強。審視農村再生條例的精神，即是為了解決前述農村發展所面臨的問題而設計。其內涵包括：「社區與聚落整體環境改善」、「公共設施建設」、「社區機能改善與環境美化」、「產業發展與活化」、「文化振興、保存及活化」、「生態保育」、「終身學習與人文教育」。

一、村民互動關係的建立

　　與相關群體建立連繫，讓其看到或明確他們存在的共同利益、期望的行動，並與他人團結起來以達到共同目標。

二、社區組織的培育

　　建立健全農村經營組織體系，提昇農民組織化程度，發展多種形式的適度規模經營，著力打造標竿企業群；建立健全農業科技和人才支撐體系，強化基層農業技術推廣、提高科研成果的轉化率；建立健全科技成果轉化新機制，高標準建設農村智慧化、數位化資訊綜合服務平台；建立健全農產品品質安全體系。以下是四種常用的培育組織技巧：

　　1. 分析培育社區組織的可能性和迫切性

　　2. 尋找或培養領袖

3. 提供支持性幫助

4. 從相對小型的和簡單的組織開始

三、社區組織的建設

地區建設的發展過程，具體介入的方法是先對農村缺乏什麼或存在什麼問題進行科學的評估。例如：運用科學方法評估；再來，確定介入目標及優先次序，制定行動計畫，具體介入；最後對這些社區的發展計畫進行科學的評估，總結經驗，形成「議題－計畫－介入－評估」的循環。建設社區組織包括幫助農村社區組織決定組織建立後工作的優先次序和工作任務。

四、社區支持的建設

優勢視角下，不只將眼光放在村裡或村民的缺乏方面，而是一方面看到農村裡的優勢和村民的能力，另一方面將村民生計困擾的原因與發展主義、浪費主義等連繫起來思考。貧困的原因不只是個人問題，而是社會變遷、現代化造成村民越來越沒有自主權的因素。社區支持網絡建設包括：1.資源網絡：如資金、人力等，2.資訊網絡：如當地政府政策法規、類似團體發展的經驗等。

五、創新工作思路和方法

(一) 創新工作思路：充分發揮區域自然景觀、歷史文化、產業發展空間等優勢，以資源為基礎，以市場為導向，確定產業向特色發展。緊密結合該區域所在地方政府規劃及全區總體規劃中所承擔的功能，進行規劃設計。依託當地功能定位，重點將發展特色產業作為支撐，充實建設內容，融入觀光、休閒、體驗、娛樂等項目。

(二) 創新工作機制：以科學規劃為先導，統籌安排，先規劃、後建設。根據土地利用總體規劃和城鎮總體規劃，透過相關部門審核，確定規劃方案和實施方案。在基礎設施建設、產業發展、環境整治、

鄉村旅遊、科技示範等方面集中建設，做到「部門聯合、政策集成、資金聚焦、資源整合」，確保資金使用效率的最大化。

(三) 創新工作方法：各項工程都服從、服務於生態環境保護和改善，透過調查，在完成測算自然生態承載力的前提下，積極培育發展特色種植業、綠色養殖業、休閒旅遊業等環境友好型產業，以良好的生態環境為支撐，促進水土資源的可持續發展、生態環境的可持續維護和經濟社會的可持續發展。強化科技體制機制創新，加快基層農業科技推廣體系改革。促進農業科技成果轉化應用和農業資訊化，提高農業科技資源利用效率。

六、具體執行計畫

在推進現代農業升級傳統農業過程中，將重點發展：生態、設施、精品、種苗、外向、休閒、迴圈、創意等農業計畫。

表 6-3　農業升級具體執行計畫

項目	內容
生態農業	1.引導發展低碳農業，大力推進植樹造林，增加森林碳匯。 2.實施美化工程，增加常青樹比重，擴大水果栽植面積。擴大貝類養殖規模，減少海藻類碳排放。 3.科學使用有機肥，大力推廣生物、物理防治和生態控制技術。 4.禁止城市工業汙染向農村擴散，防範海域生態環境惡化。
設施農業	1.突出規模化、集約化、標準化、品牌化等主要特徵，廣泛應用工程、生物、資訊等系列現代技術，大力發展高標準設施農業。 2.以規模化專業鄉村為重點，發展日光溫室、塑膠大棚、網護果園、陸地工廠化水產養殖、筏式海水養殖、人工漁礁、設施畜牧養殖和設施糧田。

精品農業	1.以生產名特優新精細美農產品為重點,大力生產具有地域特色、安全、綠色、優質、鮮活的精緻農產品。 2.重點建設園藝作物標準園、畜禽規模飼養社區、水產健康養殖示範場。 3.實施品牌發展戰略,積極培育國內外知名品牌。 4.加大珍稀農產品、海珍品和海洋漁業良種的保護作為,推進農產品精深加工。
種苗農業	1.充分發揮生物技術對農業經濟發展的重大帶動作用,培育以農林牧漁業繁種育苗為核心的技術密集型種苗研發中心。 2.加快種苗研發成果的轉化步伐,加大新品種引進力度,面向我國北方及沿海地區,興建糧食、水果、蔬菜、水產、畜禽、林木、花卉等新品種(苗種)繁育基地和種苗交易平台。
外向農業	1.按照遵循國際規則、實施國際標準、開拓國際市場的要求,積極參與國內外市場競爭,促進農產品外銷和出口。 2.建立外向型農產品生產、加工基地,開展國際品質體系認證。 3.吸引農產品加工聚集,開展多種方式的合資與合作。
休閒農業	1.大力挖掘農村自然、人文資源,著力構築多元化、複合型休閒農業體系。 2.重點開發園區觀光型、參與體驗型、休閒度假型等現代農業休閒模式,逐步形成近郊農家樂體驗遊、遠郊鄉村特色遊、溫泉滑雪生態遊、濱海風情觀光遊、海島漁家風情遊等現代休閒農業格局。
迴圈農業	1.加大農業資源保護和利用,推進迴圈農業發展模式。推進農作物秸稈、海產貝殼、人畜糞便、有機生活垃圾向肥料、飼料、原料的轉化。 2.加快發展「畜沼果」、「畜沼菜」、「畜沼魚」等循環農業。 3.著力推廣節水灌溉、土壤改良、秸稈還田、保護性耕作等技術。
創意農業	1.採用生物科技手段,改變農產品形狀、色澤和口味等特性,將文化元素融入農產品之中。 2.開發農副產品加工,變農業副產品為傳統工藝品。 3.嘗試田間地頭超市經營,實現時令農產品與消費者的零距離對接。 4.深度挖掘和拓展農耕文化內涵,開發農業節慶、民俗展覽、農耕體驗等形式的服務產品。

(資料來源:作者整理)

參、農村社會工作結束階段

荷蘭籍學者 A. W. VanDenBan 認為農村社會工作是有意應用資訊傳播來協助民眾形成好的意見，且做出較好決策的工作。藉由社區擾動與學習的機制，建立偏鄉農村社區草根參與的力量。而透過農村社會工作的執行持續辦理農村營造人力培訓，來強化溝通管道，掌握在地心聲。並透過此一人力培訓計畫的推動，建立農村社區自主經營管理的基礎。此外，在社區菁英分子與專業輔導團隊的共同參與下，由下而上擬定了農村社區未來發展的願景與未來農村再生。

推動農村社會工作依照其實施的範圍之大小，可以分成基本目的、一般目的及工作目的。

第一，基本目的：這是一般目的和工作目的之基礎。基本目的是一切推廣工作的母體。它是比較抽象而概括性的。如我們說：「富麗的農業社會」便是一種基本目的。基本目的並不經常出現在工作計畫裡，只在工作報告中或撰寫文章時提到它。基本目的也是推廣工作基本精神的所在。例如農村社會工作的目的是以此幫助人民去幫助他們自己。

第二，一般目的：一般目的比基本目的具體。是用以擬定工作計畫之依據。有了一般目的後，工作目的及目標才能確立，工作方案才能編製，一般目的經常都可以看到。

第三，工作目的：工作目的是由一般目的發展出來的，在擬定推廣工作計畫時，推廣人員要根據農民的問題與需要，確立工作目的，然後設計目標。農村社會工作人員要根據這些工作目的及目標，才能編製工作方案。所以，工作目的是最具體且最切實的目的，依此才能編製工作方案。它可以在日常推廣工作計畫裡找到。工作目的是推廣人員與農家共同討論的結果。它是農民每天所追求的目的，也是每日工作的目的。

農村社會工作針對農村、農民及農業的服務，期望達成：

第一，擬定工作計畫：因為農村社會工作的基礎，以利擬出詳細可行的工作計畫。

第二，使考評工作有所依據：考評工作一定要根據目的，才能準確。

第三，建立良好公共關係，藉由農村社會工作，有關機關及社會人士對農村社會有所瞭解，才會給予支持及合作。

第四，有效的推廣教學，有賴於明確的目的及目標之指引，以裨益農村社會工作教育性的服務目的、經濟性的服務目的、社會性的服務目的。在教育性的目的裡，一定要注意到學習者，在學習以後其行為是否有改變。行為改變的具體表現是：知識的改變：指學習者獲得新知識之量與種類。技能之改變：指學習者如何較能更有效地、更輕快地做事情，處理各種事項等。技能可以分為：思想，即對於事物之想法及處理問題的新方法。技術的增長，也就是一個人的技藝。態度改變：行為之新趨向及個人的新觀點，包括：反應及感覺、合群的性質、人生觀、對事物之評價。

農村社會工作屬社會工作的專業領域，爰此，社會工作者要有高度的專業責任感，要為維持和增進專業的價值、信譽和尊嚴而努力工作。社會工作者進行社會工作的時候應當盡心盡責、精益求精，以提高社會工作的品質。在自己力所能及的範圍內接受付託，應對於自己工作範圍中的服務品質和服務內容負起責任；他要正確傳授社會主義專業的品質、教育的經驗，以使大眾的社會服務適合於一般的群眾，同時應擴大服務對象和服務範圍，支持與專業有關的社會政策的建立、發展、改進和實施。

隨著工作的發展使得農村社會工作者可能要離開和結束本農村社區工作。這些原因包括：1.當地村民組織已經成熟，能獨立運作；2.因為種種原因建成的組織被撤銷；3.因為其他工作需要，不得不離開。離開和結束，有許多注意事項，農村社會工作者離開時，需注意以下幾點：1.要提前告訴組織成員要離開的事實，並與村民談論對自己的感受和態度；2.與村民一起回顧一起工作的情景，並鼓勵村民面對未來更多的挑戰；3.將村民組織相關事項完全交接清楚以後再離開。

美國籍學者 Kelsey 和 Hearned 認為農村社會工作是一種熱誠參與與引導，在這領域裡，成年人與青年人經由工作中學習。它是追求社會公義及農村進步的一種合作事業，供給符合人民需要的服務與教育，農村社會工

作的基本目的就是啟發農民。在美國，農村社會工作被認為是社會服務的一種活動，其意義乃在引起農民的學習經驗，並協助農民獲得知識、技能和行為的改變。

肆、農村社會工作評估階段

我國正推動「農村再生計畫」以期朝向「富麗新農村」，新農村建設的「新」，可概括為新技術環境、新自然環境、新體制環境、新分工環境和新居民主體。建設新農村的核心任務是發展農村經濟。沒有農村經濟的發展，就沒有新農村。當農村朝向全面建設富麗社會，所涉及政治、社會、文化等領域的改革，是一次重大的制度創新和社會變革，要在既有的基礎上全面推進。

一、後期評估類型

一般包括六種類型：

1. 問題評估：發展計畫之前，須對農村社區問題做出評估，如：村民的需求評估、問題確定、原因分析、資源評估等。需求評估包括問題界定和排序，對問題有關的資訊加以分析。我們將村民的需求分為四種：（1）感覺的需求，（2）表達出的需求，（3）禁止的需求，（4）比較需求。我們往往會從兩個層面去評估問題和界定需求，一是從個人和家庭層面看待；二是對涉及的介入或家庭問題，從社區或社會的層面進行評估。由此可見，對問題評估和需求界定不同，直接影響到介入的效果；因此，後期評估必須從最初問題界定入手。

2. 社區發展計畫評估

   (1) 計畫前評估：制訂農村社會工作計畫前，往往要評估以下幾個問題

   首先，為什麼要制訂這項行動計畫？

   這項計畫是針對個人還是社區？

   這項計畫的普遍性和獨特性如何？

其次，計畫的資助者如何？

具體資助部門和政府相關部門對該計畫有何態度？

計畫負責和監督部門的狀況如何？

(2) 計畫中評估

在計畫制訂的過程中要不斷蒐集與問題相關的資料，以調整計畫目標、實施過程及方法等，以便科學地、可行性地執行該計畫。計畫中的評估包括設定目標、選擇解決方案、確定實施策略等。第一，設定目標（總體目標是社會工作計畫要達到的長期和整體，具體目標是微觀的階段性目標）。第二，選擇解決方案（在選擇解決方法時，成本、時間、技術可行性和政治因素等都將被考慮到）。第三，確定實施策略（確定由誰來實施行動計畫和如何完成該計畫）。

3. 過程評估：過程評估是對實施過程的監督和評價，目的是為了獲取有關計畫活動類型、數量等的描述性資料，關注計畫實施是否符合原來的設計。

4. 結果評估：結果評估關注的是預期的結果是否達到，即目標是否實現。

5. 評估研究：評估研究不僅關注目標是否實現，更關注最終的結果是否因為農村社會工作的干預和介入所致。

6. 效益評估：是指成本效益測評，即在固定的成本下提供服務的效果。

二、後期評估的步驟

1. 具體化目標，目標應當與干預的焦點是一致的，目標應該是與機構的期望和宗旨相關聯的，目標應當是現實可行的、可測量的。

2. 制定測量標準，將描述的目標轉化成為可觀察和量度的可操作性指標。

3. 選擇恰當的評估策略，透過社區活動中心的各項活動，發現村民之間的交流和互動開始加強。

4. 蒐集評估資料，蒐集大量資料，方法包括：問卷調查、實地觀察、訪談、檔案文獻等。

5. 分析評估，當資料蒐集齊全後，一般利用兩種分析方法：（1）運用統計方法對量化數據進行電腦處理，然後從機率和相關關係中得出一般性的結論。（2）運用質性研究方法對訪談和觀察的資料進行描述和分析，深入理解參與者的主觀感受、評價及參與活動背後的深層動機和意義等。

6. 撰寫評估報告，對計畫做出完整的評價，包括計畫的執行情況、效果和建議等內容。

　　另若要突破目前台灣農村規劃與再生的困境，除需針對農業社會、產業以及空間使用做基礎調查外，也需有專業團隊長期深入偏鄉農村社區，協助資料的蒐集與分析，並協助修訂已完成的農村再生計畫，以規劃專業的素養，釐清並呈現社區民眾的需求與發展願景，同時也需協助各農村社區整理所設定逐年發展的項目。在偏遠農村再生計畫的基礎與推動策略的建議上，應導入更多具規劃專業的團隊與人員，扎根社區，以長期深入的方式，協助社區成長。

結語

　　農村社會工作追求展現農村再生，熱情展現社區參與後之正向改變及成果，並提供彼此觀摩學習的機會，讓農村社區以實際行動表達對農村再生的熱切渴望。藉由農村社會工作帶來改變，而改變的過程同時讓當地居民看見了新契機與希望。如果說農村社會工作牽引出在地人愛鄉愛土的心，倒不如說是社區居民對「家鄉」的濃厚情感，及改善家園的熱情，在在豐富了農村社會工作，編織出動人的故事。

　　農村社會工作目的其中心思想是建立在「幫助農民自助」的哲理上。強調經由人民之自動，以增進他們確認問題並應付問題的能力。所謂問題，就是那些能影響農村人民福利的情況。他們的農村社會工作向來就摒棄利

誘性或補助性的政策。農村社會工作是注重農民自己之領悟與自動。要農民領悟，就得靠教育性的啟發與指導。故農村社會工作的哲學，在於注重教育農民採取「自助人助」精神去幫助他們自己。

第七章　農村社會工作的實施

前言

　　台灣農村長期面臨產業提昇不易、人口老化外流等難題。但近幾年，恬淡、與世無爭的田園生活似乎只在記憶與想像中，曾幾何時，隨著全球面臨氣候變遷的威脅，讓我們開始驚覺，人類已因過度追求物質生活，以及無限制開發地力，造成自然資源浪費；且資訊快速發展的社會型態，促使人際間的情感疏離，農村生活方式也因而脫離在地脈絡。現今走入農村，映入眼簾的不是紅磚厝，而是鐵皮工廠，不是綠油油的稻田，而是雜草叢生的休耕地；過去老中青三代同堂的景象也不再，為求生計，青壯年到外地工作，留下老年人與小孩子，農村社區少了朝氣活力，當我們想起時不由得有所感慨，農村應該可以像從前一樣，和諧、快樂、幸福。農業不再只談賺錢的作物牲畜，更要讓傳統文化在這片土地重生，這些人的理由，簡單到「只為保留美好事物」，農村再生促使農村正進行一場無聲的變革。使得「走在鄉間的小路上，暮歸的老牛是我同伴，藍天配朵夕陽在胸膛，繽紛的雲彩是晚霞的衣裳。」所道盡農村生活的美好能再次迴響。

壹、農村社會工作的任務

　　農村社會工作人員的角色任務探討宜從大環境趨勢探討，讓農會轉型的同時，專業人員更能符合時代環境之需。過去的推廣工作經常扮演農業政策傳達的角色，任務也多半局限於農業政策與農業科技的推廣，然而隨著我國加入 WTO 之後，農業相關的貿易障礙如補助與補貼等農業施政勢必

逐年減少，取而代之的應該是如何培養台灣的農業經營者獨立、自助、主動精神的現代化農民為主軸的推廣教育重心。農村社會工作人員為農業政策執行與農民意見反映的橋梁，更應有洞察先機的能力，才能協助台灣農業經營者能夠在最短時間內適應及調整其在全球經貿趨勢下的產業經營；因此在角色任務的扮演也必須有所調整，農村社會工作人員的角色任務更不能僅從農業領域去討論，而必須從未來社會中社會的風險與知識經濟兩個層面去探討與建構，使農村社會工作人員的專業職能更符合社會趨勢要求。農村社會工作人員扮演的角色分別為未來兼具喚醒者、倡議者、組織者、協助者、學習者、傳承者、資源搜尋者、資源整合者、職場工作者等角色，每個角色皆有其對應的任務，以發揮農村社會工作人員應有的職能。

從我國總體經濟的發展軌跡來看，第一級產業（農林漁牧業）占 GDP 總產值由一九八三年的 7.1%不斷下滑，至二〇〇七年只占 GDP 的 1.4%，同期間第三級產業（服務業）的產出比率則由 50%攀升至 71%，顯見農業、製造業及服務業的快速消長，以及我國加入 WTO 後面臨的國際農產品激烈競爭，致使農業生產的重要性降低，農村地區的農業經濟生產型態與功能也因之改變，加以現今飲食文化與休閒風氣的形成，稻米市場萎縮，農產品及相關休閒農產服務業均朝向多元化、專業化、地方特色化方向發展。依據統計，二〇〇六年我國農家所得構成中屬農業收入來源之比率占 21.5%，其他農業外收入占 78.5%，而農家每人所得僅為非農家每人所得的 70.9%，顯示農業勞動生產力與所得水準相對偏低，且農家依賴業外收入之比重很高，在在顯示農業的重要性式微，直接、間接地造成了以下農村人口嚴重外流及農村環境的衰敗。值此環境，農村社會工作日顯重要，宜結合：「服務對象」、「農村社會工作價值觀」、「農村社會工作者」等，秉諸依託於農村社區的目標，公私協力合作集結政府與民間部門共同合作，提供公共服務或生產公共財貨，以提昇國家整體行政效能與政策品質的一種治理模式。迥異於傳統官僚層級節制、強調權威與命令——控制式的行政治理法則，這種公私協力合作的治理觀念正象徵著一種倡導公私部門資源結合、專業引導、多元合作、著重服務的治理模式的興起。其專業過程如圖 7-1：

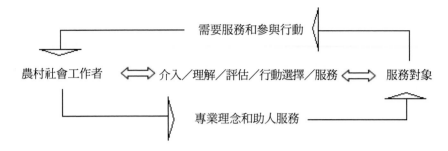

圖 7-1　農村社會工作工作過程圖

　　農村社會工作的社會價值是整個農村社會所認同的基本價值，它是由占農村統治地位的文化價值觀念所決定，是農村社會工作價值體系的基礎層次。農村社會工作的基本目標和其他目標：（1）基本目標：促進農村社區福祉和保持可持續發展，核心是能力建設。（2）其他目標：保障個人、農戶家庭的生活，促進個人身心健全及農村社會穩定；維護個人人格尊嚴及人權，提高農村居民的社會地位，促進社會進步，提昇農村居民的生活謀生能力，達到農村經濟發展和共同富裕，使農村人民免受陷入家庭貧困、疾病、身障、老弱死亡等不幸的遭遇與痛苦，增加人民農村社區生產能力和財富，發揚人性人道主義以及互助精神……等。

　　二十世紀九〇年代以來，社區發展在美國再度興起。以能力建設和資產建立為核心的社區發展側重於三方面的內容：

　　第一，是提昇能力。社區發展的許多概念集中關注、洞察並利用社區內可獲得的資產、資源和優勢。從這一點出發，社區發展的起點涉及分析社區中存在的資源、以什麼人力資本和物質資本支撐社區生活、居住和工作於此處的人擁有什麼能力和資源、社區內的組織和團體對社區資產的貢獻過程中產生了怎樣的作用等。

　　第二，是建立關係。基本假設是社區和它的周圍環境可能隱藏著某種內在的資源，社區工作者應該認真欣賞和發掘社區的內部資源、資產和能力。社區資源的發掘是賴以信任、關懷和負責任的關係的建立，所以，工作者要注意構築或重塑自己與居民以及正式的居民組織之間的關係。

　　第三，是樹立希望。以優勢和資產為本的取向可以激發案主和工作者的樂觀情緒、希望和動機（Saleebey, 2004）。農村社會工作是社會工作實踐的產物，對於它的涵義，我們需要認識社會工作理念在農村社區的作用，以便可以對農村社會工作有更清楚的瞭解。可以經由以下幾個層面實現來理解農村社會工作的基本概念：第一，重建政府與農民信任關係和農民自信心；第二，透過與村民的同行、廣泛參與和增能，倡導政府和社會政策改變；第三，推行農村社區教育和社區衛生項目，提昇村民應對社會變遷的能力；第四，透過對農戶家庭、社區提供支持服務，重構農村互助友愛精神。

貳、農村的婦女社會工作

　　婦女社會工作是指婦女社會工作者運用社會工作的專業方法，幫助婦女解決因各種原因導致的困難，維護婦女各方面的權益，引導其適應整個社會生活，從而使其能和諧地融入到正常的社會生活中，發揮其應有的作用。

一、「媽媽教室」的推展與實踐

　　中華民族向來極為重視家庭制度，故歷來有「國之本在家」、「家齊而後國治」之說法，因而在傳統上均以家庭為基礎，運用中國固有之倫理道德以培育子女之人格，進而求得家庭的和樂、社會的安定。母親在家庭中占有極重要的地位，諸如管理家務、管教子女等，都是由母親負責的。一個好的家庭的建立有賴於賢慧的母親。所以有好的母親方能有好的家庭，也能培育出健全的子女，創造幸福的家庭生活。

　　有鑑於此，政府大力提倡「媽媽教室」活動，在社區內普遍實施，並為媽媽們提供治家所必需的常識和知能。早期教育行政體系未對成人婦女提供教育方案活動，但多年來，卻由農政體系與社政體系承擔相當重要的任務，對農村婦女與一般家庭主婦實施家政推廣教育。二十世紀七〇年代，

台灣省政府社會處針對一般家庭主婦推廣「媽媽教室」是一種最具規範的社區教育。

「媽媽教室」的目的，是要教導母親如何去處理家務，管教子女應有的知識，也就是加強媽媽們的「親職教育」。「媽媽教室」的目標，在於促進家庭生活的倫理化、科學化、藝術化、生產化。

第一，家庭倫理化：即是以倫理道德為基礎，使家人的關係，名如其分，即長幼有序，行為合乎規範，一家和樂；到了社會上就能瞭解並實踐為人處世的道理，讓社會充滿一片祥和。

第二，家庭科學化：就是家庭生活合理化，將家庭的每一天生活作合理的安排，並運用家用電氣節省家事的工作時間，讓媽媽們亦有時間充實各種知識，從事社會服務工作。

第三，家庭藝術化：鼓勵兒女讀童話、故事，家人閱讀優良文學作品，參加美術及音樂活動等，以培養家庭生活高尚的風格和文化氣息，美化人生。

第四，家庭生產化：主要是養成勤勞的習慣，自己種植蔬果、飼養家畜、製作食品加工、修理電器、修改衣服或經營一些家庭手工藝等，以減少家庭支出，增加家庭收入。

事實上，「媽媽教室」的主要精神，在於教育媽媽們如何相夫教子，如何成為賢妻良母，以及傳授現代化的家政知識，進而具有促進家庭、社會進步、和諧與團結的積極性作用。畢竟教好一位媽媽，等於教好一個家庭；教好每個家庭，等於教好社會。所以，「家政教育」是肩負了承先啟後的重大責任。

二、台灣「媽媽教室」活動推行情形

台灣「社區媽媽教室」活動，起源於一九七一年台灣省彰化縣。台灣省政府頒布「台灣省各社區推行媽媽教室活動實施要點」，陸續在全省各社區推廣媽媽教室活動，至一九九一年內政部頒布「社區發展工作綱要」後，台灣省政府重新修定「台灣省各社區推行媽媽教室活動實施要點」，其最大的改變是規定社區發展協會應成立社區媽媽教室活動工作小組，社區發展

協會理事、總幹事、社工員、社團人員、機關代表、學校教師、保育員、農會家政指導員、衛生所保健員、社區民眾組成媽媽教室活動工作小組來推動。

推行「社區媽媽教室」活動有其重要的理論意義與實際價值。家庭是社會的基本單位，又是一個重要的教育實體，還是「政治發展的基石」。要實現儒家倫理關於「修身、齊家、治國、平天下」的理想，必須從健全家庭做起。尤其是近年來，隨著社會形態和家庭結構功能的急遽變化，母親在家庭中的地位與角色日趨重要。母親是家庭的主角，有良好的母親，才能有良好的家庭，社會才能繁榮進步，國家民族才能富強康樂。因此，如何向媽媽們提供繼續受教育的機會，使她們以一種新的觀念、新的態度和新的做法來管理家庭，乃是社區教育面臨的重要任務之一。當時省政府頒發的「台灣省各社區推行媽媽教室活動實施要點」中，曾明白指出媽媽教室的成效：「促進社區精神倫理建設具體化」，「擴大教育的領域，使學校教育、社會教育、家庭教育三者合為一體」，「啟發母性愛，減少問題青少年之發生」，「強化家庭主婦之責任，改善家政，使家庭能順應社會形態之演進，而更求進步」，「增加家庭收入、提高生活水準」。

當時參與設計的社工界的學者也指出：「媽媽教室在現代社會中的確有推廣的必要，因為它幾乎可以在社區中配合任何工作計畫來推行，如改善社會風氣專案、社會革新工作、志願服務、社區發展三大建設、基層建設、禮貌運動等。」（蔡漢賢，2010）

「社區媽媽教室」活動是結合家庭教育、學校教育及社會教育開展的一種綜合性教育活動。其參加的對象、舉辦的地點、活動的內容或採用的方式，均因人、因事、因時、因地而易，並對社會教育資源進行靈活的運用。在落實社區媽媽教室活動政策上，本來是由政府機構主辦，其行政上是由上而下的方式推展，其成果是較穩定的進展。然而社會快速的變遷、家庭結構的改變、社會多元化、經濟自由化、人民自主能力的倡導及教育制度的革新等等，使得政府行政革新的聲浪愈來愈大下，許多的社會福利政策不斷的被檢討，最後為落實福利社區化與社區總體營造的觀念，應由

社區居民共同為社區來建設各社區的文化與產業特色。當然「社區媽媽教室」是社區精神倫理建設之一，必得由社區所組織的社區發展協會推動，政府站在協助督導的角色，共同為實現社區生命共同體的遠景而努力。

　　根據台灣地區「社區建設與活動調查報告」中指出，台灣社區有辦理媽媽教室活動者占 66.5%，活動內容主要以教育活動為主（82.2%），活動內容為：家庭教育、家政指導、衛生保健、生產習藝、社會服務……等，多以三個月為一期程。為使社區居民普遍參與媽媽教室活動，提高媽媽教室出席率，其活動型態由學校實施轉為以社區實施方式進行。

　　「媽媽教室」的教育最初在提供媽媽們有再接受新知識新技能的教育，使家庭更和諧，讓家庭的成員有好的親密關係，並經新技能的學習改善家庭的經濟狀況，以提高生活的品質。婦女參與社區媽媽教室活動，是以技能活動為主，對親子的活動則視其年齡、教育程度、婚姻狀況、職業、家庭週期的不同而有不同程度的參與。因此，媽媽教室活動內容中的倫理教育、衛生保健、社會服務方面相當重要。「媽媽教室」也著眼於社會教育的功能，常在活動中作政令宣導工作。尤其自一九八七年宣布解嚴以來，雖加速民主化的腳步，大幅推動革新開放措施，為落實國民的民主法治教育，在社區媽媽教室課程倫理教育中加強人民民主素養，以提昇國民民主態度與守法的習慣。

　　「社區媽媽教室」活動是台灣實施社區教育的一種獨特的形式，也是促進社區發展最重要的方法之一。同時，它又為高等學校的社區發展教學提供了理論體系的參考構架，並為社會學系、社會工作學系的學生提供了社區發展教學的實習園地。「社區媽媽教室活動」在促進社區精神倫理建設具體化，擴大教育領域，推進家庭教育、學校教育與社會教育一體化，啟發母愛、母德與母教，強化家庭主婦責任，改善家政，以及增加家庭收入，提高家庭生活質量等方面均取得了顯著的成效。

三、二水家政實驗中心的「媽媽教室」成功經驗

社區建立「媽媽教室」的觀念及做法也獲得教育的支持和推動，實踐大學辦校宗旨在促進家庭倫理化、科學化、藝術化、經濟合理化，以締造和諧的社會，建設富強的國家；同時其教育目標在：研究並推廣生活科學知能，增進生活福祉與生命意義。創校宗旨與教育目標彰顯創辦人謝東閔先生民胞物與的關懷，也具體落實小康計畫的精神，將人民的生活從貧困帶到安居樂業的宏願。隸屬實踐大學的台灣省彰化縣二水鄉的「實踐大學家政中心」成立之後，戮力推展媽媽教室研習課程，成為全省媽媽教室研習訓練中心，這也是實踐大學創辦人謝東閔先生將二水家鄉故居改為媽媽教室人員的訓練場所。創辦人謝東閔先生雖生於日據時代的台灣，卻深受傳統中華文化的薰陶，引《大學》八目，認為母親為家庭之本，家庭也是人類第一個學習接觸的場所，因此家庭教育是一切教育的基礎，也是治國的大經，於身兼台灣省政府主席期間倡議「自媽媽教室的推動，達成小康社會的建立」，並於所創辦的實踐大學率先設置「家政學系」及「民生學院」，以期能為社會培育優秀家政教育領導及推動人才。

媽媽教室活動是由社區、學校或家庭提供媽媽一個學習的園地，且由專家或有經驗的媽媽授予生活新知或技能，因此也是一種家庭教育、社區教室、家政教育與親職教育。媽媽教室的課程規劃包括（1）倫理教育、（2）家政指導、（3）衛生保健、（4）生產技藝、（5）休閒康樂、（6）福利服務、（7）家庭法學、（8）生活新知等。

參、農村社工的服務內涵

進行農村生活應用之研究，俾掌握輔導教育農村居民的重點與方向，並提供農村生活改善工作之技術指導與推廣知能予各級農會家政推廣人員，包括農村營養推廣教育、強化家庭功能、親職教育、農村環境改善教

育、農特產品食用法研究推廣、農村高齡者生活輔導等，以加強指導農村
婦女之生活應用知識，縮短城鄉差距，促進農村科學化。

一、農村家庭有機廢棄資源化處理

聯合國世界環境與發展委員會一九八七年提出《我們共同的未來》報
告已清楚表明，「經濟發展」如果沒有配合「環境保護」及「社會文化」的
發展是不可持續的，只會造成貧富兩極分化。由於都市地區居住高密度以
及地價、房價高漲，以致產生了都市周邊的農村蔓延與蛙躍式發展，農舍、
違規工廠四散分布於農地間，以及新闢道路等相關公共建設的不當規劃，
不僅影響農業的機械化與規模生產，更切割原有綠地區塊或生物棲地而造
成零碎化，加上汙水及垃圾未能妥善處理的汙染，更造成農村水圳、埤塘、
林地、河川、溼地等生態系統的破壞，並影響安全農業生產的隱憂。

農村社會工作推廣農家有機廢棄資源化處理工作，輔導研發有機化處
理桶及過濾網模具，便利執行者使用；並製作「農家有機廢棄資源化處理
運用」教材，提供農村社會工作人員指導運用，以減少垃圾量，改善農
村社區環境，普及淨化、美化工作。藉由發酵輔助菌劑，進行發酵輔助菌
劑的培育及推廣使用，運用有機農特產食譜編印成冊，提供社會大眾參考
運用。

二、農村生活改善工作

過去由於政府部門及民眾普遍思維，將城鄉均衡發展與農村都市化二
者畫上等號，以致缺乏與當地地貌、文化特色的融合，把都市型態設計的
公共建設橫向移植到農村，建設諸多筆直的柏油道路、水泥鋪面廣場、單
調而無特色的公共建築，更將原生的植栽樹種任意砍除，造成熱島效應也
在農村社區出現。在改善農村生活時，宜著重於地方文化特色，強調與人
文相結合的社區生活。

在朝向社區生活改善，亦應執行農民營養保健、農村高齡者生活改善、
提昇營農婦女能力及農家有機廢棄資源化處理工作，辦理農村生活改善相

關工作，教導營養保健知識，預防慢性病，以增進農民健康；輔導農村老人生活調適，增進其身心健康；舉辦親職教育活動，促進農村家庭和諧美滿；培育婦女經營管理知識，藉以提昇持家及營農的工作能力，活絡農村經濟；淨化農村生活環境，美化農村社區景觀。

三、農村環境改善工作

　　受到產業發展、就業結構的改變，在空間土地使用方面也相應呈現有明顯變化。特定農業區及農村區則因農業發展萎縮而面積逐年減少，特定農業區從一九九一年占非都市土地的 26.42%，至二〇〇六年減少為13.75%，鄉村區部分同期間也從 3.9%降至 2.36%，顯示主要農業生產用地逐漸轉型為他種分區使用。因此，由於農村地區農業發展的式微、社會結構的改變、空間土地使用型態的轉變，造成農村景觀風貌、生態環境、人文社會等各方面大幅度的改變。為緩和農村人口外流，提昇農業競爭力，繁榮農村建設，積極改善農村生產與生活環境為當務之急。透過農村社會工作人員，健全班組織及其運作，結合人力、財力資源，維護健康的農村生活環境，使農村生活、農業生產與生態維護三方面相契合。

四、發展農業產業文化工作

　　為使農村社區環境與社會文化建設同步發展，融合農業技術、生產環境、產業活動等內在與外在的文化創新觀點，以營造地方特色、促進農產業升級。以展現地區主要街道及鄉村風情為主題，透過社區景觀綠美化及社區居民認養制度，使造訪遊客領略本區特殊風土及環境氛圍。發展農業產業文化工作包括：辦理農產業文化研習班、鄉土農產業文化季系列活動、文化成果展示及設置農產業文化館等項目，執行各項相關工作及配合促進農村成為社會大眾矚目的高品質田園生活體驗空間。針對地方環境特質及未來發展潛能，推陳出具代表性之地方特色的農產品，透過社區意象之重塑，強化社區意象特色與視覺景觀美感，並進一步提昇形象。

五、培訓「社區青年團」，產業扎根好傳承

　　整合社區產業，規劃「生態產業化，產業生態化」體驗課程，結合學校辦理農村遊學活動，招募都市學生進行農村體驗教學。成立「社區青年團」，於寒暑假期間辦理社造研習營。招募旅外社區子弟或都市學生，回鄉參加研習並體驗農村生活，進而返鄉參與農村社區營造。辦理解說員培訓工作，讓社區成員藉著參與社區活動，增進對社區產業的認識與瞭解，落實向下扎根。此外，辦理「學生農村體驗營活動」，讓學生來此體驗休閒，提昇農村形象，並將高品質的農產品推向社會。

六、農業體驗生活

　　發展鄉居體驗及生態教育之特色民宿，並結合農莊、特色風味餐等主題，及相關產業、專業區等，營造特殊之人文風情。此外，並以融合農園體驗、採果活動，配合產品之包裝行銷，以強化地區形象，提昇農產品之附加價值。針對地區之特色及景點發展，藉由如阡陌田園與蜿蜒林間道路，是從事健身、眺景、生態教育及林間活動之極佳據點；串連社區生活、生產、生態之三生資源，規劃農村休閒旅遊。並輔以「村民總動員」之遊憩附加價值，推行社區居民擔任解說、餐飲及交通接駁等工作，在遊客享受純淨農產品時，更能感受村民的淳樸、敦厚及熱情。

七、強化老人生活功能，創造長青第二春

　　由於農業近年來受到我國加入 WTO 的影響，本土農業之競爭環境日趨激烈，因此農戶所得偏低，農業人口大量外流且逐漸高齡化，政府除了從生產面積極輔導農業轉型為精緻農業之外，也開始積極關心農民的生活環境，許多的措施與經費也開始投入農村建設，除強調硬體設施之建設外，亦應重視軟體建設，引介「福利社區化，社區福利化」理念。針對農村高齡者宜整合社區銀髮族服務，將社區的優良傳統彙整並傳承，讓老人活得更健康更有尊嚴，成為身心理都健康的快樂長者。

八、農村再生的營造

在農村公共設施用地方面，因土地管制的僵化，造成農村聚落公共設施服務無法因應產業、生活等各方面現代化發展需要而取得所需土地作開發建設，只能依早期發展型態在既有空間架構下，作道路鋪面、排水溝等局部性修繕工程，而有關社區聚落巷道彎曲狹窄、公共設施不足與社區排水不良等整體環境問題長期間均無法解決；在私人住宅方面，則因土地權屬複雜、地籍凌亂及人口外流等因素，農村住宅任其荒廢破敗而乏人管理，凡此均造成農村聚落環境品質低落，陷入人口外流及產業發展受限之惡性循環。農村再生計畫的精神是由居民自行規劃，且須完成整體規劃核定後，才開始實施各項建設，因此各項建設計畫皆能彼此配合，而非獨立存在，而也因為計畫之規劃者為當地居民，所以居民對於該項公共設施多能有認同感，此有助於日後的維護經營；另公共設施的項目係由居民主動規劃，較不會導致無效設施或蚊子館等情形。這樣的機制設計與德國農村風貌改善的做法一致，而且許多的工程並不一定由政府發包施工，也可以透過民眾點工購料方式，由居民自行設計施工，如此一來居民的認同感必將大幅提昇，且補助之工程經費更容易節省。

推動農村再生計畫，培養農村社區營造人才，不少農村因此振衰起敝，促進年輕人回鄉發展趨勢。農村再生計畫在透過為社區發展的課程，增加農村居民對家鄉土地的認同感，並培養在地人力資源，結合當地組織及人力辦理在地人才培訓，以凝聚農村整體發展的共識，讓更多人加入農村經營建設的行列。關注農村生活、生態、生產「三生」議題，改善農村老化、凋零現象，部分成功轉型成休閒產業。

肆、農村社會服務的推展

由於經濟與都市發展，長期間造成農村地區居民價值觀念的改變，居民對於家鄉的認同感、鄰里關係漸趨薄弱，缺乏社區意識與向心力，對於

公共事務參與度不足，社區喪失活力。加以由於農村人口外流，弱化了公共設施與居住環境的質量維持需要與能力，同時地方政府財政拮据，在都市建設重於農村的政策權衡考量下，導致農村地區公共設施的建設與維護人力、經費投入相對不足，在在均造成公共設施服務品質低落，陷入人口外流、缺乏產業投資誘因、就業機會不足的惡性循環之中。

　　借鑑德國農業發展政策在維護家庭農場的努力上，不遺餘力。提高個別農場之生產力，增強其競爭力，進而促進農業與非農業所得的均衡發展，乃德國農業發展政策的主要目標。自從一九七〇年代以來，在經濟結構急遽變遷的情況下，許多農場所得已逐漸無法跟隨一般所得發展之步調，而影響農業發展。爰此，除了以上各種農業結構改善的措施有助於家庭農場的發展外，更進而積極地採取許多促進辦法，冀以改善個別農場的社會經濟狀況，縮小所得的差距，使家庭農場制繫於不墜。農業結構的改善政策也就必須針對地區特點的不同以及個別農場發展條件的差異而有不同的調整：趨向於促進「發展型」農場的發展，加速「萎縮型」農場的調整。促進家庭農場的發展，促進個別農場的發展策略以外，對於那些農業發展落後地區的發展政策，則在謀求農場外所得的增加，同時維護農村的農耕景觀，以加強鄉村地區度假的功能。鼓勵國民在風景美好的鄉村地區度假，並且補助農民整修農宅，以配合觀光旅遊事業的發展。鄉村地區藉由遊憩事業的發展，不僅可以防止農村人口的外移，創造就業機會，而且可以改善落後地區的生活及生產條件，維護生態環境。

　　落實農村社會工作的理念，將能提昇農民生活素質；爰此，需自「造人－參與學習的提昇」、「造景－生活環境的改善」、「造產－經濟生活的增進」，其中以「造人」才是整個社區營造的重要核心。方能培養農民具備進入小康社會所需的文化能力（cultural capability），引導農民在一系列的學習經歷中，設計出適合當地社區的實踐能力。

　　第一，學習課程：提供農村發展人才的知識內涵。

　　第二，思考課程：探討農村發展的經驗以為借鑑。

　　第三，行動課程：落實農村社區建設的具體作為。

正如同哈佛大學前任校長陸登庭（Neil Rudenstine）認為：「一所大學如果不能在重要的學科領域竭盡全力，包括對於探究人文價值、社會結構及其歷史發展等多種社會形態，以及人類傳統、文化和世界觀發揮核心作用，它就不可能真正成為一所傑出的大學。」這也要求，在建設一流大學、傑出大學的過程中，應當加強人文社會學科的建設。再其次，發揮綜合型大學對推動文化發展的獨特作用。大學的功能無論是人才培養、科學研究，還是社會服務，其終極目標都是推動人類文明的發展。大學是這種推動作用最集中的場所，綜合型大學具有多學科交叉的背景，對於推動文化發展應該起到獨特的作用。將來衡量一所大學的地位與影響，並不完全看科研數據，而是在很大程度上要看它對於中華文明乃至世界文明的繁榮發展的貢獻。是以，引導大學資源進入農村社區服務，是大學的社會使命。承襲於理論知識與技術實務兼籌並重的實用教學，更與相關產業具有良好互動與合作關係，讓所學的專業知識能在實務的工作崗位上有所發揮。同時，將台灣小康社會的成功經驗結合大陸社會既有的基礎，因地制宜，進而創造一套具可行性與前瞻性的「全面建立小康社會」建設實踐方案，於農村社會服務的推展方案，厥有意義。

（一）學習特性的反思性課程

有鑑於台灣以工業化、都市化為發展導向，間接造成農村居民價值觀念的改變，希望向都市看齊，且環境美學觀念缺乏、公共參與程度不足、專業規劃人才難覓等困境，均導致農村原有的空間型態、景觀元素、設施建築設計、環境生態的尊重與關懷等特質急遽消失，衍生前述生活、生產、生態各面向的環境問題，因此如何加強農村人力素質提昇、吸引都市優質人口回流，實為未來推動農村永續與多元發展的關鍵。農村社會工作於農村人才培育計畫，整合以學習、思考及行動三大特性之下的學習性、討論性與回饋性的課程。學習型課程內容如下：1.倫理教育、2.家政指導、3.衛生保健、4.生產技藝、5.休閒康樂、6.福利服務、7.家庭法學、8.生活新知、9.小康計畫、10.產業創新、11.創意設計、12.家庭經營等。以上課程旨在培

養學員的家庭經營所需具備的文化能力（cultural capability），引導學員在一系列的學習經歷中設計出適合自己當地社區的實作方案。

（二）思考特性的討論性課程

此課程以工作坊與社區參訪為主，其中工作坊將設計團體動力、專業成長認知等相關課程，並進行實務團體活動與討論，借鑑社區的產業發展、社福醫療、社區治安、人文教育、環保生態、環境景觀等面向進行觀摩參研。促進農民能有效的學習與借鑑，以開拓視野。

（三）行動特性的回饋型課程

以「社區營造」的精神推動行動特性的回饋型課程，且以「居民需要、專業參與、民主決定、民眾監督、永續經營」的原則，引導社區居民參與公共空間及視覺景觀的整體改善，使農村社區軟、硬體設施確為地方居民所需，並達成社區永續經營管理。

農村人才培育規劃以行動創造實質的回饋，由先前的學習與思考特性的課程內容進行討論，將所學知能經過討論與分享來刺激學員思考，擴充更廣闊的思維框架，進而創造屬於因地制宜的可行性方案，這樣的方案整合學習知識、實務教學、實地參訪與討論，創造適合自己當地農村需求的方案。培育手、腦、身、心健全發展的農村成員，提高其留村從農的意願，促進農業永續發展。推動農村新風貌建設，營造魅力農村，確保農村永續發展，係新農業運動構面——魅力農村之重要內涵。透過軟硬體的建設，藉由協助引導民間自主性組織團體共同參與，落實由下而上之「社區總體營造」制度，結合生態、景觀、生活、產業發展與社區文化，營造鄉村新風貌。透過居民及地方政府自主性的共同參與，在有規劃有願景的前提下，提供地方示範性技術支援與經費補助，培訓鄉村人力，協助發展休閒農業，建設兼有產業、人文、自然生態及地區特色之新風貌農村，並加強農村風貌相關研究發展，如台灣農村景觀風貌形塑、農村景觀生態維護策略、永續生態社區規劃設計原則、研擬農村綠建築評估體系及指標、農村簡易汙

水生態淨化池設計、農村空間美學訓練、鄉村人力培訓成效指標、集村興建農舍實施現況調查與改善策略研究，期使農村能朝三生及永續方向發展。

因應整體農村發展之需要，未來農村社會工作重點方向如後：

(一) 加強推行社會福利社區化，全面建立社區福利服務網絡，確保福利服務落實於基層。

(二) 加強輔導社區發展協會，健全社區組織，以發揮組織功能。

(三) 鼓勵社區因應地方需要及特質，拓展地方產業，增加社區居民經濟收入，以改善民眾生活環境，提昇社區居民生活品質。

(四) 加強推動社區精神倫理建設，充實社區居民精神生活內涵，培養富而好禮價值觀。

(五) 有效培養並運用志願服務人員參與社區建設，以發揮社區發展自助人助精神，加速推動社區建設工作。

(六) 加速社區專業人力之培訓，充實社區工作幹部專業知能，以提昇專業服務品質。

(七) 加強與教育、文化、交通、環保、農林、民政、衛生等推行社區發展相關單位協調連繫，分工合作，以發揮整體力量，加速推動社區建設工作。

(八) 辦理社區發展工作評鑑，瞭解社區發展業務執行缺失，俾據以檢討改進，並激勵地方社區工作人員辛勞。

運用整合性規劃概念，以現有農村社區為中心，強化由下而上的共同參與制度，建立農村整體再生活化，並強調農村產業、自然生態與生活環境之共同規劃及建設，注重農村文化之保存與維護及農村景觀之綠美化，以利農村社區永續發展。

結語

　　農村生活改善工作旨在進行農村人文生態、營養健康、衛生保健、農家消費、親職教育、生活調適等知識技能的傳授，規劃培訓農村推廣人員，健全農村家政班組織與運作，加強培養農村經營管理能力等生活應用科學研究，並整合農村社會資源，加強農村高齡者生活改善及農業產業文化發展工作，以增加城鄉交流的機會，促進農村繁榮。

第八章　農村社會教育工作

前言

　　二十一世紀正處於國際競爭激烈的知識社會，強調以建立學習社會為「新世紀教育的展望」，重視「全人教育、終身學習與學習型社會」的推動（教育部，1998）。為此，除了家庭和學校外，社區是居民生活的重要空間，也是人們成長中的重要領地。因此，社區教育的意義和落實不容忽視，社區教育主要的是將教育融入到社區，增長於豐富多彩、健康和諧的社區生活之中，促使社區居民自活動中有所啟發、有所收穫，其中蘊涵著終身教育的理念、原則以及方法。

壹、農村社會教育的理念

　　農村社會教育既是一種社會制度、經濟制度、政治制度，而且是一種社會文化、一種社會組織、一種認識論、一種整合化的生活方式。而農業推廣是一種發展農村經濟的農村社會教育工作。農業推廣人員應用行為科學的原理組織農民，與農民溝通農業和農家生活相關的實用消息，藉以增進農民的知識、改變態度、提高技能，不但使農民採用新技術，並且要培養個人與社團發展能力，以改善農家生活，促進農村社會經濟之發展。近年來，隨著社會的發展，政府推展「社區總體營造」，強調「社區」是居民生活圈的範圍，其內涵為：以社區作為建立文化認同的中心；以社區作為提昇生活品質的起點；以社區作為公民意識養成的基地；以社區作為產業發展的地域；以社區作為整合社會資源的單位。因此，農村社會教育是傳

157

布農業研究成果和資訊，教育且組織農民的工作，其工作內容可包含個人、家庭和鄉村等各種事務，其目的乃在達到整體鄉村發展。在「學習型社區行動方案」，社區的概念成為全民終身學習的網絡，積極塑造：社區是一個學習型組織；社區是屬於居民參與學習的園地；社區成為現代化社會的縮影；社區是具倫理與自律的場所；社區應成為公民社會的基層單位。社區教育強調是一種嶄新的教育工作形式，以社區為依託，跨出學院或學校的範圍，以全體農村社會成員為教育對象，為整個社區的利益而服務，是社區精神、倫理、文化、建設的基礎工程（楊國德，1996）。

社會學者哈柏瑪斯（J. Harbermas）將學習的類型分為三類，分別是技術性的學習、實踐性的學習與創造性的學習；農村社會教育是以此三者為理念的具體實踐，以期能體現農村社會教育所揭示：「福利救濟型」、「安全互助型」、「學習成長型」、「道德智慧型」以及「永續發展型」中的諸多目標。由於社區是組成社會單位的一部分，而家庭是組成社區的一部分，個人則是組成家庭的一部分；是以，健全社區將有利於個人及社會的發展。「農村社會教育」的理念，是一個農業推廣機構應用資訊傳播、人力資源發展或行政服務等方式，而促成農民或民眾自願性改變其知識、技術、行為，並獲得決策能力來解決問題，以達到農業和鄉村公共效用和福利的一項計畫活動。藉由高品質文化學習活動的推動，將能提昇全民生活素質；並且以「造人－參與學習的提昇」的行動策略來落實社區發展目標。同樣地，在社區營造的過程中，所強調的「造景－生活環境的改善」、「造產－經濟生活的增進」，也唯有「造人」才是整個社區營造的重要核心。農村社會教育不單是營造一個民眾期待舒適的社區環境，同時是讓民眾在社區教育過程中，得到啟發與重視，並且透過參與的過程，發展公民意識與社區認同，從而開展生存意義與生命觀感，進而與社區生存及發展行動相互符應。

農村社會教育的作為，是一種校外教育，在這領域裡，成年人與青年人經由工作中學習。它是教育機構和農民間的一種合作事業，供給符合農民需要的服務與教育，農業推廣教育的基本目的就是啟發農民。在美國，農業社區教育一直被認為是成人教育的一種活動，其意義乃在引起鄉村民

眾的學習經驗，並協助成人獲得知識、技能和行為的改變。是希望達成如同美國學者 Colemen（1985）所提出的「機能性社區」（functional community）的觀點，強調社區對民眾成長與發展的影響；社區影響學校的經營績效，學校提供社區教育的機會（蘇景輝，2003）。是以，農村社會教育充分結合鄰近的學校組織，透過與社區中心、教會或寺廟等共同的推動，以結合為一學習性社區環境。學習社區對社區成員的影響與學校對學生的引導是一致的，咸皆帶領著成員一起互動與成長；建立社會資本的普遍提昇，這是一種強調社會性的「終身教育」，將有助於凝聚社區成員關係及生活品質的建立。

農村社會教育是落實終身教育，以對應社會發展的重要機能，而該內涵為（社區教育學會，1995）：

一、全民教育觀念的推展：是有意應用資訊傳播來協助民眾形成好的意見，且做出較好決策的工作。在一定區域範圍內實現「教育社會化」與「社會教育化」的目標。把教育納入社會大系統，使教育與社會融合，教育功能經由學校與社區共同推動。

二、以社區內成員為對象：社區教育著眼於社區內全體成員的全面素質提昇，著眼於教育資源的開發與充分利用，尤其要建立終身教育體制，為個人達成終身教育提供學習條件。

三、與社區相結合的教育：發展社區教育的目的是使教育更好地為建設和發展社區而服務，為提高社區成員的生活素質而服務。在教育者與教育對象之間，農業知識、資訊或技術資源轉移的過程，農村社會教育即是探討和解釋農業知識、資訊或技術資源轉移相關現象的科學。

四、各種教育因素的集合：教育與社區雙向啟動，相互促進，社區教育促進社區發展，社區發展推動社區教育，實現教育與社區的結合，教育與社會的一體化。

五、立足於發展社區特色：要根據地區的特點，帶有自身特定的人文、地理和社會的特點，展開多形式、多層次、多元性的社區教育。

農村社會教育工作亦是一種為社區民眾服務的實際行動，在決策形成的過程中，若能採取民主化、由下而上的行動程序，將更能引起民眾

的熱烈參與;因此,如何透過社區教育過程,將民主教育的精神,潛移默化於民眾的日常生活中,將是社會教育活動品質與永續發展的重要立基。提出社區教育的推動,可藉由六種工作程序來進行:第一,知識與資料傳播;第二,領袖人才的培訓;第三,社區群眾的動員;第四,居民關係的建立;第五,社區互助的促成以及第六,社區行動的帶領(林振春,2001)。

借鑑世界各國由於政治、經濟和文化背景不同,其對社區教育的理解和認識也不盡一致。國外社區教育的主要組織形式有:北歐的「民眾學校」、美國的「社區學院」、日本的「公民館」(Raymond, 1995)。

一、北歐

視社區教育為「民眾教育」,其以成人為對象,是一個自主學習單位,採取自學和研討的學習方式,以提高人文素質為目標,透過教育,使社區民眾自覺參與社區各種生活過程。各種形式的成人教育與地方社區的關係緊密,強調面向社區內所有成年人,形成了一種終身教育的作為。

二、美國

社區學院面對的是社區各界多元式的教育需求,普遍具備職業技術教育、補償教育、非學歷教育、大學轉學教育和普通教育五大職能。其包含以下六點內容:第一,方式:利用現有學校的師資及設施。第二,參與:參加者包括所有年齡、階層、種族。第三,目的:有助於滿足參與者的需要和成長。第四,規劃:發展多種計畫以適應這些需要。第五,協調:充分結合社區內的各種機構和部門相互協作。第六,資源:多方面資金來源,包括公共的和私人的。

三、日本

公民館是日本最具代表性的社區教育綜合設施,其主要事務為:以青少年為對象的文化補習;開設各種內容的定期講座;舉辦展覽、研討會、

實習會等；置備各種書籍、紀錄、模型、資料提供居民利用；休閒教育、體育活動，舉辦有關集會。另外，日本於推動社區教育時，強調為「社會教育」，其內容包含兩個方面：第一是在學校教育的課程中加入有關社區生活、社區問題的內容，使學生對社區有所認識，進而培養社區意識，增強鄉土感情。第二是指學校作為社區教育文化中心，要向社區的所有居民開放，並對其組織展開教育活動。強調學校教育在社區教育中的地位和作用，是圍繞學校教育來推動社區教育的。

現代社區教育的基本特徵是在於充分利用社區資源，對社區成員實施全方位、全過程的再教育過程，即社區活動的教育化和學校教育的社區化，其是以社區成員身為教育主體和對象，面向人生、面向全社會的新的社會化方式。

農村社會教育推廣策略的目標是透過各種形式組織的成長，例如：結合人力、財力與物力資源，藉由某些有組織的活動，創造有價值的服務，以服務社區成員及全體社會，是以其特點為（張菀珍，1999）：

一、強化民眾對社區學習的認同：以社區成長的共同經驗創造社群生活的提昇，生活所積累的默契、情誼、價值觀、認同感與信賴感以及對彼此間的印象評價，以尋求社區生活重品質的提昇。

二、引介社區學習對民眾的意義：以滿足社區成員的學習需求為出發點，規劃學習的未來願景，嘗試尋求自我超越、兼顧預防性與教育性的工作策略，以作為活動課程設計、目標優先順序、方案設計及決策過程的參照。

三、社區學習目標的建制與評估：社區學習宜透過現狀的檢討，以追求服務的創新性與差異性，強化現有人力、物力資源及社會關係，努力改善所提供服務團隊的品質；強調目標範圍的集中。個體價值觀念因為社會變遷帶來學習方式的改變，如何瞭解社區生活脈絡的影響，需要行動者與社區居民不斷的對話與行動反思，方能建構一個滿足個體與社區需求的學習方案。

　　四、專業知能的統整與再造活動：透過專業規劃能力的再造、組織動員力量的激發、人力資源運作的技巧、督導溝通體系的建立、管理回饋的評估機制等，全面性的建構「社區教育專業知能的再造活動」。運用「組織合作關係」，是一種經由協商、承諾以及履行等階段的重複程序所形成，其間每一項都要以效率與公平性來評估。

　　五、社區教育規劃能力突破作為：依據社區發展任務，訂定使命的達成、工作計畫或工作策略的運用，及社區學習的設置目標。例如：教育活動的內涵，係以親職教育、子職教育、兩性教育、婚姻教育等為範圍，在學習計畫與行銷策略的運用方面，積極落實學習方案所設定的目標。

　　六、督導溝通體系的建立與發揮：妥善運用督導與溝通機制，協助社區成員解決問題、指引方向並能發揮激勵的作用，也是建立激勵制度的重要溝通體系。人力資源的運用，係依據當前及未來的方案要求與組織分工方式，培訓人力與資源調度事宜。

　　七、目標網絡的建構與發展策略：要多元化、人性化，也要切合民眾真正的需求，從觀察他們的語言、文化和生活型態，繼而瞭解他們對於社區教育的態度與關注焦點，在提供最合適體貼的服務之餘，也能建立完善的規範，保障社區民眾的權益，形成一種共同利益的關係就是一種合作關係，知識上共同分享，以增強每個成員的能力。

　　八、組織動員力量的激發與執行：結合人力資源、財力資源與物力資源，經由某一些有組織的活動，創造某些有價值的服務，以服務社區部分成員；即是經由規劃控制、流程設計、組織結構、權責劃分來整合資源、提供服務，以滿足社區的需求。受益對象的集中是指專門針對某一類人士提供服務，並且對該類人士的特性與需求非常瞭解，進而成為社區學習方案的主要對象，例如：老人、單親、雙薪、原住民、身心障礙、隔代教養家庭等，即是集中力量設法滿足目標對象的各種教育需求。

貳、農村社會教育的歷史

民國時期的鄉村建設，是以知識分子為先導、社會各界參與的救濟鄉村或社會改良運動，是鄉村建設救國論的理論表達和實驗活動。鄉村建設學派的理念及實驗，是新農村建設實踐的珍貴的歷史經驗。農村建設運動興起於上世紀二〇年代末三〇年代初，當時參加這一運動的學術團體和教育機構多達六〇〇多個，建立各種試驗區一〇〇〇多處。有學者認為，民國時期的鄉村建設是在維護現存社會制度和秩序的前提下，採用和平的方法，經由興辦教育、改良農業、流通金融、提倡合作、辦理地方自治與自衛、建立公共衛生保健制度以及移風易俗等措施，復興日趨衰落的農村經濟，實現「民族再造」（晏陽初語）或「民族自救」（梁漱溟語）。以今天的角度檢視民國時期的鄉村建設，其中的多種模式至今仍然有很大影響。

一、晏陽初和中華平民教育促進會在定縣、衡山和新都的實驗，當年被稱之為定縣模式。晏陽初和他的教育團隊在定縣認真進行社會調查，診斷出當時中國農村普遍存在的「愚、貧、弱、私」四大病症，採用學校教育、家庭教育、社會教育三大方式，來推行「文藝、生計、衛生、公民」四大教育；同時推廣合作組織，創建實驗農場，傳授農業科技，改良動植物品種，創辦手工業和其他副業，建立醫療衛生保健制度；還開展了農民戲劇、詩歌民謠演唱等文藝活動。

二、梁漱溟及山東鄉村建設研究院在鄒平、荷澤和濟寧的實驗，被稱為鄒平模式或孔家店模式，一度成為全國鄉村建設的中心之一。梁漱溟認為鄉村建設運動其既是一種鄉村自救運動，也是一種民族復興運動。只有解決農民問題，中國的現代化才有希望，梁漱溟把復興農業，從農業引發工業作為鄉村建設實驗的行動起點。要復興農業，就要把來自西方的科學與民主引進農村。其辦法是：把鄉村組織起來，建立鄉農學校作為政教合一的機關，向農民進行安分守法的倫理道德教育，達到社會安定的目的；組織鄉村自衛團體，以維護治安；在經濟上組織農村合作社，以謀取「鄉村文明」、「鄉村都市化」，並達到全國鄉村建設運動的大聯合，以期改造中

國。梁漱溟認為鄉村問題的解決，第一固然要靠鄉村人為主力；第二亦必須靠有知識、有眼光、有新方法、新的技術的人與他結合起來，方能解決問題。鄉農學校的教員是一個新知識、新方法的體現者，當地農民通過他與外界建立連繫，來尋求解決當地問題的技術與方法。這個教員是社區外來力量的代表，他來自鄉村建設運動這個大系統，與外界有密切而廣泛的連繫。用今天的眼光來看，他所從事的就是社會工作。

三、盧作孚在重慶北碚實驗——北碚模式。盧作孚走的是實業救國的道路，他以民生公司為後盾，在抗戰期間的重慶北碚開展了鄉村建設實驗。十幾年間，他帶領村民修建鐵路、治理河灘、疏浚河道、開發礦業、興建工廠、開辦銀行、建設電站、開通郵電、建立農場、發展貿易、組織科技服務等，又重視文化、教育、衛生、市容市貌的建設，使北碚在短短的二十年間，就從一個窮鄉僻壤變成了一個具有現代化雛型的城市。

四、黃炎培、江恆源等人和中華職業教育社在徐公橋、黃墟、善人橋、滬郊的實驗區——徐公橋模式。黃炎培等注重鄉村改進，於一九二八年成立了徐公橋鄉村改進會，制定章程，使之成為改進鄉村的唯一機關，主持改進事業的重要團體，然後在它的組織下，實施鄉村的普及教育，推廣合作，改良農事，提倡副業和推行新農具，建設道路、橋梁、衛生等公共事業等。

五、高踐四等人和江蘇省立教育學院在無錫（黃巷、北夏、惠北）的實驗——無錫模式。該模式首先從事鄉村教育，包括設立民眾學校、建設鄉村小學、舉辦青年學園和訓練班；其次，成立鄉村自治協進會，開展地方自治，進行民眾教育與保甲合一的實驗；第三，指導農事和進行農業推廣，與江蘇省農業銀行無錫分行合作設立北夏農民借款儲蓄處和惠北農村貸款處流通金融；第四，推進農民合作，發展家庭副業，建設農村公共衛生等。

六、中國國民黨中央部門如中央農業推廣委員會、行政院農村復興委員會、青島市政府鄉村建設辦事處，地方政府和國立中央大學的參與以及主辦的江寧、蘭溪實驗縣和青島郊區的實驗等。

　　民國時期鄉村建設創造的平民教育理念、農民合作理念、群眾參與理念，以及公平土地制度、推廣農業技術、發展家庭副業、建設鄉村道路橋梁等公共設施，改善農村教育醫療條件等方面的探索，不僅影響了中國鄉村經濟社會的變遷，而且對當代世界農村發展管理理念和社會實踐產生了不可低估的貢獻，在國內外享有盛譽。

　　台灣地區推動農村社會教育發展進程上，有四個歷史性的關鍵階段：第一，是從民國五十七年起開始推動社區發展工作，基本上以聯合國推動的社區發展工作為核心，逐漸轉換到社會的基層建設。第二，是民國七十年我國社區教育學會成立，著手推動社區教育工作。第三，是民國八十三年「社區總體營造」政策，推動社區教育作為。第四，是民國八十七年教育部《邁向學習社會白皮書》，宣示推動的學習型社區為主體，對社區教育理念與內涵產生不同程度的影響（林振春，1999）。

　　農村社會教育是一教育過程，其意義是指對社會變遷企圖作有計畫、有目的的積極反應。就是說，在許多可行資源中考慮與採取最合理之行動；涵蓋所有受變遷影響的人在開放、民主的素養中作決定。因此社區發展可被定義為一種促進社區及其成員互動，並導致兩者同時進步的教導與教育過程（Heimstra, 1981）。在我國的社區發展體系中，對於社區教育的進行雖有社區與學校結合的規劃，但這樣的構想與其說是對學校資源有效的利用，更精確地來說，它所反映的是國家將社區教育類同於由國家所提供、鼓勵的國民素養的想法。爰此，更具歷史發展，其中「謝東閔推動媽媽教室」，為社區教育的重要里程碑。

　　民國四十一年，台灣的農復會引進美國四健會運動，由政府機關與農會合作進行，並成立了屬於四健會分支會的中華民國四健會（4-H Club in R.O.C）。當時農復會提到，四健運動是一種農村教育運動，目的在訓練今日農村青年將來具備科學知識和技能的農民。該會宗旨早期是為了要培育青年農民在農業技術上的鑽研，隨著時代的演進也從技術上的研究轉為青年生活實踐教育，其目的是要培育出身、心、手、腦四項健全的農村青年。四健會英文名4-H Club，是源於一九〇二年美國農業部的農業合作推廣體

系所設立的一個非營利性青年組織。它的使命是「讓年輕人在青春時期盡可能地發展他的潛力」，這個組織專為教育訓練農村青年，使其具有健全的頭腦（Head/Brain），以運用思想；健全的心胸（Heart/Mind），以發展品性；健全的雙手（Hands），以改善生活；健全的身體（Health/Body），以服務社會，故稱四健。四健恰為四個英文字母（H）之首。四健會的目標是通過大量實踐學習項目來發展年輕人的品德、領導能力的生存技能。雖然歷史上的四健會均以農業的學習為主，但它也鼓勵會員學習一些其他的內容，如領導能力、協作能力、地理信息系統及公開演講。四健的目的是教育農村青年手腦身心並用，達到改進農業技術、提高農民生活、養成良好品德、培植服務觀念等目的。所以四健會是一種經濟性的組織，並且也是一種公民教育的組織。教育內涵為：第一，農業推廣工作：農業產銷班，其服務對象是年滿二十歲之專職從事農業產銷的核心農民為主。第二，四健推廣工作：鄉村四健會，其服務對象是九～二十四歲農村青少年。第三，家政推廣工作：家政改進班，其服務對象是農家婦女。四健會的教育目標為：第一，從工作中學習，從學習中工作。第二，工作要事先計畫，計畫要切實推行。第三，要以工作的紀錄，表現工作的成績。第四，展覽自己最優的成績。第五，創造自己最高的紀錄。第六，勝勿驕，敗勿餒。

基層民生建設即村里建設，為地方自治最基層的一環。政府遷台以後，農復會為開發台灣農村，於民國四十四年起，先後在台北的木柵、桃園的龍潭、宜蘭的礁溪等地試辦基層民生建設，其目的在求農村經濟與村民生活的改善。其工作項目有四：（一）生產建設、（二）教育文化、（三）社會福利、（四）衛生保健。民國五十四年政府頒布「民生主義現階段社會政策」，乃將社區發展列為該政策的七大措施之一。五十七年政府公布「社區發展工作綱要」。五十八年獲聯合國發展方案（UNDP）之協助，指派社區發展顧問來台協助社區發展與訓練工作。我國正式以「社區發展工作」之名稱，由政府推動結合民眾共同推動此項工作（徐震，1990）。

　　民國六十二年，擔任台灣省主席的謝東閔將「媽媽教室」納入台灣省的社區發展計畫中，在台灣省各地全面推動。從事的媽媽教室、敬老活動、守望相助，主要內容是動員以己身人力、物力，為國家從事基層社會福利工作服務，在社區發展工作項目中，可以明顯的看出在經濟方面以加強家庭生計為主軸；政治上則是配合國家發展，配合政令宣導；而文化則是以家庭為本的再生產活動。在這樣的過程中，家庭則是被界定為社會層級的基礎，而婦女又是家庭的中心。可以看到女性所扮演的角色，是在大量城鄉移民、社會快速轉型的過程中，經由社區，將國家的價值傳遞至家庭，並在新的社區中作為發展出新人際關係及尋找新資源的觸媒。女性發揮的是類似安全瓣的作用。為此，當時省政府頒發的「台灣省各社區推行媽媽教室活動實施要點」中，將「媽媽教室」納入台灣省的社區發展計畫中，在台灣省各地全面推動。即曾明白指出媽媽教室的成效，如：1.促進社區精神倫理建設具體化；2.擴大教育的領域，使學校教育、社會教育、家庭教育三者合為一體；3.啟發母性愛，減少問題青少年之發生；4.強化家庭主婦之責任，改善家政，使家庭能順應社會形態之演進，而更求進步；5.增加家庭收入、提高生活水準。當時參與設計的社工界的學者也指出：「『媽媽教室』在現代社會中的確有推廣的必要，因為它幾乎可以在社區中配合任何工作計畫來推行，如改善社會風氣專案、社會革新工作、志願服務、社區發展三大建設、基層建設、禮貌運動等。」（蔡漢賢，1986）為國家從事基層社會福利工作服務，圍繞著以家庭為本的社區建設作為。社區更以自足的形式，低成本地滿足了休閒的功能，並負擔起國家所應承擔的福利、治安等任務。對國家而言，社區發展工作的建立，有助於解決在大量城鄉移民的環境中，由於城市匿名性（anonymity）帶來的治安惡化、社區自助網絡瓦解的問題。

　　農村社會教育是一種民主的合作事業，是為了全部農村人民，強調是實用教育，是行動教育，人民參與。是一種教育，要瞭解每一個社區的心理與風俗，而以地方的利益與瞭解為出發點，運用各項技能，以獲得最大

的效能。要協助發展農村人民的性格，使其成為優良公民，並培養他們的
領導能力與生活中的基本知識。

參、農村社會教育的實例

在變遷社會中，以社區作為穩定社會秩序的基石，期望以社區此一公
共生活的單位為基地，將「社區」視為是一個整體、內聚的單元，以「社
區」作為安居樂業的基地。社區發展工作是社會建設的基石，因此社區發
展工作中民生建設方面，關於社會優良風氣的維護及倡導、公共道德法律
知識之宣傳、敦親睦鄰之宣導、模範家庭及好人好事的表揚、守望相助及
保防自衛之演練自應以社區為起點，形成蓬勃的社會運動，扭轉社會風氣，
重振國民道德，使社區發展工作成為建設民生樂利的富麗新社會。

農村社會教育模式依據其屬性可以劃分為（Chaskin & Venkatesh, 2001）：

第一，社區發展模式：社區教育工作者作為一個「協助者」，參與當地
各種社區教育項目，提供訊息、資源和建設性意見，當有需要時，還需要
為更系統的學習、專門技能與此相關的技術訓練提供機會。此外，成人教
育工作者還努力組織相關機構，為當地地區提供教育面的服務、資源和有
關的訓練。在這種模式中，社區發展和社區教育被看作是能夠將整個社區
吸引進來，集中精力解決問題的過程。其接受了多元社區的性質，致力於
透過解決社區問題，來提高不同的、有衝突的組織之間的交流和理解。

第二，社區行動模式：此模式特別強調社區教育與社區行動結合起來，
強調在解決當地問題時建立可選擇機制的重要性，其提倡社區教育工作者
與當地社區，以及在這樣的社區中建立的機構組織，保持有機的連繫。該
教育模式引起了人們對社區議題的重視。在其試圖改變所處的境況的過程
中，居民們越來越深入地瞭解到影響其生活的因素，更清楚認識到與其他
有組織的群體合作、共同努力的必要性。

第三，社會行動模式：此種模式與美國和英國的勞工運動有許多共同
之處，其將重點集中於動機和內容，以及艱難的教育努力上，集中於社會

行動上，認為有社區教育工作者參與並提供支持和幫助時，社區行動才可能成為一個教育過程。透過教育活動，人們將從更廣泛的社會、經濟和政治結構背景中，來探詢社區問題存在的社會根源。

學習文化藉由情境認知（situated cognition）的文化知識觀點做基礎，從這個觀點知道如何瞭解情境（situated）的方法，如何與情境相互作用，情境脈絡用以支撐思想與學習不僅僅提供有用的訊息，情境脈絡與認知過程是不可分割的。離開經驗脈絡的學習，不算是學習，只有在經驗中才稱得上是學習。是以，農村社會教育強調的學習模式有別於學校教育，其要素有下列（Leff, 1997）：

一、終身的學習（lifelong learning），傳統的教育系統已被終身學習所取代，學習的歷程是從搖籃至墳墓（womb to tomb learning），學習必須是個人生涯全程的活動，此為「終身學習」。以知識為基礎的社會，終身學習的觀念取代了階段、特定的教育系統。因此，社區教育必須發展並促使教育系統得以確保學習成果與個人生涯相結合，既是鼓勵社會成員能持續不斷地學習，終身學習讓個人生涯發展彈性化，並且在快速變遷的社會，增進個人的適應力與能力。

二、主動的學習（learning driven learning），社區教育的學習驅力，是來自學習者本身，學習者同時得到師長或支持團體的指導，根據學習者的需要，規劃並實踐學習活動，促使個人充分的發展。

三、即時的學習（just-in-time learning），係指社區教育要能在學習者有高度學習動機及渴望參與學習時，學習機會與學習管道能及時提供。農村社會教育是一種教育，刺激農民去分析並承認他們自己的問題，然後經由私人或團體的力量去解決問題。

四、定製的學習（customized learning），是指社區教育系統及學習諮商者應規劃、設計及輔導，針對不同學習能力與偏好的學習者，定製合適的教育套材。農村社會教育是一種雙程的合作事業，農業研究與農業推廣要靠這個雙程合作制度，才能發生密切關係。是一種經由推廣人員與地方義務領袖，直接與農民接近的途徑。

五、轉換的學習（transformative learning），學習促使人們面對挑戰，能改變人們的信念體系、行為型態，以因應新的需要與機會，並克服劣勢及不利地位，學習的主要目標在於促使個人價值體系的改變。農村社會教育是一種有伸縮性的工作，可以隨時做迅速而有效地修正，使其適應新的環境。

六、合作的學習（collaborative learning），現今多元的社會強調有效的合作學習，尤其是現代化的社會，個人能力有限，不可能知道任何事，唯有採取合作廣泛眾智的深化知識，方能面對複雜的問題，而深化知識需依賴個人、組織相互的合作學習文化。農村社會教育使用科學證據，由合作方式以進行。是一種橋梁工作，介在政府與農民之間。

七、脈絡的學習（contextual learning），脈絡學習主張學習必須要與學習者的經驗及期望相關聯，傳統的學習觀念認為知識要由博雅者透過傳授、講述的方式，學習坐在課堂上聆聽達成學習的效果。脈絡學習文化則強調學習的產生是藉由真實生活的環境與社區教育而完成。農村社會教育是有助於保存家庭農場和農村的生活方式，同時也承認家庭不能從社會及國家的利益與富強分開。

八、方法的學習（learning to learn），過去對於學習的假定，人們不需要學習如何學習及思考，僅經由灌輸便能達成教育目標。現今則假定，人們知道如何學習及思考，則能提昇其學習與思考的能力。學習與思考的教學是當前教育體系的一項重要工作，經由個人與團隊能力的發展，才能瞭解有效的學習計畫，進而管理及實踐自身的學習活動。農村教育不只要幫助農民解決眼前的問題，還要勉勵農民建立其長期的目的與工作計畫。

自歷史發展，農村社會教育受到一定時空背景的影響，就其主要形式可以：針對台灣社會的條件而推動。其課程特點為：

第一，拓展生活視野課程：有學術課程、社團活動課程與生活藝能課程。社團活動課程的目的，在發展學員的公共領域，藉由公共事務的參與，面對社會問題，引導社會關懷，提供宏觀思考的培育。以實務結合學術課程所研討的理論，學員可以得到較紮實的自我成長機會，深化自己對周遭世

界的認識。另一方面透過社團活動，發展緊密的人際網絡，則有利於促發民間力量的形成。辦理社區規劃課程，深入社區各角落辦理社區活動、蒐集居民需要，對理想的社區環境進行規劃，像圖書館、文化中心、綠地、兒童遊戲場、居民聚會場所、游泳池等的配置，道路分布、人車分流、植栽設計、社區美化等。辦理地方文史課程，探查地方過去的歷史、人文典故、特殊建築與民間藝術。辦理環保課程、社區工作課程、老人關懷課程、婦女兒童虐待防治工作課程、原住民文化研究課程等，在在都有益於凝聚社區意識。

第二，提昇人文素養課程：讓學員以較寬廣且較深刻的觀點去看待生活世界，才不致使人對世界的認識，流於狹窄與表象。宏觀而深入的檢視自己與他人（人文學）、與社會（社會科學）、與自然（自然科學）的關係，才能夠作較根本的思考。

第三，藉生活藝能課程充實生活內容，重建個人的價值觀：經由修習生活藝能課程，以充實社區居民的生活，使得生活內容變得多元而具創造性，以走向進步社會所必要的多元發展。像水電修護、汽車修護、木工，以提高生活自主能力；「居家建築與景觀設計」，培養對生活環境的美感，並激發不同的創意；「自製衣食」、「健康與飲食」，以充實生活內容，使生活多樣化，激發創意，產生新觀念與新文化。

農村社會教育的功能，在啟迪心靈，發展潛能，豐富生命，增進人的意義和價值，以「終身學習，多元成就，開發創意」為主軸方向發展，期待發揮「培育現代公民，帶動社會進步」的功能。秉持人的一生當中有無限可能，需要探索與實踐，透過學習能多方面成長，使人生充滿希望。終身學習有三寶，意即終身運動、終身學習、終身反省，所以學習是件快樂的事，必須不斷充實自我發揮生命力，可使美夢成真。並落實農村社會教育的四大願景：終身學習、健康快樂、自主尊嚴、社會參與。

肆、農村社會教育的策勵

農村社會教育就是社區整體的、長遠的、發展的關鍵，從社區的教育與學習著手才是社區發展的活水。強調學習的重要，進而塑造學習文化，推展學習型社區方案，有助於社區發展與社區學習體系的建立。所強調的學習具有以下特徵（王政彥，2002）：

第一，學習是一種情境過程（learning as a situated activity）：從情境認知的觀點，學習是參與一個文化意義系統（culture meaning system）的過程，要瞭解和學習意義必須嵌入文化之中，孤立於環境與文化不能算是學習。學習須和環境、他人進行意義系統的分享，這個概念強調學習是經驗的核心。

第二，學習是一種社會經驗（learning as a social experience）：就情境學習而言，學習植基於參與社區的實踐，大部分的學習是經由觀察、模仿和參與而獲得，並非只有實質的東西才能學習。社會學習理論（social learning theory）認為人類的學習，係透過人際與環境因素的交互作用，獲得有用的訊息所產生的過程，此為個人社會化的歷程，經由社會中的交互作用，運用增強、模仿與認同作用等方式來學習。

第三，學習創造嶄新的自我（learning a new self）：經由情境認知、社會互動的學習歷程後，其最終的目的是自我的改變（change of identity），學習與自我是不可分割的，自我無法從學習和文化層面分離。同一依靠在自我的概念上（identity rest on self-concept），由三個部分組成，分別是個人的（private）、集體的（collective）和公共的（public），個人的係指個體的特性、狀況與行為；集體的是指個人是團體的成員；公共的意指個人如同他人的代表（individual as represented to others）。所有的自我均涵蓋上述三種範疇的成分之一，但在一個特定的自我概念運作的程度是隨社會的文化脈絡與行動的立即情況而變化。

第四，教育學習文化的要素：在二十一世紀為了建立一個以知識為基礎的產業架構，是需要發展學習文化的，學習文化的要素是什麼？從終身教育理念的推動及學習型組織的發展，均促使學習文化的接續出現，並引

起社會的關注。目前，世界快速變動，知識的創新累積與過時更加迅速，每一個人需要不斷地學習，在觀念上有繼續不斷學習態度，並發展新的技術與能力以便適應遽變的世界。

大陸於推動「新農村建設」中亦著力於農村教育，因為農村教育面廣量大，教育水準的高低關係到各級各類人才的培養和整個教育事業的發展，關係到全民族素質的提高。農村學校作為遍布鄉村的基層公共服務機構，在培養學生的同時，還承擔著面向廣大農民傳播先進文化和科學技術，提高農民勞動技能和創業能力的重要任務。發展農村教育，使廣大農民群眾及其子女享有接受良好教育的機會，是實現教育公平和體現社會公正的一個重要方面，是教育的本質要求。其內涵為：

第一，明確農村教育在全面建設小康社會中的重要地位，把農村教育作為教育工作的重中之重；

第二，加快推進提高普及義務教育的成果和質量；

第三，大力發展職業教育和成人教育，深化農村教育改革；

第四，落實農村義務教育，加大投入，完善經費保障機制；

第五，資助家庭困難學生就學，保障農村少年兒童接受教育；

第六，推進農村中小學人事制度改革，提高教師隊伍素質；

第七，實施農村遠程教育工程，促進優質教育資源共享；

第八，動員全社會力量關心和支持農村教育事業，提高農村教育質量和效益。

農村社會教育的目標是培養和塑造有知識、能力、以社區發展為己任的優秀公民，要達到此目標，必須在知識、行為和感情三個方面使工作對象有較大的進步（Fiffer S. & Fiffer S. S., 1994）。

第一，知識方面：掌握社區生活或共同問題的知識及資料；理解資料之間的相互關係，並能清晰地分析問題；在掌握和理解資料的基礎上能夠觸類旁通；在正確分析、評估問題及政策的基礎上提出創新的建議。

第二，在行為方面：對社區領袖而言，熟練掌握與群眾溝通的技能，善於表達對他人的關懷和愛護，能理解文件和有關資料，懂得行政及會議

的技巧，擁有社會行動和基層動員的能力。對一般居民而言，應掌握資訊的技巧，其方式是社區工作者帶領工作對象在模擬訓練或實踐中邊做邊學。

第三，在感情方面：人的價值觀具有可塑性，會隨著年齡的增長和實踐的發展不斷修正。社區工作者從各方面引導居民，改變其對參與、社會公義、公民權益的觀感和價值取向；也可透過行為反思的方法澄清價值觀，使其在社區活動中由冷漠、消極、被動轉向熱情、積極、主動。

為了達到經由農村社會教育的實施，以增長社區民眾素養，社區教育推動時，可依據對象採取不同的類別（Hardcastle & Powers, 1997）：

第一，補償式教育：社區工作者服務的對象主要是一般大眾，社區教育課程和社區工作者所提供的教育機會，可彌補其沒有受過正規教育而造成的知識短缺。

第二，控制式教育：這種教育強調公眾行為的規範。這種教育的目的在於導正不守公德和秩序的行為，以建立公民應有的態度和表現。

第三，啟發式教育：主要是把群眾從過去一些傳統思想的束縛中解脫出來，發揮其在知識、態度、行為和價值觀念上的潛能和積極性，採取集體行動去建構一個理想的社會。其主要有三大功能：一是素養提昇，使居民意識到社會對個人的責任；二是培養居民的集體參與的過程，能在日常生活及思考方法上培養出理性的思維；三是集體行動，以眾人的力量達到所追求的目標。

推動農村社會教育需要結合社區既有資源，其中的具體作為包括有（林振春，2001）：

第一，各地區的社區活動中心成為社區學習中心：社區營造著重軟、硬體的建設，運用社區活動中心，規劃成社區的學習資源中心。

第二，運用社區內的教育機構：位於社區的學校，包括大學院校、專科學校、高中職校與國中小學等提供場所、教師等相關資源，作為社區學習的場所。

第三，建構社區寬頻網路系統：在網際網路的世界，運用網路可進行e-learning、遠距教育等；因此，建構社區寬頻網路系統在資訊網路時代中

更顯得重要，社區有了寬頻網路系統，居民即可進行線上的同步及非同步的網路學習。

第四，有線電視系統作為社區學習的頻道：社區的有線電視系統網往往僅作為社區新聞報導、廣告宣傳、娛樂節目的播放，站在學習的角度思考，可依民眾的學習需求，規劃學習性的節目。

第五，社區大學也是社區學習文化的場所：依據終身學習法，地方政府得自行辦理或委託民間辦理社區大學，提供民眾學習的課程。

第六，公共圖書館要成為社區學習中心：在台灣每個鄉鎮均設置有圖書館，圖書館內有藏書，作為社區學習中心是很合適的。

第七，結合各類社會教育、文化機構、民間學習組織、企業資源，建構學習網絡：各社區內有不同類型的機構、組織或團體，運用其組織的人力、設備或經費等資源，規劃暨建構不同類型的學習網絡。

藉由大學豐厚的資源導入到農村社會教育，可以辦理的項目包括：

第一，生活教育：生活教育工作員或社區工作人員利用講座、展覽、小組及宣傳活動，灌輸家庭溝通和人際相處的態度和技巧。

第二，公民教育：其目標是為公民有效地參與社會的政治、經濟、文化的運作提供準備，更為生活在日趨多元化的社會做準備，其目的是啟動群眾的覺悟，提昇其自立、自決的能力，以積極主動的姿態參與到集體行動中來，解決困擾的問題。

第三，成人教育：以社區為單位，以社區的發展為目標，以社區成年人為教育對象，針對社區發展的特定需要而展開的教育活動。社區成人教育面向大眾，體現教育平等和民主觀念，體現教育終身化和社會化的精神。

第四，健康教育：主要為提供居民保健和預防疾病的知識，以達到預防保健，提高生活品質。

第五，培訓教育：社區工作者透過個別教育的方式，訓練社區領袖，向社區領袖傳授知識和價值觀念，培養其批判性思維，培養其領導和駕馭展開社區工作所需要的各方面的能力和技巧。

農村社會教育培育和造就新型農民，整體推進農村經濟、社會、文化建設。經驗告訴我們，既要看工業化、都市化過程中農村勞動力向非農領域大量轉移的必然性，也要看到農業兼業化、農村勞動力退化的嚴重後果，那些大量輸出勞務的村落顯現的凋敝現象足夠我們警惕，培育和造就新型農民迫在眉睫。日本在經過了二十世紀七〇年代的經濟高速度增長之後，曾經遇到農業兼業化、農業經營者高齡化和後繼乏人的嚴重問題，於是在一九九三年頒布了「農業經營基盤強化促進法」，開始實施「認定農業者」制度。所謂「認定農業者」，即指那些在改善農業經營效率和擴大規模上有積極性的農業經營者，由市町村根據法律進行選擇和認定，培養掌握現代技術的農業經營接班人。認定農業者可獲得政策優惠和扶持，比如促進農地流動向認定農業者集中，在稅收上、融資上給予優惠，可以參加有關經營管理培訓等。這一制度值得我們在新農村建設中借鑑。

結語

農村社會教育是落實終身學習的旨趣，使每一個人在人生的每一個階段，都有適合其需要的教育機會，在縱向而言，包括家庭教育、學校教育與社區教育的銜接；在橫向而言，是正規教育、在職教育與非正式教育的協調。農村社會教育的社會強調全人發展、重視個人自由，使學習成為一種生活，擴展人生的意義與目標。農村社會教育主張個體在一生中的任何階段均要不斷地進行學習活動，才能適應社會的需要；它強調在兒童幼年時，就要激發他們有終身學習的動機和準備，成年時才能繼續增加新知、提昇技能，以適應工作和生活的需要。社區教育乃是經由個人的一生，完成個人的、社會的以及專業的發展，以提高個人及團體的生活素質，隨時接受的教育。

　　二十一世紀是知識經濟及終身學習的新時代，一九九八年聯合國教科文組織（UNESCO）呼籲各國政府要把高等教育延伸為「終身學習」。今日社會必須因應這項時代需求與趨勢，尤其面對高齡化社會的來臨，「成人終身教育」格外重要。參酌世界各先進社會於應對知識經濟社會時，終身教育厥為主要的發展途徑，適值我國大專院校因少子化呈現教育資源過剩之虞，可藉此歷史的機遇，積極朝向社區教育的推動，將教育內涵擴充至社區，將教育對象推向全民，善用教育資源成為教育大國，期間借鑑世界教育先進社會，甚而是教育為啟迪社區啟蒙民眾的機制，以帶動社會的全面提昇。

農村社會工作

第九章　農村老人社會工作

前言

　　農村老年人照料過程中存在著家庭照料功能弱化，農村社區有介入老年人照料的意識，所以農村老人社會工作就是指透過社會工作者運用各種工作方法，改善老人與社區的關係，提高老人的自助、互助能力，促進老人的社區參與，經由老人的集體參與去改善他們的生活品質的一種服務活動和服務過程。根據社區工作的定義和發展經歷，可以知道社區居民參與社區事務和社區民主建設是社區工作的核心。因此，在農村老人社會工作中，「擴權」、「增能」、「增加機會」等成為重要的概念。在我國開展農村老人社會工作，除了強調提昇老年人的民主意識、民主權利和參與社區公共事務機會之外，還要積極組織老人自助和互助，積極開展各種為老服務和老人文化育樂活動，以提高老年人晚年生活品質。

　　社區發展的目的，為整合行政體系與社會資源，凝聚社區民眾意識，參與公共事務，以促進社區人、文、地、景、產之永續發展，並建立社區特色，展現社區活力，促成社區永續經營。在促進社區發展的過程中，實賴專業工作者引領社區民眾能回顧社區與社區工作內涵之演變，另外擇定社區工作議題，導入適宜的途徑與方式，以裨益社區的和諧發展。

壹、老人社區照顧的目標

　　社區照顧的目標是什麼？這是發展社區照顧必須回答的問題。從不同的層面剖析社區照顧的目標，有助於對這一問題作出較為全面的回答。C.

Heginbotham 在《回歸社區：志願者道德與社區照顧》一書中，提出社區照顧的目標是一種「以人為本」的社會意識，即社區照顧的服務模式包含著對建立理想和關懷社區的期望。關懷社區照顧有若干理想，可以看作是社區照顧的目標。一般而言，建立關懷社區（caring community），即弘揚以人為本的社區精神，創造相互尊重、相互關懷的社區生活，是實現社區照顧終極目標的唯一有效途徑。建立關懷社區的過程，就是實現社區照顧終極目標的過程。因此，建立關懷社區被稱之為社區照顧的過程目標。

第一，新公民社會意識。重建新公民意識，就是要加強居民在社區的義務參與，建立社區中互助互愛的關係，克服疏離與孤立的文化，建立社區中互助互愛的關係。我國的老年人很是為子女著想甚至是開脫，總覺得子女負擔重所以才無力照顧自己。所以，只要子女生活好，自己的感受、需要都是無足輕重的。因此，應該教會老年人學會「愛自己」、關注自己的感受和需要，加深對自己的認識和瞭解，從而進一步發現自己的潛能，改變自我否定和自責的看法。Heginbotham 認為社區是建立新公民社會意識的重要基礎，政府應盡量協助每個社區去推動區內居民參與義務工作。

第二，政府與社區建立夥伴關係。在社區照顧中，政府與社區的參與應該是相輔相成、互補長短的關係。所以，服務的模式不是以家居照顧取代院舍照顧，而是正規與非正規服務的結合，從而實現有效的提供照顧。社區照顧涵蓋正規照顧和非正規照顧，並非以非正規照顧取代正規照顧。因此，在建立關懷社區過程中，政府與社區之間應當相互配合，形成夥伴關係。政府給予社區必要的財政及政策支持，社區利用自身優勢調動非正規資源分擔政府的社會責任，透過政府和社區的合作為需要照顧人士提供良好的服務。

第三，幫助服務對象正常地融入社區。社區照顧的目標應該是以協助服務對象正常地融入社區為主，使他們可以建立自己的生活方式和社交關係。老人關愛自己和積極思維。在對老年人的訪談中，同時，應該向老年人倡導一種積極的思維方式，培養他們積極的、樂觀向上的生活態度。關懷社區的建立離不開全體居民的積極參與，加強需要照顧人士與親友、鄰

居和社區服務機構的連繫。只有形成互助互愛的社區關係，形成以人為本的社區文化，才能有效調動非正規資源為需要照顧人士提供服務。從這種意義上說，強化居民的社區意識是實現社區照顧終極目標的關鍵。

第四，使服務使用者參與表達他們的願望，並能夠承當倡議者的角色。社區照顧的目標除了提供照顧外，還要使服務使用者參與表達他們的需要。社區是一個地域性的社會生活共同體。每個人都生活在一定的地域環境中，生活在相對固定區域中的人們形成群體成員相互獨立又相互依存的公共關係，任何個體在社會中都不能脫離其他個體而存在。培養需要照顧人士的參與意識。為了有針對性地幫助需要照顧人士，必須瞭解他們的實際困難和需求。為此，社區照顧應當有意識地培養需要照顧人士的參與意識，鼓勵他們表達自己的需要並對社區照顧提出自己的意見和建議。

第五，建立理想和關懷的社區。建立理想社區的主要方法就是有志願團體，在社區內形成有效的支援網路，將社區內鬆散的資源連接起來，通過居民的參與，發展自我潛能和對社會的影響力。對於農村老年人而言，社區對其意義更為重要，是其一生的見證；農村社區中有其家庭、親人和朋友等，這些是其老年時的主要支持系統。因此，對老年人的照料中應盡量維持其原生系統，不脫離家庭、不脫離社區、不脫離親情、不脫離友情。社區照顧的終極目標就是努力促成需要照顧人士留在社區內，盡可能保障其過正常人的生活。參酌英國制定的社區照顧政策的特色是：社區照顧的目標是盡量維持需照顧人士在社區或者其自然生活環境內的獨立生活，直至他們必須接受院舍照顧。雖然社區照顧的終極目標是確定的，但該目標比較抽象，必須具體化才有利於社區照顧的發展。

Heginbotham 關於社區照顧目標的理想，是對現代社會造成人與人之間的疏離與孤立關係這一社會現狀的反思。重建新公民意識，強調居民的義務參與和積極互動，建立理想和關懷社區的目標，需要多方努力和長時間的推動才有可能實現，特別是深入瞭解農村社會及老人的生活、思維是非常重要的。由於我們社會傳統以來一直有民間互助的特殊傳統，「遠親不如近鄰」是農村社區中十分信奉的信念；而且，由於農村社區同質性強，農

村老年人之間一般都有大致相同的經歷，容易找到共同的興趣和話題。因此，可以說互助融合理解、集體主義思想、互惠的觀念於一體，應該可以在農村老年人的日常生活和感情生活中發揮直接的作用。是以，以社區為依託、將賦權觀念運用於老人農村工作中，發展老人互助組織，不僅能夠積極發掘農村老年人的潛力、特長，發揮農村老年人間的互助功能；而且對於專業社會工作在農村的開展是十分有利的，可以大大減少專業社會工作開展的難度，以提高國農村老人生活品質的切實可行的方式。

貳、老年社會工作的實施

人口高齡化是近年來的一個全球性話題。在許多發達國家已經走過人口由年輕型向老年型轉化階段的同時，大多數發展中國家的人口正在經歷向老年型的發展。與西方國家不同的是：西方國家的老齡化是在工業化和城鎮化的背景下發生的，因而其過程較為平穩，老年人照料狀況在此過程中沒有遭遇重大危機；而發展中國家則由於相互間存在較大的差異，其老齡化是在不同的文化、社會和經濟背景下發生的，老年人照料狀況也因此呈現不同的特徵。

隨著醫藥科技的進步，人類的壽命大大提高了，老人自六十五歲到他的人生盡頭，往往還有長達二十至三十年的光景，若不將他的能力做有效的運用，對個人、家庭、社區及整個國家社會而言是莫大的損失。長期以來，老人是社會弱勢群體，弱勢群體是指：社會上的部分人，由於先天或後天條件的制約，缺乏較強的競爭力，不能或只能很少地占有社會資源，因此，只能獲得甚至不能獲得較好的社會職業，使其收入分配較少或很少，只能過著水準較低的、主要維持生存的生活；同時缺乏抵抗種種風險的能力，也缺乏依靠自己努力來改善其境遇的可能性，並在政治、文化和心理上都易處於社會邊緣。

老年群體的特性，尤其是伴隨著人口老齡化的發展，使得國際上對老年人照料問題的研究已經涉及了人文社會科學的所有領域。這一研究主題

主要有社會學（Sociology）、社會安全（Social security）以及社會工作（Social work）這三大學科。但是，無論在實證還是理論研究上，目前學術界對農村老年人照料問題都關注較少，而更多地關注老年人照料問題研究。社會應把老人也當作一份社會的資源，不要因其漸老，就將之放棄或摒棄，而應積極地將老人組織起來，使此一資源得以投向生產。例如：有文教專長的老人可輔導其進入民間機構從事社會工作或文宣策劃；住在社區中的老人可向工廠包攬工作；另外也可以為老人舉辦職業訓練或成立老人人才中心，讓老人能尋求機會以充分發展潛能，過著具有生命尊嚴及彩霞滿天的晚年生活。社會工作是以利他主義為指導，以科學知識為基礎，運用科學的方法進行的助人服務活動。換句話說，社會工作是以受助人的需要為中心，以科學的助人技巧為手段，以達到助人的有效性。社會工作的理念是「以人為本」和「助人自助」，他強調工作者與受助者的互動過程。社會工作的本質是處境化的，並因環境的變遷而不斷地調適及尋求其適切的定位。社會工作是以社會的公平、正義、人性、人權、民主和個人自由等為價值觀。社會工作強調能力的建設和意識的提昇，強調以服務為中心，注重過程目標的達成，賦權是其中一個重要的概念。

對老年社會工作的意義在於，無論從醫學和生物學的角度，還是從日常生活觀察表明，「用進廢退」基本是生物界的一個規律，因此，社會工作者不僅要在態度和價值取向上鼓勵老年人積極參與他們力所能及的一切社會活動，而且更需要為老年人的社會參與提供更多的機會和條件。賦權是一個嘗試去增加個人、人與人之間以及政治權利的過程，是一個促使個人有足夠能量去參與、控制以及影響其生命主體的過程。增強權能的層面有個人層面、人與人之間的人際層面以及環境層面。增強權能理論是以承諾提昇社會正義，尊重當事人自決以及自我實現，當事人充分參與發展計畫的制定為倫理原則的。其介入的策略首先是意識的「自覺化」過程，即改變當事人的態度、價值觀及信念，令當事人自覺自己是一個有自控的主體，而非被操控的客體，以至其能肯定自己是有能力尋找出問題的成因，去影響自己的問題及解決問題；其次是訓練，即知識、技巧、權利的分析；第

三是共同的支持，即自助網絡支持系統及小組；第四是集體活動的參與，透過這個活動，尋找產生權力阻礙的人際關係、政策、制度、設施等，使得這些變得更平等，使得社會更尊重人權、民主、公益和公平，從而改變不平等的社會關係和減低不公平的對待，令當事人找回主體的角色。增強權能的目標是提昇個人的權能感、發展人際技巧和朝向社會改革。其介入的過程是：「態度→集體經驗的分享→評判性的思維→行動」。賦權既是過程，也是目標。它的實務方法是致力於與案主一同行動，以提高案主的自我評價、覺知並與他人聯盟、增強對壓迫的意識，透過知識技巧提昇能力，並藉由自我擁護來產生影響的。

在農村老年人照料問題上，專業社會工作擁有廣闊的發展空間。由於專業社會工作具有一整套專業的知識體系，因而在實務上與實際的社會工作相比也具有其獨特的專業價值和意義。著眼於協助需要照顧人士融入社區；需要照顧人士往往是弱者，其融入社區的主流生活存在這樣或者那樣的困難。社區照顧的首要目標就是為他們融入社區提供種種便利，使他們能夠形成自己的生活方式，建立自己的社交關係。專業社會工作介入農村老年人照料必須要以社區為依託，其原因主要有兩個：一、是我國鄉土社會的「差序格局」；二、是我國農村社區的「社區情理」。

第一，我國鄉土社會的「差序格局」。費孝通先生在《鄉土中國》一書中，對中國傳統鄉土社會中的社會結構和人際關係作了理論上的概括，提出了著名的「差序格局」：「我們的格局，像把一塊石頭丟在水面上所發生的一圈圈推出去的波紋。每個人都是他社會影響所推出去的好圈子的中心，被圈子的波紋所推及的就發生連繫。」這一概念揭示了傳統鄉土社會的人際關係是以己為中心逐漸向外推移的。同時，「差序格局」的行為是建立在血緣、地緣關係基礎上的，它表明了自己和他人關係的親疏遠近。因此，在一個安居的傳統鄉土社會，每個人可以在鄉村土地上自食其力地生活時，只在偶然的和臨時的非常態中才感覺到夥伴的需要。在他們看來，與別人發生關係是次要的。處於轉型時期的農村社會，社會結構雖然發生了巨大的變遷，但「差序格局」仍然表達了中國鄉土社會的部分社會關係

特徵。在以血緣為基礎建立起來的農村家庭對老年人照料功能逐漸弱化，同時社會助人系統資源和功能不足的情況下，面對農村老年人經常的和長期的非常態照料，社區資源是其「差序格局」中最可行而且最直接、最方便的資源依賴系統。因此，專業社會工作介入農村老年人照料必須要以社區為依託。

第二，我國農村社區的「社區情理」。這是與源於法國學者涂爾幹（E. Durkheim）所說的「集體良心」、或「集體意識」相類似，在一個相對封閉及文化相對落差的社區中，存在著由地區次文化決定的某些為該社區中生活的多數人所認可的行為規範及與此相適應的觀念，這些規範和觀念可能有悖於一定社會的制度和規範，或者與一定社會的制度和規範存在著某種不相應。但因為社區的封閉性及居民的文化層次較低，所以這樣的行為規範和觀念仍得以存在並發生作用。而在社區中生活的人選擇自己的行為時，則首先考慮自己的行為能否為社區中的他人所接受並把它看作是自己行為選擇的主要標準。換言之，只要他們的行為能夠得到同一社區生活的多數人的贊成，他們就認為可行。此即所謂的「社區情理」，具有外在性、普遍性及對個體的針對性。同時，這樣的社區情理是與當地的經濟發展水準相適應的。

隨著社會發展及經濟生活的增長，在農村社區經濟發展水準相對有了很大提高的前提下，社區中人們對老年人的照顧，並沒有因此而發生各方面相應的正向提高，而是普遍認為，農村老年人無所謂照料不照料，幾千年來農村老年人就是這麼過來的；而且村裡人也都是這樣「照料」老年人的。這正好說明了社會學中的一個基本規律：文化的變遷先是物質文化的變遷、然後是制度文化的變遷、最後才是觀念文化的變遷。當各種變遷的速率不一樣時，就會導致因「文化差距」而產生的社會問題——在農村經濟發展和社會進步的過程中，農村社區對老年人照料的觀念尚未及時轉變過來，從而使老年人越來越邊緣化。因此，在專業社會工作介入農村老年人照料，必須要以社區為依託，通過引發「社區老年人照料情理」的變化，這樣才能對農村老年人照料產生積極、和諧的影響。

　　網絡建構策略與方式雖多元，然滿足服務對象需求，達成服務目的的輸送系統才能稱為使用者的網絡資源，正式與非正式資源系統彼此間互動，成為社區照顧的穩固基礎。藉檢視服務網絡功能、評估績效，探討服務輸送體系與模式成為網絡資源整合的重要前提；社區照顧服務過程中的「輸送系統」如提供服務單位屬性，以及「輸送途徑」如空間屬性，均可能產生服務品質的差異，也直接影響服務使用者的滿意度；福利多元化的體制下，在多元化網絡中的單一體系也不一定能夠形成完整的網絡以及持續的存在。特定服務型態會有多元的服務輸送系統與途徑，譬如日間照顧服務老人，提供服務單位含括政府自辦、社區協會、社福基金會團體、安養護機構、醫療院所等；至於空間屬性則有政府謄餘空間、社區活動中心、長照機構、一般老人文康中心、醫院附設等；因此服務輸送系統主體、途徑均影響效率效能。前述多元化網絡中單一體系不易形成完整網絡的存在，整合使得社會資源網絡體系趨於凝聚，亦即在以動態方式存在的服務對象資源網絡裡，互動的靈活、有組織性的規劃、持續動態的調整；無論正式與非正式網絡，社工藉操作網絡資源系統功能，逐次建構適合服務使用者的服務輸送模式。

參、老人社區照顧的規劃

　　當一個人老邁了，他不能夠滿足社會對他的期望與要求時，他就被認為面臨社會適應問題，他的社會角色跟著產生變遷而失去應有之功能。角色觀念能夠在社會老人議題持久討論，係因為有其實際應用性。一個人在他的生命過程中，扮演各種社會角色，例如學生、母親、妻子、女兒、職業婦女、祖母等等，這些角色使人易於辨認及描述一個人為「社會人」，也就是形成「自我概念」之心理基礎。這些社會角色是很有系統地跟一個人之年齡與生命之階段連結的。在很多社會，特別是西方社會，一個人之年代年齡或依年代次序之年齡，是決定各種社會地位之資格條件，同時可用於評估不同社會角色之適合性與預期性。在社會情景中，要塑造個人，使

人成形，對個人期望之具體化期待。老人必須面對並學習去處理「角色失落」（role losses）之困境，例如失去配偶變為寡婦或鰥夫，或是退休後失去董事長之職位，失去工人與職員之角色。這些角色之損失，均會導致一個人對社會認同之腐蝕、磨損，以及自尊之失落（Rosow, 1985）。老人們在這一角色失落之過程中，同時會經驗到「角色中斷」（role discontinuity）。要瞭解老化，首先我們必須體認到生活在這世界上的每一個人都會老，生物學家基本上都同意老化的過程是從人一出生就開始的一個過程。生命週期裡強調老化過程只是人類生命中的一個階段而已，它是一個再正常不過的生命階段，就如同青少年時期與壯年時期般一樣，每個階段都只是一個必經的過程罷了，老化只是在走完生命的一個階段所顯現出來的生理機能變化。

社會工作的「優勢觀點」反對將服務對象問題化，認為問題的標籤對服務對象「具有蠶食效應，重複的次數多了之後，就改變了案主自己對自己的看法和周圍人對他們的看法。長遠來看，這些變化融入了個人對他們的自我認同（越來越沒有自信心）。」（Saleebey, 2004）相反，優勢觀點強調社區發展應該重視資產建立和能力建設。塞勒伯（Saleebey）明確提出：「優勢觀點是對傳統社會工作實踐的飛躍性突破。」優勢觀點取向的實踐意味著：「作為社工所應該做的一切，在某種程度上要立足於發現、尋求、探索與利用案主的優勢和資源，協助他們達到自己的目標，實現他們的夢想，並面對他們生命中的挫折和不幸、抗拒社會主流的控制。」為期發揮案主的優勢。優勢觀點的落實助人者從一個完全不同的角度來看待案主、他們的環境和他們的現狀，不再是鼓勵地或專注地集中於問題，而是把眼光投向可能性。在創傷、痛苦和苦難的荊棘之中，你能看到希望和轉變的種子。這個觀點強調：動員案主的力量（天賦、知識、能力和資源）來達到他們自己的目標和願望，這樣案主將會有更好的生活品質。

根據聯合國一九九一年通過「聯合國老人綱領」提出的五項原則，並配合國情，我國老人福利政策應符合以下十項原則：

一、尊嚴自主：將老化視為人人必經的生命歷程，老人宜有尊嚴、獨立自主生活。

二、基本權益：老人有權參與與自身相關的社會事務，並有選擇接受
　　服務的權利。

三、在地老化：照顧需求多元且複雜具不可分割，但是在自己熟悉的
　　環境中老化。

四、去機構化：「去機構化」並非要排除機構照顧，而是強調機構照
　　顧的社區化。

五、社區網絡：鼓勵老人居住在自己熟悉的社區，即可方便取得所需
　　的各種服務。

六、全人服務：結合衛生、醫療與社政的資源，以老人導向，提供連
　　續性的服務。

七、老人保護：建構最弱勢老人的保護網絡，作為保障老人人權的最
　　後一道防線。

八、多元分工：中央及地方分權、公私部門相互結合、採取多元服務
　　的網絡系統。

九、家庭核心：國家必須對家庭照顧者提供支持，加強家庭照顧老人
　　意願及能力。

十、社會責任：建構人人共享、不分年齡的社會，以「生命週期」看
　　待老化，而非將老人區隔成一個特殊族群，甚或視其為一個消耗
　　社會資源的族群，深化世代間的衝突及矛盾，也就是說，政策規
　　劃的焦點是「所有人」，藉以強調世代的獨立與互相扶持。

　　傳統農村老年人在照顧過程中處於一種無權感和無控制感的狀態，因
此提出要將賦權觀念的倡議作為運用於農村老年人服務工作中；同時，為
將專業服務工作置於我國文化背景中使其更具有區域特色，容易為農村老
年人所接受。將民間互助的優良傳統放進老人服務工作過程中，提出發展
老人互助小組。具體來講，賦權觀念是經由老人社區服務工作得以實施，
賦權目的是讓農村老年人在小組活動中發現自己的潛能、發現自己生活中
的問題並利用自己的力量來解決問題。從個人層面上來看，發現自己的潛
能可以幫助他們增強自信心、降低生活的無望感；從人際互動的層面上來

看，由於相互間有相同的經歷，可以分享共同的話題，容易形成一種集體歸屬感，而且可以建立一種互助的支持網絡；從個人和社會的關係上來看，透過社會政策的分析和理解，老年人可以將個人問題與社會的權利、資源分配不均連繫起來，可以團結起來採取共同的行動以改變現狀。

第一，在社區服務的過程中，對老人進行賦權使農村老人對自身處境重新認識，從而實現自我提昇，釋放潛在的能力，產生意識的覺醒化過程。西門（Barbara Levy Simon）將賦權（empowerment）的概念建立於五個理念之上：與案主和委託人之間的合作夥伴關係；對擴大案主能力和優勢的強調；關注個人或家庭與環境；將案主視為積極的能動主體；將個人的精神指向一直受到剝奪和壓制的人群（Simon, 1994）。

第二，經由老人社區服務活動，使農村老人肯定自己對家庭和社會的付出，發現並欣賞自己的優點。這是一個對自己權利、能力進行分析的過程。

第三，鼓勵農村老年人說出自己的聲音，並從與其他老年人的分享中獲取經驗。例如，在老人社區服務中鼓勵老年人間相互交流或討論諸如如何改善與子女關係、如何進行自我調節等話題，達到一個集體經驗分享的過程。

第四，在老人服務工作中，農村老年人之間可以建立一種互助和維護自己權益的意識，聯合起來向社會提出自己的要求和需要。比如，可以動員農村老人根據自己的實際需要，以希望政府在立法、制定政策或執行政策時考慮農村老年人的特殊需要等。

社會福利服務輸送資源網絡特性的多元性，寓意多元化的輸送觀點；Hatch & Mocroft（1983）指出，多元性福利體制下，政府、志願性、商業性及非正式等多個部門，其社會服務及醫療健康照顧輸送的部門間並非毫無關聯。各部門中的志願服務部門異質性高，正式化程度不一，會因家庭、專業化及政府贊助基金的加入與多寡，而有不同程度的差異，接受愈多政府贊助，能更擁有自主性愈低，自主的兩難衝突也愈高；一般而言，較不具正式化的組織，可建立更深的非正式情感，且服務態度或許更形親切，然服務持續性與穩定性也低；而正式化組織也可能因為組織過度發展，產

生的准官僚現象，仍舊有持續穩定的不足情形。總之「志願性」部門雖然有著上述的多樣性與經常面臨可能的志願服務失靈（failure），然卻不得不承認因為豐富的多樣性，使得其可以存在並占據於資源網絡的各個象限領域中。

1. 社區活動中心。這是由政府出資興辦的，具有綜合性功能的社區服務機構。它按照社區居民的一定數量規模設置，工作人員為政府僱員。社區活動中心提供的為老年人的服務主要包括為本社區內居住的老人提供一個娛樂、社交的場所，那些行走不便的老人則由中心定期用車接送到中心參加活動。

2. 家庭照顧。這是政府為使老人留在社區、留在家庭而採取的一種政策措施。即對在家居住、接受親屬照顧的這些人，政府發給與住院舍同樣的津貼。

3. 暫托處。暫托處就是為解決家庭成員長年累月因護理被照顧者使身心交瘁、不堪重負這一問題而設置的一種短期護理服務機構。

4. 居家服務。這是對居住在自己家裡、尚有部分生活能力但又不能完全自理的老人提供的一種服務，項目包括上門送餐或做飯、洗衣、洗澡、理髮、做清潔衛生、購物、陪同上醫院等。目的是使那些年老體弱、行動不便、家中無人照顧的老人能繼續生活在自己家裡，生活在自己熟悉的社區環境中。

5. 老人公寓。這是政府為社區內有生活自理能力但身邊無人照顧的老年人夫婦或單身老人提供的一種服務設施。

6. 敬老院。就是那種集中收養生活不能自理、無家庭照顧的老年人的院舍。不過現在英國的敬老院也不再是早期那種大型集中的院舍，而是分散在社區中的小型院舍，這樣可以使住院老人不離開他們熟悉的生活環境。

社區是平等互助合作，在其中較少有強制性權威的共同生活人群關係網。社區工作的對象，其實是社區的居民，其實是一種形塑現代社會的運動，是一場社會心靈的變革。主要課題之一，即在於重新思考人與人（人

際倫理及群我倫理）、人與環境（物質倫理及環境倫理）的關係。發展出相互依賴的人與人或群體間的合作模式，建立起現代人與生態親密關係的生態觀，這種合作模式稱之為共生（symbioses），也就是我國自古以來所謂「仁民愛物」的倫理觀念。社區工作是建構理想社區與理想共同生活方式的實踐。共同生活過程的各種面向都是社區工作者關心的，以促成的社會制度、社會組織、社會活動達成優質成長的場域。簡單的說，就是社區的居民大家一起來為自己的生活環境共同打拚，解決社區最急迫的問題，讓大家彼此更親近，更認同自己的地方，使生意更興旺、環境更舒適、家園更可愛。發展一個對未來充滿希望想像的藍圖。在過程中是要建立一個體系化的社區學習社會和學習共同體。

肆、老人社區照顧的作為

　　老人的長期照顧（long term care）方式包括社區式照顧、機構式照顧、居家式服務三類。至於服務項目內容參酌老人福利法及前述相關文獻，較直接與照顧有關項目包括：照顧與健康諮詢、居住安排、互助團體、生命守護緊急連線、日間（托老）照顧、日間照護、臨時照顧、喘息照顧、居家護理、居家照顧、家務服務、關懷友善訪視、安養機構照顧、養護機構照顧、長期照護機構（護理之家）照顧、電話問安、餐飲（送餐與定點用餐）服務、居家環境改善、交通服務、友善陪伴服務等。某一類服務項目可能來自多管道的服務輸送體系，凸顯了資源活用與互補的議題，而服務網絡資源在社區照顧未必以單一功能形式存在；譬如福利社區化老人營養午餐服務，社區內醫院伙食部門功能上可以是老人定點用餐的輸送者，亦能成為送餐到家服務的贊助者（如伙食費優待）；因而對服務輸送體系品質功能評估，並無獨有性（unique），只有較合宜性（preferable）。

　　老年社區服務的內容，是指政府或非政府團體透過社區組織和社區所在的福利機構，為解決社區老年人的實際困難與滿足各類需求，而有針對性地提供設施與服務的福利性專案的活動。老年社區照顧的概念與老年社

區服務的概念有相近的地方，但是嚴格地說，老年社區照顧有兩個基本涵義：一、是使老年人不脫離他所生活和熟悉的社區，在本社區內接受服務；二、是動員社區資源，運用社會人際關係資源開展服務。社區照顧作為一種運動起始於二十世紀五〇年代，它是英國推行社會服務的一種方法，也是英國在福利國家政策變化下倡導的一種社會工作模式。它的涵義不僅包括「在社區照顧」，即對那些有需要的、以前由機構照顧的特殊人群（如老年人）現在盡可能地使他們留在社區接受照顧，而且包括「由社區照顧」，即對這些特殊人群（如老年人）由社區中的各種政府及民間機構、社區自治服務團體及這些人的家庭、親屬進行照顧。

社會工作通用且典型的服務輸送模式分別是「案主服務模式」、「社區服務模式」、「個案管理服務模式」，其中社區服務模式輸送過程多半發生在社區環境當中。因此從社區照顧對服務對象的強調就近支持性服務照顧、預防與延緩老人進住全控機構意圖觀點，服務輸送兼具社區服務模式與個案管理模式內涵。參酌社區營造的推動目標，老人社區工作宜把握：第一，推動全面性的社區營造作為，透過產業發展、社福醫療、社區治安、人文教育、環保生態、環境景觀等六大面向的全面提升，打造一個安居樂業的「健康社區」。第二，建立自主運作且永續經營之社區營造模式，強調貼近社區居民生活、在地人提供在地服務、創造在地就業機會、促進地方經濟發展。第三，強化民眾主動參與公共事務之意識，建立由下而上提案機制，厚植族群互信基礎，擴大草根參與層面，營造一個「永續成長、成果共享、責任分擔」的社會環境，讓「社區健康發展，台灣安定成長」。為此，社區於高齡服務上宜把握：

一、專業網絡。專業社會工作人員於老人社區工作的角色為：1.作為培訓者，提供義工訓練；2.作為組織者，經由定期分享和聯誼活動維繫義工；3.作為策劃者，就特別活動組織工作小組，協助策劃和推動活動；4.作為資源提供者，就個別義工和長者的需要，分配和提供適切的資源；5.作為督導者，監督計畫的進展和義工的服務情況，作適當的跟進和轉介。

二、義工網絡。社會工作專業人員可以結合社區的志工組織，或是組織熱心人士為義工服務團隊，形成社區老人服務網絡，建置服務作為。以此為基礎，運用外展手法，發掘區內缺乏個人資源的危機長者，連繫義工與受助人，定期探訪區內有特別需要的獨居長者，建立關懷關係，藉此強化長者支援網絡。更援引義工管理概念，由有經驗義工作成員，負責聯絡和組織，以擴大義工網絡，令更多長者受惠。負責聯絡和支援服務時遇到的困難，藉助向社工人員反映服務情況，除了擴展專業的服務外，更成功地培養和發掘義工，成為社區內寶貴的人力資源。喚起社區人士對長者需要的瞭解和關注，提倡社區助老精神，營造一個關懷的社區。

三、個人網絡。義工借由親善探訪向危機長者介紹社區資源，透過社區長者被訪及填寫的「生活調查問卷」，並經整理和分析，就受訪者的身體狀況、對社區資源的掌握和人際關係，又就個別長者的需要，作跟進和回應。調查資訊包括：1.家庭和社區支援網絡；2.被訪者的身體健康情況；3.閒暇生活方式；4.使用社區服務情況。社工員也就長者的特定需要，策動更多資源，合力解決他們面對的困難，強化其正規及非正規的支援網絡，更鼓勵長者參與活動，擴大老人的社區和鄰舍網絡。

四、鄰舍網絡。許多長者生活枯燥，或因身體健康欠佳足不出戶，也有不少長者因語言不通而少與外界接觸，對社區資源缺乏認識，對自己境況深感失落。藉助組織活動，促進長者彼此認識；此外，透過義工親善探訪，介紹社區長者互相認識，希望達致鄰舍開戶和守望的目的。鼓勵長者參加集體活動，拓寬長者的生活圈和領域，部分長者因參與以上活動，認識同社區長者，成為好友，一起參與活動或互相拜訪傾談，強化長者的鄰舍支援網絡。

目前，提供給老人的社區照顧的服務有以下方式：第一，醫療照顧、第二，安養服務、第三，休閒育樂；社區服務的目的就是要提供輔助服務，幫助老人留在社區裡生活。現在，這方面服務包括有：

一、長者關懷：藉助義工網路連繫義工和長者，建立關懷關係，受訪長者得到義工定期慰問和實務協助，減低孤立和無援之感。

二、老人成長：社區定期舉辦學習班、興趣小組及文娛康樂活動，促進老人與社會的緊密接觸和連繫。提供個人輔導及推廣老人社區教育，比如出版老人刊物、調查研究老人問題、舉辦老人終身教育講座等。

三、家務協助：為特別貧困者，申請基金和獲得社區人士援助，送上生活所需。包括替老人送飯、料理家務、個人清潔及護送看病等。安排義工上門維修、清潔家居及護送體弱老人就診。

四、居家照護：為體弱而在日間缺乏家人照料的老人提供有限度護理服務及社交活動。

五、喘息服務：提供老人短暫社區機構服務，在現有一些老人機構內，開設一些專為老人提供短暫機構照顧，以分擔家人長期照顧的責任，使他們可以處理一些私人事務或稍作休息，然後再負起照顧老人的責任。

六、外展服務：透過外展接觸，社工人員與一些老弱、獨居及有困難到中心參加活動的老人會面，協助他們申請所需的服務如公共援助、家務助理，並為他們提供探訪、社交、康樂活動及輔導服務。透過義工定期探訪或電話聯絡長者，除表達關懷外，又藉此發掘長者的需要、介紹服務網絡和資料。

社區工作強調是以社區為對象的社會工作介入方法。它透過組織居民參與集體行動，去釐訂社區需要，合力解決社區問題，改善生活環境及素質；在參與的過程中讓居民建立對社區歸屬感，培養自助、互助及自決的精神；加強居民的社區參與及影響決策的能力和意識，發揮居民的潛能，培養社區領袖才能，以達致更公平、公義、民主及和諧的社會。

結語

人口高齡化是近代社會的一種現象，也是先進國家所面臨的人口問題。而今日的工業社會中，由於經濟的發展，導致生產規模、生活方式、

家庭組織、生存機會的改變，尤其在醫藥衛生與保健方面的進步與發展，平均壽命提高，老人在全人口的比例中相對提高，造成人口結構急速老化的現象。讓老人照顧符合「全人照顧、在地老化、多元連續服務」原則，但是，在家老化、社區老化與機構老化不應該只是一種斷裂式的單項選擇，而是有它連續、動態的相互性關聯，特別是建基在以家庭為本位的生活模式時，「生於斯、長於斯、老於斯」的傳統觀念，對於老人的照顧負擔主要還是回歸到社區上。爰此，推動老人社區服務的同時，亦同時要檢視當前的家庭照顧政策及其服務輸送網絡的有效運作，也就是說，要將之於老人的安養、奉養、療養與扶養等做整體性的思考。隨著老化趨勢，自然應將現有的體制與政策進一步充實，否則不但未來老人安養會出問題，青壯人口的負擔也會更加沉重。如何妥善結合社區資源照顧老人，確實是一個應當未雨綢繆的課題。

農村社會工作

第十章　農村再造工程

前言

　　目前台灣農村面臨人口外流與高齡化嚴重、基礎設施不足、發展緩慢、生活環境特色喪失，以及農村發展嚴重落後等課題，在二十一世紀全球化的發展趨勢下，這些問題更加嚴重，致使農村邊緣化發展。政府提出「愛台十二項建設」之一，就是要針對這些缺失，推動農村再生計畫，促進農村活化，提昇農村整體發展。因此，政府於二〇一〇年七月十四日通過的「農村再生條例」，作為施政目標與推動政策的法源依據；這項政策符合目前世界各國因應農村變遷發展的時代需求，紛紛把農村再生發展與建設列為國家的施政重點及方針，達成「推動農村再生計畫，建立富麗新農村」的農業政策主張，期盼透過農村再生條例的作為，積極推動農村再造工程。

壹、農村再生政策的理念

　　根據西方工業國家發展的經驗而言，在經濟發展的過程中，因為都市裡有比較多的就業機會和比較高的經濟報酬，吸引農村人口大量往都市集中，一方面造成農村價值的瓦解，很多人覺得待在鄉下沒前途，因此鄉村留不住年輕人，使得傳統地方產業逐漸沒落，地方的文化特質和歷史遺產不斷消失；另外移居都會地區的外來人口，大家心理上都存著暫時來都市討生活的過客心態，因此缺乏對社區的認同，只重私利，不顧公義，造成人際關係和對公共事務的冷漠。有鑑於此，政府及有志之士提出「社區總體營造」計畫，目的就是要激發社區自主性及自發性，重建溫馨有情的居

住環境；實施的方法是由居民透過共同參與的民主方式，凝聚利害與共的社區意識，關心社區生活環境，營造社區文化特色，進而重新建立人與人、人與環境的關係。

　　隨著農村社會對應於總體社會的快速變遷，農村社會工作須導入「社區策劃」，農村再造工程便是社區策劃的具體作為。策劃是一種程序、一種過程，是對未來發生的事情作當前的決策，即根據各種情勢與訊息判斷事物變化的趨勢，確定可能實現的目標和預期的效果，並據此設計、選擇，期盼能產生最佳效果的資源配置與行動方式，最後形成正確決策和工作計畫的過程。社會策劃作為一種社會發展的理性主義、社會工程學的具體應用，範圍是廣闊的。由於農村再造工程就是農村社區的組織和服務工作，所以與農村再造工程相關的社會策劃主要是在地區重建規劃、社區問題的政策策劃、社區服務的項目管理、社區居民組織的計畫管理等方面應用。農村再造工程的社會政策就是社區工作者以理性的方法，透過清楚理解工作機構的工作理念、政策、資源和方向而確立社區工作目標，從多個方案中選擇一個最理想的工作策略，然後根據農村需要而動員、分配資源，並在工作過程中結合變化的實際隨時修改計畫，使計畫按預定的目標行進，待工作結束時對計畫執行情況加以檢討和反思。社會策劃模式是一種社會發展的策略，也是具體的發展項目的管理。

一、政策目標

　　策劃者是受聘於政府的技術專家，其主要工作包括蒐集資料，利用統計及科技手段分析資料，尋找各種解決問題及應付危機的方案。在社會政策，策劃者為政府。在社區層面，策劃者先作為社會的知情者，為機構提供實情和民意，這是科學政策、民主決策不可缺少的環節；其次作為政府政策的執行者，負責政策的貫徹落實，其狀態直接影響著政府政策目標的實現，影響著政府的形象和威信。高層決策及實際執行工作上的配合是政策成功的關鍵因素。

　　環顧世界各國在面臨二十一世紀全球化趨勢下，紛紛將重建傳統特色之農村發展，列為重要的施政政策。我國為促進農村活化再生，提昇農村整體發展，恢復農村居民在地居住尊嚴，以達建設富麗新農村之目標，將推動農村再生列為現階段重要之課題。以十年編列一五〇〇億基金，執行農村再生計畫，照顧四〇〇〇個農漁村、六十萬戶農漁民，建立富麗新農村，恢復美麗農村景色，提昇農村居住環境品質，找回農村居民尊嚴。農村再生係因應整體農村發展之需要，以現有農村社區為中心，強化由下而上的共同參與制度，建立農村整體再生活化，並強調農村產業、自然生態與生活環境之共同規劃及建設，注重農村文化之保存與維護及農村景觀之綠美化。為建立農村再生推動機制，將完成農村再生條例及相關配套法規之立法工作。該條例配合現行土地規劃與管制體系，及現行農村社區發展型態，考量生活與農業生產環境息息相關，分別對推動機制與原則、農村規劃及再生、農村土地活化、農村文化及特色等方向訂定相關條文，作為農村整體發展及規劃建設之法令依據。

二、政策理念

　　農村再生政策與計畫的推動，係立基在農村整體發展之需要，以現有農村社區為中心，強化由下而上的地方參與制度，推動農村再生計畫。同時，以多元整合的願景式策略規劃，強調農村產業與文化發展、自然生態復育、實質環境與空間之活化再利用，以及重視農村景觀塑造，來推動農村的再生並提昇居住環境品質。在具體做法上，提出優先獎勵自發性之共有土地自辦規劃或整建、改進農村社區土地使用管理方式及推動整合型農地整備，活化農村土地利用，藉以解決舊有農村社區生活設施用地不足問題。

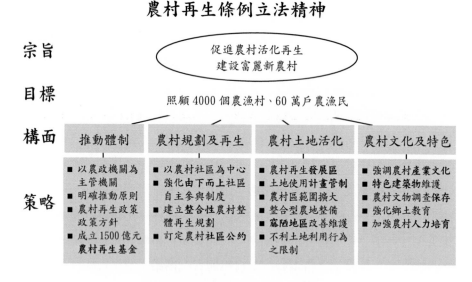

圖 10-1　農村再生條例立法精神

貳、農村再生推動的機制

　　農村再生的推動由農村社區居民依據自己的需求及想要的，讓大家一起來參與，提出屬於社區的農村再生計畫，裡面含有發展願景與往後要建設的項目，透過這個投入參與的過程合力打造自己的美麗家園；此外，農村再生在計畫理念上也有結合了包括「在地農業生產、產業文化、自然生態及閒置空間再利用」，因此不僅是所居住社區硬體的改善，也保存維護了社區的在地特色。

一、農村再生推動體系

（一）農委會：制度建構

1. 擬訂農村再生政策方針：由政府專責單位擬訂農村再生整體政策方針，作為施政依據，指導地方的農村總體規劃，推動農村再生計畫，有計畫地推動農村再生各項建設工作。創造有吸引力的政策，讓大

家會想要以集村居住的方式生活，除了使在地居民對周遭的生活環境感到滿意外，也同時會讓更多人願意來走進農村、體驗農村，甚至返回家鄉居住及從事農業生產，為農村帶來更多的活力。

2. 制頒農村再生條例及相關子法規，確立政策推動機制及相關的法源依據。鼓勵社區訂定社區公約，可以提高居民對自己周圍生活環境設施的自我管理維護力量，防止社區裡有破壞整體環境景觀、衛生或土地使用規定的不當行為，如此一來，才可確保農村再生計畫的成果，以及學習尊重與自然生態環境的共存。

3. 設置農村再生基金：十年內編足新台幣一千五百億元，以專款專用方式，作為農村再生計畫推動之財源。加強農村在「社區發展推動整合、規劃建設」等人才的訓練培養，讓在地居民有能力管理經營好自己的家園，也才能使社區在長期、良好、有效的自我運作基礎中得到發展。

（二）直轄市、縣（市）政府：擬訂縣市農村再生總體計畫與建設計畫

1. 擬訂農村再生總體計畫：由直轄市或縣（市）主管機關依據中央所訂頒的農村再生政策方針，就非都市地區的農村再生發展及其計畫推動的需要，所擬訂的一種總體農村再生發展願景與執行策略。在規劃體制上，係作為協調與引導轄區內之農村再生建設與規劃事宜，並期與總體之國土計畫接軌。其計畫內容，包括：土地利用、產業環境、文化資源、生態環境與景觀、農村建築及其他有關農村特色等面向。

2. 擬訂農村再生建設計畫：由直轄市或縣（市）主管機關參照農村再生總體計畫及其所核定之農村再生計畫，擬訂年度農村再生建設計畫，向中央主管機關申請補助施行。

（三）農村社區：研擬農村再生計畫，推動社區活化再生

1. 在地社區組織的自主整合：農村再生計畫的推動係由農村社區以自主精神，整合在地組織及團體，推舉依法立案之單一組織或團體為

代表，對農村社區提出再生計畫構想與實施標的，擬訂計畫書向當地直轄市或縣（市）政府提出申請。農村再生條例是以現有農村社區為中心，強調農村產業、自然生態與生活環境之共同規劃及建設，並以農村文化之保存與農村風貌之維護為主要精神。

2. 農村再生計畫：農村再生計畫是農村社區集體夢想的一個長期計畫，係由在地組織為代表，由下而上整合社區居民需求而擬訂。其計畫內容至少包括農村社區願景與整體環境改善、公共設施建設、個別宅院整建、產業活化、文化保存與活化、生態保育、土地取得方式與維護、後續管理維護及財務計畫等項目。此外，農村社區居民並得提出當地具發展特色之推動項目。從實質建設面農村再生鼓勵各級主管機關應配合農村社區整體發展需要，於農村社區廣植林木，建設具生態及緩衝功能之綠帶，並選用綠建築或符合低碳精神設計，以具地方特色之建築圖樣進行形塑社區風貌，將既有農村特色以新的風貌再現魅力。

3. 訂定社區公約：以優先補助方式，鼓勵農村社區訂定社區公約，就農村社區內公共設施、建築物及景觀，進行管理維護，以深化社區參與，並確保農村再生計畫的建設成果。社區公約在報經縣（市）主管機關備查後，對社區居民即有拘束力。對於違反社區公約者，社區組織代表得請求有關機關處理。農村再生條例中，首先有具由上而下性質由直轄市或縣（市）政府擬訂之「農村再生總體計畫」，讓轄區內之農村再生方向及施行能有較整體性、有秩序地發展。透過由下而上的機制，社區發展願景由農村居民共同參與討論，再加上培根課程的訓練，社區居民會更瞭解農村再生發展之意涵並知道自己的真實需求；而後提出「農村再生計畫」經申請審查通過後，亦讓在地農村社區依其中之願景及計畫構想適切地發展。

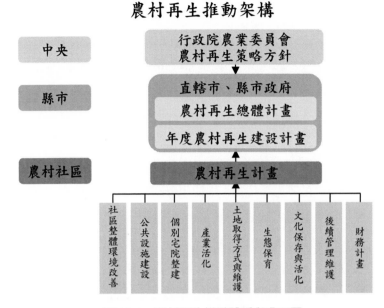

圖 10-2　農村再生推動體系與分工圖

二、農村再生計畫操作機制

農村再生計畫推動機制，主要是通過農村社區賦權、地方政府的在地動員、以及中央政府的政策資源投入等三個不同層級的治理與合作來達成。再生計畫的政策執行體制、行政程序與關係，如圖 10-3 所示：

圖 10-3　農村再生計畫推動機制

三、劃定農村再生發展區

(一) 農村再生發展區：農村再生計畫的推動，涉及農村社區及其周邊土地的活化整合利用，以及土地使用編定管制的調整，而有不同的土地使用活化制度的設計。因此，針對落實農村社區實施各項建設需要，並符合社區土地管理之必要，規定實施農村再生計畫及實施整合型農地整備之地區，得視需要劃設農村再生發展區，該區屬功能性分區，於不影響現行土地使用管制架構下，有效實施計畫管制。

(二) 農村再生發展區計畫：劃定農村再生發展區應先由直轄市或縣（市）主管機關擬訂農村再生發展區計畫，報中央主管機關核定。農村再生發展區計畫係依據農村社區所提出之農村再生計畫需求而擬訂，內容應包含實施土地活化管理之區域範圍、管理分區及設施配置，劃定之後則依該計畫實施管制。

(三) 農村再生發展區土地使用管理：農村土地活化再利用，由於涉及非都市土地使用管制編定的調整，以及複雜的公私有土地權益變更。目前，農村地區土地係依區域計畫非都市土地分區及用地編定管制，不但缺乏計畫性的引導發展，管制上也缺乏因地制宜的彈性。未來農村再生發展區內土地，將配合已核定之農村再生發展區計畫內容實施管理，不但在公共設施容許使用上予以調整，也在分區及使用地變更上更加符合當地需要。

(四) 鄉村區建築用地擴大需求規劃：為期農村社區建設之完整性，直轄市或縣（市）主管機關得依已核定農村再生計畫需要，報請中央主管機關同意，採取擴大或結合鄰近地區辦理既有鄉村區建築用地範圍擴大，並依法辦理使用分區及使用地變更。

農村再生發展區土地使用概念

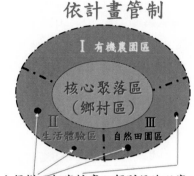

圖 10-4　農村再生發展區土地使用概念

四、整合型農地整備

　　為促進農村社區及鄰近生產環境有計畫建設與管理，由主管機關調整農村生產及生活空間，將有關的農地興建農舍需求與農村社區公共設施需求納入，實施生產與生活環境之機能整合規劃及建設的一種土地開發方式，其實施構想如圖 10-5：

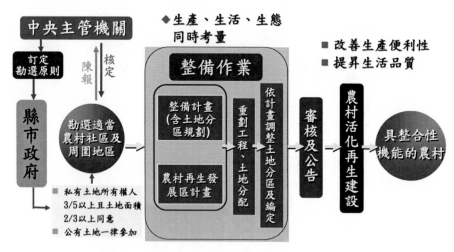

圖 10-5　農村再生發展與整合型農地整備構想

　　整合型農地整備目的在對生產環境與生活地區同時辦理規劃與建設，因此，對生產與生活環境之機能，作整體性規劃及建設，又因配合規劃與建設需要，需進行土地之重新分配與調整；整合型農地整備經土地所有權人同意將社區公共設施與興建農舍需求納入，並同時辦理規劃與分配土地者，其農地應限定農舍以外之農業使用，以有效維持農地之完整。

五、獎勵自發性之共有土地自辦規劃或整建

　　共有土地與祭祀公業土地之處理，涉及眾多所有權人，其土地之處分、使用往往因產權糾紛或子嗣不在當地，受限於共有地處分制度規定，而未能將土地有效利用。因此，希望能透過獎勵居民以自辦方式，增加誘因以整合土地之利用，加速改善農村現存共有地利用的問題。

六、農村社區公私有土地及閒置空間的活化整備

為改善農村整體景觀及居住品質，對於農村社區內有妨礙整體景觀、衛生或土地利用之窳陋地區，直轄市或縣（市）主管機關得通知土地或建築所有權人，限期依已核定之農村再生計畫改善；屆期未改善者，直轄市或縣（市）主管機關得逕為實施環境綠美化。然而，通常農村社區內之窳陋地區，土地所有權人或建築物所有權人經常是住所不詳或行蹤不明，因此，亦規定經直轄市或縣（市）主管機關於村（里）辦公處所及其他適當處所公告三個月，期滿無人異議得逕為處理。為逐步具體實現「農村再生計畫」中所提出之願景及計畫構想，農村社區須研提「年度農村再生執行計畫」，列出預定要執行項目及優先順序向中央申請補助來執行。

此外，傳統農村聚落周圍擁有相當數量之公有土地，以及農會、水利會、國營事業之土地、設施，往往由於管理單位無充分之經費與人力，疏於營運及管理而長期遭受占用，或閒置成為社區聚落之髒亂點。因此，亦規定這些土地得配合農村再生計畫之實施需要，一併予以活化再利用，以提昇農村整體環境品質。透過「社區公約」之訂定，一方面強化農村社區之自主管理及提高居民之切身參與，亦讓社區能更有效地維護管理整體環境、公共設施及景觀。

參、農村文化及特色建立

農村再生計畫強調的是由農村社區在地組織及團體以自主精神，整合當地居民之意見，共同對農村社區建設提出構想並研提之農村永續發展及活化再生計畫。該計畫內容包括整體環境改善、公共設施建設、產業活化、文化保存與活用、生態保育及具發展特色推動項目等，以計畫有秩序地美化農村社區環境、活化產業、傳承農村文化，打造具在地特色的發展願景。

一、歷史空間及文化保存

農村地區有許多值得保存的建築物，經常因為任其破敗頹傾，不利文化保存，亦影響環境觀瞻，直轄市或縣（市）主管機關對具有歷史文化價值建築物或能與環境諧和之特色建築物及其空間，得補助其維護或修繕經費，以獎勵其文化價值。以改善現有農村社區生活品質：農村再生強調農村社區內部之活化及環境、文化與經濟等整體規劃發展，推動農村朝向土地活化利用並依計畫管理，滿足生活機能需求，重建人與土地和諧共處的生命秩序，打造成為富麗新農村。如新北市台北磺潭社區將原本荒草淹漫的廢耕地以美麗的植栽取代、野溪則以生態工法整治，不但改善景觀，亦提高社區之生活品質。

為傳承農村文化，保留農村環境之特性，規定直轄市或縣（市）主管機關應對轄區內之農村社區進行農村文物及產業文化調查；對具有保存價值者，應妥為保管。農村再生計畫以現有農村社區為核心，目的在突破農村長期窒息性的發展瓶頸，透過「由下而上、計畫導向、社區自治、軟硬兼施」之理念，有秩序地發展，提昇農村生活品質，建立在地產業、文化與景觀，打造家園新風貌；除照顧留在農村社區的弱勢農民外，亦讓更多年輕人願意留農、回農，讓田野恢復生機，亦吸引年輕一代回鄉打拚貢獻一份心力。

二、農村特色宣導與體驗

由於農村人口外流及少子化趨勢，農村社區學校多所荒置，為促進空間之利用，規定對學校閒置空間可重新規劃利用，作為促進城市學童前往農村體驗的最佳場所。此外，也規定政府應針對農村社區建設、文化價值及景觀生態特色，制定適合各級學校之宣導資料，提供教學使用。保存農村文化及資源，透過長期性的農村資源調查，全面建立檔案，然後分別給予改善、保育及維護，讓個別農民或社區無法獨力保存維護的農村文物得以留存，再配合社區居民所提出的發展願景，使農漁村發展成為深具人文

特色之所在。如：嘉義縣板頭社區即結合傳統工藝、在地農村生活及現代美學設計將社區打造為「板頭交趾剪黏藝術村」，讓在地傳統工藝再現風華。

三、人力培育與組織輔導

　　由於當前農村社區人力老化，知識力不足，普遍缺乏農村再生的意識以及再生規劃專業人才，而人力培育是在地組織長期順利運作的關鍵，是以規定各級主管機關應重視在地組織之人力培育及農村活化再生之宣導。是以，由農村社區居民依據自己的需求及想要的，讓大家一起來參與，提出屬於社區的農村再生計畫，裡面含有發展願景與往後要建設的項目，透過這個投入參與的過程合力打造自己的美麗家園；此外，農村再生在計畫理念上也有結合了包括「在地農業生產、產業文化、自然生態及閒置空間再利用」，因此不僅是所居住社區硬體的改善，也保存維護了社區的在地特色。因應再生計畫的推動與社區培力的需要，政府除擴大推動農村人力培育，深化社區培力外，另一方面推動專業顧問服務的在地陪伴計畫，以協助農村社區再生計畫的提出，實現農村再生夢想。

四、推動農村自立自治的作為

　　鼓勵社區訂定社區公約，可以提高居民對自己周圍生活環境設施的自我管理維護力量，防止社區裡有破壞整體環境景觀、衛生或土地使用規定的不當行為，如此一來，才可確保農村再生計畫的成果，以及學習尊重與自然生態環境的共存。創造有吸引力的政策，讓大家會想要以集村居住的方式生活，除了使在地居民對周遭的生活環境感到滿意外，也同時會讓更多人願意來走進農村、體驗農村，甚至返回家鄉居住及從事農業生產，為農村帶來更多的活力。

五、訂定農村社區發展計畫

　　農村社區內之在地組織及團體依「農村再生條例」規定，擬訂農村再生計畫草案時，應召開社區居民會議，邀請社區居民、土地所有權人、在地組織或團體及鄉（鎮、市、區）公所代表參與共同討論，並互推其中依

法立案之單一組織或團體為代表。農村社區在地組織及團體召開社區居民會議，應於開會七日前將會議通知及農村再生計畫草案，公告於計畫範圍內之村里辦公室，及社區活動中心或集會地點，並得以其他適當之方式通知社區居民。社區居民會議應有農村再生培根計畫所定該社區應受訓練最低人數二分之一以上結訓人員參與，且其出席成年居民人數應達農村再生培根計畫所定該社區應受訓練最低人數二倍以上。會議決議以出席成年居民過半數之同意行之。

六、建立農村新環境

依農村再生條例規定研訂「農村社區個別宅院整建補助辦法」，符合該條例由下而上之精神，透過居民共同討論後，納入農村再生計畫，其範圍以農村社區入口或意象周邊、重要景觀軸線、主要地標地景周邊、具特色歷史建物周邊及特色街道兩側為限，並非為農舍拉皮，並且鼓勵零星農舍拆除遷居農村社區，藉以維護優良農業生產環境，有助於增進農村整體景觀。

農村再生推動順序是「農村再生、先做培根、培根做好、根留農村」，要申請農村再生計畫前，必須要有培根計畫相關課程的訓練。由農村社區在地組織及團體以自主精神，整合當地居民之意見，共同對農村社區建設提出構想並研提之農村永續發展及活化再生計畫。農村再生計畫必須是由農村社區居民共同參與討論而擬訂的，必須透過培根計畫的人力培育，讓社區居民真正瞭解知道什麼是社區？社區需要什麼？缺少什麼？有足夠能力作自己主人，以找到自己的方向；農村再生從培根做起，培根從人做起。在此前提下，居民將會對社區作較全面性的考量，不會只要求硬體建設，也能有效一致阻擋外力破壞社區發展，例如宜蘭冬山鄉大進社區成功勸阻財團興建納骨塔，找到社區發展綠色生態的方向；又如新竹南埔社區堅持不作農村社區土地重劃，透過居民共識及努力，找回了社區傳統百年水圳新契機。農村再生包括整體環境改善、公共設施建設、產業活化、文化保存與活用、生態保育及具發展特色推動項目等，以計畫有秩序地美化農村社區環境、活化產業、傳承農村文化，打造具在地特色的發展願景。

肆、農村服務人才的培育

依據教育學理論，家庭教育、學校教育與社會教育三者，必須協力合作、交流並進，才能達到整體教育目標；而能融合家庭教育、學校教育、社會教育三者為一體的基本單位，即是社區（王政彥，2002）。因此，「學校社區化、社區學校化」是現代國家推行終身教育的主流。社區教育係針對一個地區、鄰里或鄉鎮，提供了居民所需的教育與訓練等活動，進而透過學習機會的供給、社區的情境脈絡的環繞，創造一個充滿活力、積極參與、饒富文化的環境，形塑一種社區學習的生活方式，其目的在於形塑社區的學習情境，讓居民的能力得以開展，進行營造社會美好的願景。

「富麗新農村」是以全台灣現有的農村社區為核心，融合「健康、效率、永續經營」農業施政理念，推動農村朝向產業、土地活化利用、環境、社會、文化與經濟等整體性發展，強調農村社區內部之活化及整體環境改善，期能突破農村長期窒息性的發展瓶頸，照顧留在農村社區的弱勢農民，還給農村一個尊榮，進而引導外出的子弟回鄉團聚，並以促進農村的活化再生，重建人與土地和諧共處的生命秩序，打造讓都市人流連忘返的富麗新農村。就是這股力量，這份使命，農村再生條例如此孕育而生，透過「由下而上、計畫導向、軟硬兼施、社區自治」的核心理念，「啟蒙農村、扎根再生」，經由下而上內發引導規劃農村願景，凝聚農村再生計畫為起點，運用軟硬兼施的操作方式，發展社區自主管理，一點一滴恢復多元化的台灣農村樣貌。而農村再生培根計畫就是這股力量的火車頭，創造追求幸福美好的活水源頭。

農村社會工作是以協助農村社區自主提出整合性建設及發展需求，考量三農（農村、農業、農民）及三生（生活、生產、生態）均衡，並重視多面向的發展，如產業、土地利用、環境、社會、文化與經濟等，再由政府整體推動農村活化再生的軟硬體建設。為此，培根計畫就是培植在地人才，藉由在地學習扎根的行動，運用地方自然資源與傳統生活智慧，凝聚眾人共識，讓人與人緊密串連，重新找回農村的生命力與情感，許多農村

縱然沒有都市一般的便利生活機能，卻能兼顧生活、生產、生態各面向的
環境資源條件，享受住在農村的喜悅。為促進農村的活化再生，希望運用
各種規劃及總體建設，結合各層面的考量，透過美化農村景觀、維護農村
生態、活化產業文化、提昇農村居住品質、保存地方人文特色及恢復農村
居民在地居住尊嚴，以達成富麗新農村及農村生命力再生之目標。透過整
合在地組織與團隊，積極投入農村建設與發展，引導全民參與，建立在地
人自我管理社區，並輔導在地人參與農村規劃工作，同時為考量農村社區
能有完整培訓課程，真正瞭解社區需求，茲對於社區培訓依序分成「關懷
班」、「進階班」、「核心班」以及「再生班」，對個人培訓重點規劃「農村再
生專員班」，讓有意願營造故鄉願景的農村，能透過此一人力培訓，邁向自
立自主實踐之路。

　　「農村再生、先做培根、培根做好、根留農村」，農村再生培根計畫就
是如此循序漸進的階段，帶領社區從：「關懷班－識寶、進階班－抓寶、核
心班－展寶、再生班－享寶」等人才培育，各有不同的目標，引導農村居
民共同參與社區發展規劃與環境營造，塑造農村發展願景，邁向自立自主。
培根計畫像是一篇篇生動的在地故事，它是永遠的進行式而沒有完結篇，
主角是農村居民本身，由他們自己寫歷史，透過學中做、做中學的互動成
長，分享學習的喜悅；剖析培根計畫各個階段帶給農村居民的感受，這是
農村社會工作的重要內涵。

一、關懷班【識寶】

　　關懷班著眼於說明農村再生到底是什麼？計畫怎麼寫？雇工購料怎麼
做？社區想要知道該怎麼發展、怎麼規劃？老師到社區講給你聽，這就是
培根計畫在做的事，聽起來好像很嚴肅，但事實上，來上課的老師都很清
楚社區想要的方向，用在地的語言去跟社區溝通、互動，引導大家開始思
考、關心居住生活與環境。透過其他社區發展的案例經驗，讓大家更加瞭
解怎麼開始，一步一步建立大夥的觀念、想法。以打造優質休閒農業環境，
提昇休閒農業人力與服務品質，推動特色農業休閒旅遊，增加農村多樣化

收入；提昇畜牧產業生產加工設備效能，改善畜牧場之汙染防治設施，減少汙染源。農村再生工作是以「由下而上」、「計畫導向」、「軟硬兼施」三大方向執行，未來農村的居民是主人，文化保存是重點，讓農村活化、引導年輕人回鄉也將不是夢。

二、進階班【抓寶】

進階班這個階段的目標是讓學員更加認識自己，瞭解居住環境的潛力與限制條件，找出自身特色，透過輕鬆活潑的課程，走出教室，親身操作，譬如社區巡禮踏勘、生活地圖描繪等，且最為令人期待的還有戶外觀摩課程，讓學員走訪其他社區，看看別人做了什麼、聽聽他們怎麼做？也能促進社區之間交流，讓社區認識更多新朋友，培根計畫在快樂生動的氣氛之下，提高了農村再生的參與意願。進階班總是滿載了學員的歡樂與夢想，引領大家繼續向前。

三、核心班【展寶】

社區更加深入認識自己之後，下一步便是要開始學習付諸行動，核心班課程特別重視實作精神，讓學員不只會說夢想，更懂得如何去實踐。譬如說讓社區申請雇工購料，大家動員起來整理社區環境，或是共同完成一件屬於社區的作品，更加的把向心力及情感凝聚起來，創造屬於社區共同的記憶，也是社區精神的展現；不需要理事長或是總幹事強迫，大家都是自發性的來上課，當上培根已成為一種習慣，農村的未來就有希望。畢竟農村再生不是一個人或兩個人的事，而是眾人要齊心為農村的未來努力，這就是社區到了核心班階段，觀念轉變的一個重要過程，也是農村社區整合的開始。

四、再生班【享寶】

培根計畫的最後階段「再生班」，顧名思義，是為了要讓社區邁向再生之路，體認自主精神，並且能達到永續經營。在這個階段，社區通常會透

過工作坊或社區的座談方式，討論社區短、中、長程發展方向，比起關懷班的靦腆青澀，再生班的同學都能來上一段真知灼見，把共同討論的成果，透過「農村再生計畫」，大家的願望，有系統、有目標逐步落實，這是再生班最重要的使命。農村再生是永不間斷的，再生班的結業不代表結束，而是再一次新的開始，農村經營要永續，留給下一代更美好的環境與生活，就從農村再生計畫開始實踐，農村每一分子都是農村永續發展不可遺漏的成員。

表 10-1　農村再生培根計畫各階段課目表

班別	核心課程類別	自選課程類別	課程目標
關懷班 （6hr）	農村再生計畫及相關法規介紹 （共 3hr）	農村發展案例分享 初步社區議題工作坊	政策宣導、理念溝通（識寶） 建立農村居民初步農村營造與農村再生之概念。
進階班 （26hr）	社區資源調查與社區地圖製作（3hr）	農村營造概念及各項發展實務介紹	認識社區、發掘問題（抓寶） 1. 發掘在地議題，認識自己居住的社區資源及在地特色。
	農村發展課題與對策或農村優劣勢分析（3hr）	認識社區防災	2. 瞭解政府相關資源及政策。 3. 認識農村營造相關的操作策略與方法。
	農村營造經驗觀摩研習（8hr）	農村文史資料調查	4. 學習其他社區的經驗。
	社區組織運作實務與討論（3hr）	氣候變遷與低碳社區	
	（共 17hr）	農村營造操作技巧與方法	
		生態社區概念與實務	
		政府資源尋找及運用	
		其他與農村再生相關之課程	
核心班 （36hr）	社區願景分析及具體行動方案規劃 （3hr）	社區防災規劃	凝聚共識、社區自主（展寶） 1. 深化在地議題操作。 2. 建立社區願景，同時擬定相關行動

	社區計畫實務操作討論及輔導（3hr）	農村社區產業活化	方案。 3.強化農村營造的實務操作能力。
	農村美學（3hr）	農村多元發展規劃	4.培養關注並處理社區公共事務的能力。
	農村再生社區公約（3hr）	農村再生條例相關子法規介紹	5.強化計畫書寫作與提案能力。
	社區雇工購料或活化活動實作（12hr）	農村再生計畫初步討論	
	（共24hr）	低碳社區實踐方法	
		其他與農村再生相關之課程	
再生班（24hr）	農村再生計畫討論及修正（3hr）	其他與農村再生相關之課程	社區願景、永續發展（享寶） 1.檢討並修正社區發展各項相關計畫。
	社區會議召開技巧實務操作（3hr）		2.建立專業者或團隊間的密切互動關係與對話能力。
	社區雇工購料或活化活動實作（12hr）		
	（共18hr）		

（資料來源：作者整理）

　　農村再生條例將培根計畫從行動方案正式納入法定作為，賦予培根計畫更大的使命，未來培根計畫不僅要處處陪伴農村社區，更要擴大結合各部會培育人力資源與社會各界培訓動力，引入美學、建築、景觀、社會文化等專業師資，強化培根計畫的深度與廣度，帶動農村人力質與量的提昇。培根計畫從具體的規劃階段課程行動目標開始，結合公部門的適當補助計畫，經由培訓使農民的構想透過行動力，邊學邊落實，同時增加培訓過程的彈性，讓人力資源較弱勢的農村社區，可以有較長的學習機會，體質組織健全的農村社區，從有系統學習中，獲得大幅成長的機會，最後完成再生班的每一個社區，都能符合農村再生永續經營的目標。培根計畫就像火苗，一點小小的引動，將燃起農村的動能，激發社區潛力。

圖 10-6　農村再生條例中培根計畫規劃構想

　　農村社會工作重視並強化在地組織之人力培育，以在地自主營造家鄉為理念，積極培育在地人才，推動可促進農村再生活化之交流體驗與宣導，提昇農村人文品質，恢復農村居民在地居住尊嚴，鼓勵農村民眾用心投入，上下齊心共創均贏，共同營造永續而有活力之農村生活，再現農村生命力！

　　農村再生政策須結合永續農業願景，仿效日本整合一級、二級、三級產業特色的「六級產業構想」，以推動農業再生，應創造農村創造性人力培育機制，建議在農村再生政策增列「推動農村學習機制」、「普設農村型社區大學」，推動農村成人終身學習風氣，提供農村居民多元學習管道，振興農村產業活力。

　　農村再生計畫的目的在解決農業、農民、農村的問題。長期以來農村的環境沒辦法有效改善，公共設施不足，居住環境不好，老舊的社區面臨發展瓶頸時，就會出現農地亂蓋農舍等問題，進而農地資源就會流失，生產、生態環境被破壞，糧食品質也會下降，最後受害者還是農民。農村的問題沒有解決，農業的問題也無法解決。環境不好，年輕的子弟就不願回鄉，轉往都市發展，不但造成城鄉發展的問題，農業沒有後繼者，也沒有辦法永續發展，聚落就會慢慢沒落，鄉土文化就無法永續經營下去。以前非都市土地只有管制，沒有規劃，從國土規劃角度，農村必須回歸應有的

重視。農村再生條例就是希望農村有發展的機會，否則農村還是凋敝、農業問題還是沒解決。因此農村發展必須有專法引導，透過農村再生條例可以找回農村的優美性、鄉土性，農業能回復農業耕種場所，農民才能獲得重視與尊嚴。政府所推動六大明星產業，其中精緻農業、觀光旅遊、文化創意等三項就與農村有關，並針對農村、農業、農民三管齊下逐步改善，例如推動制訂農村再生條例、小地主大佃農、保障農民福利等。藉農村再生以振興農村，推動農村改造，執行方案由下而上、由村里長或社區發展協會提出，落實照顧辛苦的農民、面臨轉型的農業與需要改善生活環境的農漁村。

結語

環顧世界各國在面對二十一世紀全球化趨勢下，紛紛將重建傳統特色之農村發展，列為重要的施政主軸；「農村再生條例」，強調落實地方分權、尊重多元文化、增加地方居民參與及社區發展決策機制，同時也凝聚與動員農村社區能量，賦予農村自主的新型態關係，這些農村再生的精神均涵蓋在條例內，將作為推動農村再生的一盞明燈。

農業是國家生存的根本，也是需求的基礎，建議政府對農村經濟要有實質政策，進行全面水文和環境與生態、人文調查，培養農村多元人才，建立、暢通產銷管道。總之，農村再生是一項為台灣農村「改頭換面」的再生計畫工程，因此必須有「農村再生計畫」來規範，作為法源基礎，冀望台灣農村新風貌，能夠達到「富麗新農村」的新農村建設。

第十一章　農村社會工作的實踐

前言

　　隨著台灣正推動「農村再生」以建設「富麗新農村」的同時，大陸「國民經濟與社會發展第十二個五年計畫」強調：重視發展社會事業及均衡城鄉建設，力圖將重心移轉至基礎的社會福利，解決「國進民退」的現象。大陸以「新農村建設」縮短城鄉差距，為達成「全面建設小康社會」的必要作為。此項以民生為主軸的發展規劃，恰是可借重台灣多年來「由小康社會邁向安居樂業」的成果歷程和「發展典範」。究此，兩岸能由經驗交流，相互借鑑，優勢互補，將可促進我民族邁向現代化的途徑。

　　兩岸在農業議題的交流與合作提供攜手合作、互利共贏的機遇；在大陸重視「三農問題」的過程中，台灣的農村社區工作將可提供相互借鑑。台灣在發展農村社區工作所取得的經驗，對大陸正在實施的新農村建設有一定的借鑑意義。除建構農業產品的「三品農業——品種、品質、品牌」發展道路外，亦著眼於農村居民的「三品生活——品質、品德、品味」，達到農村物質與精神並重的全面建設。藉由兩岸進行的交流合作，相互促進，共同發展，從而實現「兩岸和平，國強民富，民族發展」的結果。

壹、農村社會工作的展開

　　「農為國本」，農業是穩定國家的重要力量，也安定了社會與家庭，農業的存在與發展包含糧食安全、生態保育、社會安定和生物多樣性等多重價值。中山先生於〈上李鴻章書〉中言明：「竊嘗深維歐洲富強之本，不盡

在於船堅砲利，壘固兵強；而在於『人能盡其才，地能盡其利，物能盡其用，貨能暢其流』。此四事者，富強之大經，治國之大本也。」其中，「所謂地能盡其利者，在農政有官，農務有學，耕耨有器也。」以達，「農政有官，則百姓勤；農務有學，則樹畜精；耕耨有器，則人力省；此三者，我國所當仿效以收其地利也。」足資可見，農業誠屬「經世濟民」之學。

「社區發展」是指經由某一社區中的居住者，對於他們生活中所需要的資源以及發展的目標，提出適合的發展方案，共同參與討論，並且由政府及有關機構協助與提供各項資源，改善居民生活，以達成目標的一種過程和方法。社區發展一詞，是在二次世界大戰之後，才開始被應用。其概念受到各國之重視，當時，聯合國為有計畫協助亞非各落後地區儘速重建其社區所採行的一種政策性及行動化的工作方法。該觀念及作為相當受到一八八四年英國第一個睦鄰社區中心：湯恩比館（Toynbee）的影響，強調大學生徙置於社區居民生活在一起，成為一個社區工作中心，不採費邊社（Fabian Society）的路線，而以教育為重心展開社區服務，希冀藉由中產階級的學生菁英和東倫敦區的住民共同生活以解決貧窮問題，教育是湯恩比館實踐的重要策略，以社區和大學相互連結服務貧民、共創和諧社區的典範。社會進步的動力在教育，希望投入湯恩比館的成員能夠保有他們原有的中產階級生活，而不是專業社會工作者的角色。如此一來方能和居民有更好的融合以提供多樣的生活方式，繼而不知不覺地融為一體，期間經常舉辦活動——閱讀、畫畫、演講、縫紉、保健、生產，以便讓居民和學生有充分的互動，強調教育是促進社會和諧以解決社會問題的重要的方法。活動設計即希望藉由尊重傳統、秩序和權威以促進社會和諧。

第二次世界大戰結束以後，西方福利先進國家的政府權力藉由戰爭而得到普遍加強，加之戰後其國民也希望休養生息，渴望社會福利，從而使政府能夠在社會福利方面有較大作為。福利國家逐漸成為西方國家標榜和追求的一種理想制度，福利開支多由中央政府統籌，政府幾乎包攬了所有的社會福利責任。其結果，福利範圍愈來愈廣，可以說是「從搖籃到墳墓」無所不包，福利水準愈來愈高，福利開支愈來愈大，福利開支的增長可以

說到了缺乏理性的程度，造成了政府沉重的財政負擔。到了二十世紀七〇年代末、八〇年代初，終於釀成了福利國家危機。這些措施背後所隱藏的價值來自兩股思潮，一個是新保守主義，強調市場的自由機能、個人主義、反對政府干預、強調家庭責任、削減福利支出；另一個是福利多元主義，主張社會福利可由法定部門、志願部門、商業部門以及非正式部門來提供。總之，這些改革措施的中心思想就是，自由化──解除管制，使以往以政府為福利供給的主要角色逐漸撤離；社區化──讓民間有更多參與福利提供的機會；效率化──以強化服務提供的效率並增加民眾使用上的便捷性與選擇性。社會福利社區化的想法由此產生，並逐漸成為福利國家福利供給的主要模式。

　　社會福利社區化之所以成為福利國家現行福利服務供給的主要模式，是與其所能夠產生的積極效果有關。援引至農村社區工作將產生：

　　第一，效率提昇：透過各自委託方案的競爭，選取較為有效率的方案實施，能夠提高服務供給的效率。農村社造的社區工作在於，「工作」與「日常生活」往往是交錯進行，集結起來的力量回歸日常生活，新的存續目的便建立在與社群具有緊密相關的利益創造之上，讓成員共同獲利（公平性的兼顧）。在社區營造的過程中，利用農閒時間共同以自力營造的方式進行社區實質空間改善，除了讓成員有機會互相學習與嘗試外，產生的具體成就也是社區共識的驗收。

　　第二，普遍參與：即將公共部門的服務轉移給志願服務團體，有助於服務領域的擴充，激發社區居民參與意識。現代的農村不只有農業，或可以鄉村的概念來豐富農村的多功能特性，將「農村營造」稱為「鄉村社區營造」。鄉村社區營造在本質上其實就是一種區域發展，營造的目標除了永續以外也可以有不同的想像。城鄉之差別在於後者對既存的自然、文化、產業與社會網絡等條件的依賴更深，因此在鄉村社區發展的過程中，必然需要解決這種依賴所相對產生的社區生活問題，謹慎地發揮創新的特色以減少既存的不利條件。

第三，彈性作為：民間提供的服務較具彈性，可以配合不同群體的需求，有助於增加福利消費者的選擇自由。「社區參與」的方式是透過有活力的活動、活化空間，讓居民一起同樂地參與。

社會福利社區化不僅有助於克服現行社會資源的龐大負擔之外，亦能積極鼓勵民間參與使得福利服務的推動取得了相當的成效。顯著表現就是街道從凌亂狀態趨於整潔，文化生活隨著多元文化的介入趨於豐富多彩，街道從單一的居住條件發展成具有社區意義的環境。而農村的社區工作鼓勵民眾參與，有效地提昇農村的生活品質，提高農民的經濟收入。

農村社會工作的推展，正如大陸國務院總理溫家寶所提：「建設社會主義新農村必須落實好農村政策，深化農村改革。要長期穩定和不斷完善農村基本經營制度，保障農民的物質利益和民主權利，全面推進農村綜合改革。要把『三農』的各項政策措施落到實處，充分發揮政策對推動新農村建設的效力。」二〇一一年三月公布「國民經濟和社會發展第十二個五年規劃」（二〇一一年至二〇一五年），是全面建設小康社會的關鍵時期，於農村發展規劃上，即有所著墨：

一、現況：農業基礎仍然薄弱，城鄉區域發展不協調，就業總量壓力明顯，社會矛盾增加，制約科學發展的障礙依然較多。

二、目標：在工業化、城鎮化發展中同步推進農業現代化，把解決好農業、農村、農民問題作為發展工作的重心，統籌城鄉發展，堅持工業反哺農業、城市支持農村方針，加大強農惠農作為，夯實農業農村發展基礎，提高農業現代化和農民生活，建設農民幸福生活的美好家園。

三、作為

1. 發展現代農業：推進農業科技創新，健全公益性農業技術推廣體系，發展現代種業，加快農業機械化。完善現代農業產業體系，發展高產、優質、高效、生態、安全農業，促進園藝產品、畜產品、水產品規模種養，加快發展設施農業和農產品加工業、流通業，促進農業生產經營專業化、標準化、規模化、集約化。推廣清潔環保生產方式，治理農業面臨汙染。

2. 農村基礎設施：按照推進城鄉經濟社會發展一體化的要求，完善新
農村建設規劃，加快改善農村生產生活條件，全面加強農田水利建
設，繼續推進農村電網改造，加強農村飲水安全工程、公路、沼氣
建設，繼續改造農村危房，實施農村清潔工程，開展農村環境綜合
整治。提高農村義務教育質量和均衡發展水平，推進農村中等職業
教育免費進程。加強農村三級醫療衛生服務網絡建設。完善農村社
會保障體系，逐步提高保障標準。深入推進開發式扶貧，逐步提高
扶貧標準，加大扶貧投入，加快解決集中連片特殊困難地區的貧困
問題，有序開展移民扶貧，實現農村低保制度與扶貧開發政策有效
銜接。

3. 拓寬農民增收：提高農民職業技能和創收能力，多渠道增加農民收
入。發展農村非農產業，壯大縣域經濟，促進農民轉移就業，增加
工資性收入。

4. 農村發展機制：健全農業社會化服務體系，提高農業經營組織化程
度。促進土地增值收益和農村存款主要用於農業農村。積極穩妥推
進農村土地整治，完善農村集體經營性建設用地流轉和宅基地管理
機制。深化農村信用社改革，鼓勵有條件的地區以縣為單位建立社
區銀行，發展農村小型金融組織和小額信貸，健全農業保險制度，
改善農村金融服務。積極探索解決農業、農村、農民問題新途徑。

努力推動農村發展是構建農村社會工作體系的目標，以整合社區資源
推動農村經濟發展。發揮區域優勢，整合區域內資金、土地、人才、信息
等資源，科學制定社區經濟發展總體規劃，建立特色產業園區，培植主導
產業項目。其次，以開展社區化服務為手段凝聚農民群眾。為農民群眾提
供優質高效的公共服務，實現城鄉基本公共服務均等化。再次，以培育社
區特色文化為載體推動農村文化全面繁榮。整合各類文化資源，多方籌資
建設各類文化設施，帶動社區文藝愛好者開展豐富多彩的文化娛樂活動，
傳播先進思想，倡導文明新風，促進社會核心價值體系建設，推進社區民
主建設，促進農村社會和諧穩定。

貳、推動農村社工的經驗

台灣於一九六五年由政府頒布「民生主義現階段社會政策」，確立了社區發展為社會福利措施七大要項之一，同時並明確規定「採取社區發展方式，促進民生建設為重點」。為加強各方面之協調，貫徹社區發展工作之推行，一九六八年公布「社區發展工作綱要」。「社區發展工作綱要」其重點分述如下：

一、目的

為促進社區發展，增進居民福利，建設安和融洽、團結互助之現代化社會。社區發展係指社區居民基於共同需要，循自動與互助精神，配合政府行政支援、技術指導，有效運用各種資源，從事綜合建設，以改進社區居民生活品質。

二、內涵

社區發展指定工作項目如下：

(一) 公共設施建設

　　1. 新（修）建社區活動中心。

　　2. 社區環境衛生及垃圾之改善與處理。

　　3. 社區道路、水溝之維修。

　　4. 停車設施之整理與添設。

　　5. 社區綠化與美化。

　　6. 其他。

(二) 生產福利建設

　　1. 社區生產建設基金之設置。

　　2. 社會福利之推動。

　　3. 社區托兒所之設置。

　　4. 其他。

(三) 精神倫理建設

1. 加強改善社會風氣重要措施及國民禮儀範例之倡導與推行。

2. 鄉土文化、民俗技藝之維護與發揚。

3. 社區交通秩序之建立。

4. 社區公約之制訂。

5. 社區守望相助之推動。

6. 社區藝文康樂團隊之設立。

7. 社區長壽俱樂部之設置。

8. 社區媽媽教室之設置。

9. 社區志願服務團隊之成立。

10. 社區圖書室之設置。

11. 社區全民運動之提倡。

12. 其他。

三、作為

社區應設社區活動中心，作為舉辦各種活動之場所。推動社區福利服務工作，並應與轄區內有關之機關、機構、學校、團體及村里辦公處加強協調、連繫，以爭取其支援社區發展工作並維護成果。

這項民生建設工程於農村的體現為：台灣省「小康計畫」（The plan to help the needy in Taiwan），該計畫於一九七二年台灣光復節，由當時省政府主席謝東閔先生宣布實施。由於當時正值台灣光復後的鄉村經濟轉型，剛剛起步進入輕工業階段。小康之境雖不若大同世界的深厚崇高，但卻為邁向大同境界必經的歷程。

二十世紀七〇年代台灣的社會狀況，「小康計畫」是以家庭為基本照顧單位，連結鄰里社區現代化及社會政策的推動，積極朝向民生經濟建設，與生活文化品質的提昇的目標。此一計畫內容包括：

第一，擴大救助、收容、安養。

第二，輔導生產。

第三，轉介就業。

第四，辦理職業訓練。

第五，興建平價住宅。

第六，指導家庭計畫、節制生育。

第七，鼓勵並延伸公民教育。

第八，推行社區生產福利事業、建構客廳即工作場所。

第九，發動民間企業、社會力量配合救助運動等九大項目。

　　對於救窮之道，認為消極性的救助，只是維持貧窮者的生存，不能轉變其環境，更不能防止貧窮的產生，實踐「給人一條魚，只能吃一餐；不如教他釣魚，則可享用一生。」也就是要教困境中的族群謀生的技能，才是根本之道。若能激勵民眾勤儉持家的精神，以及人窮志不窮的信念，一定能順勢開發民眾的潛能，跳脫困境的挑戰，促進社區生產力。以增加財產，藏富於民，解決台灣貧窮問題，防止新貧戶為目的，透過民間均富、小康之家而邁向大同世界之意。

　　小康計畫排除傳統制式慈善性救助，透過個人家庭背景、體能、性向、專長等客觀分析而依不同需求，有的需照顧老人、幼兒，無法外出，有的體能反應不適擔任工廠生產工作；於當事人根據情況提出申請之後，承辦人員依據訪視、審查、與分析，分別提供家庭手工業、媽媽教室、農村副業、小康農場、小本創業貸款、小康市場、分配攤位、以工代賑，並由社政及農會家政工作人員或產銷人員指導引領。「小康計畫」執行要領如下：

　　第一，採標本兼治，消極與積極並重方式，著重於積極輔導生產、就業，對老弱殘障無生產能力者，則給予適當救助與照顧。小康計畫係針對致貧因素提出除貧的計畫構想，採取兼顧消極以及積極救濟方式，以救助、安置、生產、就業、教育訓練作為根本措施，對於有工作能力者，著重在積極的輔導從事生產，對於無工作能力者，給予適當的救濟。

　　第二，發揚社會仁愛精神與激發貧民自立自強精神，為了匯集更多的資源，發動社會力量配合救助運動，設置「仁愛專戶」，接受民間機構、團體捐贈物資，作為小康計畫基金；設置「仁愛信箱」，接納各界對於小康計

畫的意見，提供技藝訓練或就業機會，連同收容安養、家庭補助、貧民施醫、精神病患收治、殘障重建、創業貸款、職業訓練、家庭副業輔導等措施。協助案主發展因應的技能，以處理他們在特殊境遇中的瓶頸。

第三，培養社區人士參與地方服務的管理網絡，培育社區組織村里鄰長彼此建立相互連結系統。地方扎根服務以村里鄰為場所，第一線專業社工人員與社會大眾做直接的接觸，聆聽案主的需求，適應其環境，提昇生活。

第四，組織仁愛工作隊，由社會熱心人士或學校機關團體的員工、師生所組成的服務團隊，利用假日訪問、關心貧戶生活狀況，深入瞭解貧窮原因，並協助其解決困境，希望藉此透過政府以及民間的合作可以達到最大化脫貧的效果。例如：農忙時辦理托兒所，設立媽媽教室以及家庭手工藝訓練推廣，打破貧窮女性化的循環，有效促進婦女社會力的參與及人力培訓。

第五，運用社會工作之科學方法，才能真正輔導貧戶脫離貧窮而自立自強，激發人們參與社區之愛與關懷，「客廳即工作場所」與「媽媽教室」的理念，打破了貧窮文化的循環迷失，漸而創造了以社區為本位的產業福利文化的生活方式。

第六，教育脫貧——輔導接受教育：為社會大眾辦夜校，強化家庭生活與衛生教育並授以職業技能，一方面使他們變成良好的公民，另一方面並設法激發民眾保存中華民族固有勤勞文化之優點。

1. 加強輔導、鼓勵貧戶學齡兒童入學，增加其知識，以累積其人力資本。
2. 提供就學貸款，鼓勵貧戶子弟就讀技職學校，如成績優異者免除學雜費並贈與獎學金。
3. 辦理貧民成年補習教育，培養勤勞精神，灌輸現代生活知識，以增加其謀生能力。如小本創業貸款、社區發展福利基金、媽媽教室計畫等，均存在對社會福利服務發揮頗大之功能。

第七，尋求資源統合運用：根據居民組織或團體依其需求來開發和連結外部資源，針對有工作能力但無技能之貧民，由農、工、商等職業學校辦理職業訓練，促進其技能，以利輔導就業；或者，透過政府與工廠業主

合作辦理職業訓練，學成之後在原工廠就業；另外，還可以鄉鎮劃社區為單位，設立小型工廠就地辦理職業訓練並輔導就業。

第八，運用社區為載體，動員社區企業組織：發動社區的力量，辦理社區的救助工作；倡導家庭副業，推行「客廳即工場」增加家庭生產；辦理社區托兒所，讓有工作能力之婦女有時間從事生產；以及社區內的「以工代賑」方案，社區內的興建公共設施，優先僱用貧民從事建設。小康計畫同步針對社區中的企業為單位，瞭解其在外辦理工廠，已具規模之當地人士，發動成功的企業家錄用有勞動力之貧困子弟，按其志願能力輔導工作，協助企業家培訓貧民，並追蹤輔導。小康計畫就是把人窮志不窮的「有志工作者」送入企業及工廠，除了安排獨居者進入慈善仁愛機構、身心障礙者送入療養院等，可以說是「個案轉介專業服務」的先導計畫。此種組織後來便成為台灣就業輔導社會服務機構之基礎，進而鼓勵許多企業承擔社會責任，除了捐款外，以為社會發展轉型之用，以增進一般民眾之幸福。

第九，激勵文化價值核心：小康計畫的任務之達成，歸根究柢是當時的公共服務重視人性的需求，包容不同族群的差異性，積極激勵文化價值核心，即勤儉美德，倡導均富，同步重視台灣農村與都會、經濟與社會發展共生互惠運作的問題，始能在貧富兩個世界與龐大科層組織裡有效執行方案細則，貫徹工作。

第十，尊重人性，以人為本：它包容尊重人性的尊嚴，不論貧富地位，都能有尊嚴和諧共榮，排除貧富之分，而非對立抗斥。它鼓勵民眾發揮自信，因此自我形成一種有機體系，健康地營造融合工作倫理，跳出貧窮的泥沼，凸顯台灣本土文化中無所謂的貧窮文化（culture of poverty），發覺並成長民間智慧。它排除了相對貧窮（relative poverty）及相對剝奪（relative deprivation）的社會不平等的情結，啟動轉化了解決貧窮問題的原動力。扭轉生活化的小康藝術文化，引導諦造生活的打拚觀念與態度，是具體的理念、操作方式和市場規則的碰撞、衝突和融合，為台灣中小型企業文化灌注生命意義與價值。

　　第十一，一九七三年台灣省政府頒布「台灣省各社區推行媽媽教室活動實施要點」，陸續在全省各社區推廣媽媽教室活動。實踐大學所屬二水家政中心成立之後，戮力推展媽媽教室研習課程，成為全省媽媽教室研習訓練中心，謝東閔創辦人深受中華文化薰陶，認為母親為家庭之本，家庭也是人類第一個學習接觸的場所，培養一位稱職的媽媽，就能健全一個家庭，家庭健全社會自然安康祥和。因此，家庭教育是一切教育的基礎。媽媽教室活動是由社區、學校或家庭提供媽媽一個學習的園地，且由專家或有經驗的媽媽授予生活新知或技能，因此也是一種家庭教育、社區教室、家政教育與親職教育。媽媽教室的課程規劃包括 1.教育、2.指導、3.保健、4.技藝、5.康樂、6.服務、7.法學、8.生活新知等。配合台灣省政府推動小康計畫的實施，為辦理「社區媽媽教室」的示範工作，推動社區教育，加強民眾社區意識，堅強社區組織，期望社區發展工作得以和教育工作結合。其內涵：在經濟方面以加強家庭生計為主軸，政治上則是促使社會「脫貧」與「扶弱」，社會上是達成縮小貧富差距建立均富社會，而文化上則弘揚以家庭為本的傳統倫理。經由社區將社會價值傳遞至家庭，並在新的社區中作為發展出新人際關係及尋找新資源的觸媒。

　　台灣的小康計畫的特色是以家庭及社區為中心，緊密與社區各機構脈絡工作結合，推動各項救貧防貧方案。小康計畫達成了社區發展輔導工作方案，協助民眾度過危機，提供因應的資源策略。小康計畫有助於我們對台灣的社會力及經濟趨勢的展望，重視社會福利乃是社會資本的累積、人力資本的提昇、社會基礎的穩定及社會安全的維持，並調和所得維持社會服務的功能。強化人力資本的投資，提高職業訓練的效果，連結經濟發展。同步創造就業機會，提昇青年、中高齡人口群的就業能力、鼓勵創業，公民美學、知識社會的落實。

參、台灣富麗新農村建設

　　隨著社會經濟的發展，工業化及都市化建設，台灣社會呈現「貧富差距擴大」、「城鄉建設懸殊」、「資源配置差異」等發展瓶頸。政府遂於二〇一〇年七月通過「農村再生條例」，成為農村社區工作的新里程碑。農村再生條例的精神是「由下而上」，也就是由農民主導，由農村社區的在地組織或團體（如農會、社區發展協會等）提出整體建設和活化再生計畫，經縣市政府審查核定後，再由中央主管機關補助社區進行整體環境整建、公共設施、個別宅院整建和產業活化等建設。正因為是「由下而上」，以農民的意見為核心，所以「農村再生條例」是以農民的需求和立場為本位。

　　以宜蘭大進社區為例，在社區居民參加人力培訓計畫後，激發了村民去改善髒亂的意識，在沿著村裡的道路兩旁種了數萬株的野牡丹，也找回了失傳已久的野燒陶技術及發現了全世界僅有的三個地方獨有的石板水渠。社區居民準備在道路兩旁擴建人行步道，土地都是由社區民眾捐地出來。

　　以實踐大學彰化二水家政教育推廣中心為例，二〇〇九年為落實終身教育的時代趨勢，進一步成立「彰化二水社區大學」，秉持「終身學習、即時受用、及時學習、終身受用、處處學習、事事學習、時時學習」精神。為發揮「時時有行動，處處有感動」，散播社教之美，用真誠的心提昇社會的善。並以進一步弘揚中華民族尊老敬老的傳統美德，大力發展老齡事業，給予老年人更多生活上的幫助和精神上的安慰，讓所有老年人都能安享幸福的晚年。社區學院秉持人的一生當中有無限可能，需要探索與實踐，透過學習能多方面成長，使人生充滿希望。終身學習有三寶，意即終身運動、終身學習、終身反省，落實「邁向高齡社會老人教育政策白皮書」的四大願景：終身學習、健康快樂、自主尊嚴、社會參與。實踐大學於推動社區學院的作為是落實終身教育，以對應社會發展的重要機能，而該內涵為：

一、全民教育觀念的推展：在一定區域範圍內實現「教育社會化」與「社會教育化」的目標。把教育納入社會大系統，使教育與社會融合，教育功能經由學校與社區共同推動。

二、以社區內成員為對象：社區教育著眼於提高社區內全體成員的全面素質提昇，著眼於教育資源的開發與充分利用，尤其要建立終身教育體制，為個人達成終身教育提供學習條件。

三、與社區相結合的教育：發展社區教育的目的是使教育更好地為建設和發展社區而服務，為提高社區成員的生活素質而服務。

四、各種教育因素的集合：教育與社區雙向啟動，相互促進，社區教育促進社區發展，社區發展推動社區教育，實現教育與社區的結合、教育與社會的一體化。

五、立足於發展社區特色：要根據地區的特點，帶有自身特定的人文、地理和社會的特點，展開多形式、多層次、多元性的社區教育。

環顧各國在面臨二十一世紀全球化趨勢下，紛紛將重建傳統特色之農村發展，列為重要之施政政策，為促進農村活化再生，將提昇農村整體發展，恢復農村居民在地居住尊嚴，以達建設富麗新農村之目標，作為現階段重要之課題。因應整體農村發展之需要，運用整合性規劃概念，以現有農村社區為中心，強化由下而上之共同參與制度，建立農村整體再生活化，並強調農村產業、自然生態與生活環境之共同規劃及建設，注重農村文化之保存與維護及農村景觀之綠美化。藉以解決舊有農村社區生活設施用地不足問題，並由農村再生基金，執行農村再生計畫，照顧四千個農村及六十萬以上之農戶。

「富麗新農村」計畫目標：

第一，以農村社區為單位，培育農村社區居民，加強農村活化再生之宣導，推動農村再生。

第二，引導社區居民學習，培養農村規劃、建設、經營、領導、提案等能力，以規劃及執行具發展特色之農村社區。

　　第三，強化在地組織之人才培育及訓練，輔導在地農村社區發展組織之運作，為農村活化再生工作扎根。

　　第四，落實社區居民共同參與社區發展規劃與環境營造，塑造農村發展願景，以利後續推動。

　　農業應該是以生產為基礎，延伸到在地知識、文化認同、生態體系、生活環境、各級產業發展等不同面向，成為一個整體性的概念與全面性的操作，事實上，多年來的農村營造工作，正是回應此一概念所進行的努力。因應整體農村發展之需要，運用整合性規劃概念，以現有農村社區為中心，強化由下而上之共同參與制度，建立農村整體再生活化。

　　「富麗新農村」的目的在突破農村長期窒息性的發展瓶頸，照顧留在農村社區的弱勢農民，還給農村一個尊榮，進而引導外出的子弟回鄉團聚，期望打造讓都市人流連忘返的富麗新農村，建構出完整且富各種機能的新農村社區。但此一擴散絕非無限制的任意擴散，而是透過整合規劃，由政府與農村社區共同打造全新風貌。

　　「富麗新農村」是以農村及居住於當地農民的福祉為考量，努力扶植及振興農村相關產業，由此來扭轉農村的頹勢。有鑑於現行農村社區之分布，以小規模或非集約式之發展型態為主，其生活與農業生產環境息息相關，農村再生條例分別以總則、農村規劃及再生、農村土地活化、農村文化及特色等方向訂定相關條文，作為農村整體發展及規劃建設之法令依據；在具體做法上，優先獎勵自發性之共有土地自辦規劃或整建、改進農村社區土地使用管理方式及推動整合型農地整備等方式，透過訂定農村再生發展區計畫，活化農村土地利用，藉以解決舊有農村社區生活設施用地不足問題，重新讓社區居民找到自己的自信及對土地的認同。農村是閉鎖的都市之外的一個廣大天地，好好的營造後，台灣社會發展會有多元、更不一樣的選擇。農村再生條例牽涉到的，不只是工程，嚴謹的說是一種「社會文化振興與再造」，這社會工程正是台灣這一個「大社區」進行社區營造的一部分，須賴制度、人員、資源的統合運用，方可克竟全功。

倡議「社區發展」工作，強調以「基礎工程、經濟生產、精神倫理」為綱要，達成社區「除貧、扶貧」具體成果。盱衡農業範圍涵蓋了「農業、農民、農村」，屬於「生產、生活與生態」等領域的「三生」產業，因此「農村再生」理所當然應兼顧農業、農民與農村問題的「三農」政策。農業是一種生產產業，它追求效率；農民生活與所得是福利問題，係追求公平；農村建設是基層與環境政策問題，追求生態平衡、適宜開發為手段。農村不只是產業或生活方式，還是人格發展中很重要的領域，農村是一個教育、文化保存的地方，而這些只有在農村發展有很好的規劃、建設的時候，才能找回尊嚴。落實「富麗新農村」的理念，係本諸提昇全民生活素質；並且達到「造人－參與學習的提昇」、「造景－生活環境的改善」、「造產－經濟生活的增進」，也唯有「造人」才是整個社區營造的重要核心。因此，精神倫理建設於現今社會益顯其重要性，也是農村社會工作的核心目標。

農村再生著重在農村機能的活化、人力的培養，絕不只是硬體建設而已。鼓勵居民關懷自己的社區，發現生活環境內的自然生態、景觀與人文寶藏，進一步協助他們去整理、維護這些寶藏。農村再生強調農村社區內部之活化及整體環境改善，推動農村朝向土地活化利用，環境、文化與經濟等整體規劃發展，以促進農村社區內部的活化再生，滿足生活機能需求，重建人與土地和諧共處的生命秩序，打造成為富麗新農村。

肆、農村社工的推動願景

二〇〇七年，大陸領導人胡錦濤揭示：「全面建設小康社會，深入貫徹落實科學發展觀。從經濟建設、政治建設、文化建設、社會建設和生態文明建設五個方面，提出了實現全面建設小康社會的一系列新要求、新思路、新舉措。」其內容為：

一、根據科學發展。用「小康、溫飽、人均」這樣的概念來描述現代化目標，提出了全面建設小康社會的新要求，按照既定的目標一步步地實現小康，順利完成每一個階段性目標的任務，根本原因就是做到了實事求是。

二、堅持以人為本。小康,是中國傳統社會普通百姓對一種美好生活的追求與嚮往。「小康」這個詞,很直觀,老百姓最理解,感到親切。小康社會的一個根本前提是共同富裕,不能只是少數人富裕起來,提高農民的生活水準是關鍵。用小康社會來定位現代化建設的目標,要從人民的根本利益出發,建設惠及全體人民的小康社會。

三、懷抱世界眼光。從國際比較中確定發展目標,提出以信息化帶動工業化,走新型工業化道路的發展戰略;提出以人為本、科學發展、和諧社會等新的發展理念,強調科學發展觀的第一要義是以人為本,要樹立正確的政績觀,把發展的成果落實到人民群眾生活的提高和改善上來;要採取各種措施,使老百姓得到看得見、摸得著的實惠。

四、達成全面發展。第一,人民的吃穿用問題解決了,基本生活有了保障;第二,住房問題解決了;第三,就業問題解決了;第四,人不再外流了;第五,中小學教育普及了,教育、文化、體育和其他公共福利事業有能力自己安排了;第六,人們的精神面貌變化了,犯罪行為大大減少。

新農村建設的「新」,可概括為新技術環境、新自然環境、新體制環境、新分工環境和新居民主體。建設新農村的核心任務是發展農村經濟。沒有農村經濟的發展,就沒有新農村。當農村朝向全面建設小康社會,所涉及政治、社會、文化等領域的改革,是一次重大的制度創新和社會變革,要在試點的基礎上全面推進。為達成「全面建設小康社會」,在新世紀新階段,必須認真解決好「三農」問題,著力推進新農村建設。要處理好發展農村生產力和促進農民增收的關係,推動農村產業全面協調發展,加大對農民增收的支援作為,加快農村教育、科技、文化、衛生等社會事業發展。要處理好加大外部支援和挖掘農村內部潛力的關係,不斷增加對農業和農村發展的投入,激發農民自主創業的潛能。要處理好調動幹部積極性和調動群眾積極性的關係,引導農村基層幹部增強本領、埋頭苦幹,有效發揮農民群眾的主體作用。要處理好抓緊當前工作和著眼長遠發展的關係,辦好農民群眾最關心、要求最迫切、最容易見效的事情,解決好農業和農村長遠發展中的根本性問題,不斷開創建設新農村的新局面。

於兩岸皆重視農村社區工作的推動，以健全社會發展，參照「湯恩比館」精神共組「兩岸青年志工農村社區服務隊」，及「村官異地培育」的作為構思。

一、共組「兩岸青年志工農村社區服務隊」

青年為民族希望之所寄，志願服務則係展現社會關懷的核心價值。值此全球化時代，所有人類的命運緊緊相繫，兩岸血脈相連，文化一體，均為地球村的一分子，於發展成就之餘，自當貢獻己力，協助農村地區教育、經濟發展，並使在台灣富裕環境中成長的青年學子，瞭解當地，進而藉此機會學習感恩惜福，奉獻服務。並期望其在接受多元文化洗禮後，更具備開闊視野。兩岸青年共同組建「農村社區工作服務隊伍」，經由服務學習活動提供參與志工團的大專青年在物質相對簡單的環境中，與純樸的當地師生、村民共同生活，共同學習成長，期望藉由人與人之間最誠摯的交流，達成服務教育的目標。與此同時，透過認識當地歷史、地理、風俗，使青年志工的眼界得以開拓，深入瞭解農村社區環境，關愛生命，達成民族交融目標。

為落實該項構想，台灣實踐大學分別與安徽農業大學及黃山學院於二〇一一年七月，共同組織「兩岸青年志工農村社區服務隊」，於合肥、宏村等地進行為期十天的服務活動，以所知所學加以專業培訓，以參與「新農村建設」的服務工作。並規劃每年異地服務方式，二〇一二年六月於台灣農村進行「富麗新農村」服務活動。其中的服務規劃如圖 11-1：

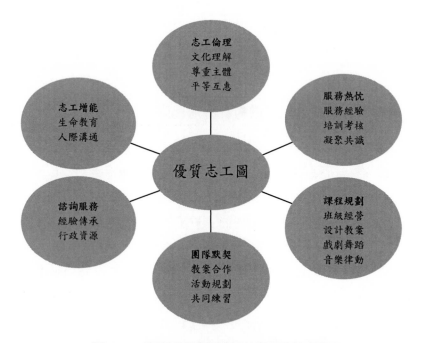

圖 11-1　兩岸青年志工農村社區服務培育圖示

二、「村官異地培育」

　　讓農村能夠富裕起來，並完成全面小康目標，就是要促使城鄉均衡發展，邁向「全面建設小康社會」，在這樣的過程中「教育」扮演相當重要的角色，不但要培訓下鄉服務的大學生村官，同時也要針對農村民眾提供教育學習的機會。大陸的大學生「村官」計畫，其本質與意涵正與台灣在六十年代開始推行的媽媽教室與小康計畫一致。台灣的小康計畫是以防貧、脫貧為宗旨，推行「家庭即工場」、鼓勵創業、輔導就業、住宅興建、提供救助安置、政府優惠貸款及相關教育訓練為主要，計畫推行了六年後，台灣從實施時的七萬四千二百四十九戶貧戶銳減為七千零六戶，可以看到小康計畫良好的績效。媽媽教室則是從家庭的實質生活層面開始，提供婦女衛生保健的知識，增強農業生產與技藝的能力，改善家庭與美化生活環境，甚至包含兒童教育及學前教育的課程，這些內容都是與大陸的大學生「村官」在農村所要推行工作相互一致。小康計畫激發民眾自動自發精神，以

本身之人力、物力，自動推行。同時，社區發展工作是台灣在工業化發展過程中，試圖以社區為最小單位作為國家進行生產與再生產的基地。在生產方面，除了以社區發展之名從事基層建設的整備之外，在制度設計上更透過家庭副業、客廳即工場的推廣所，使社區所擁有的地緣、親緣關係被整合進入生產中，充分運用婦女、老人及幼童的勞動力，帶動家庭、社區及社會的發展。「以社區發展工作推行家庭副業，此設計可減輕工廠勞力不足的壓力，緩和工資因人力不足而上漲的趨勢，利用家庭副業生產方式，減少工廠廠房、工人宿舍之投資，降低勞工徵募管理等勞動費用之支出，促進新的外銷產品，藉以增加生產，減少成本，穩定物價，加速經濟建設。」（徐震，1990）此外，社區更以自足的形式，低成本地滿足了休閒的功能，並負擔起國家所應承擔的福利、治安等任務。

實踐大學由謝東閔先賢於一九五八年創辦，學校首設「家政專業領域」，辦理宗旨在培育具有「家庭倫理化、科學化、藝術化、經濟合理化」的建設及推動人才，以締造和諧的社會，建設富強的國家；同時其教育目標在：研究並推廣生活科學知能，增進生活福祉與生命意義。期能將台灣小康社會的成功經驗結合大陸村官既有的基礎，因地制宜，老師與學員共同參與課程及討論，進而創造一套具可行性與前瞻性的新農村建設實踐方案。

培訓方案秉持實踐大學所強調實體力行之精神，即王陽明先生所提倡之知行合一，即知即行之生活哲學。也是深感知識之延伸在於實務的運用，承襲於理論知識與技術實務兼籌並重的實用教學，更與相關產業具有良好互動與合作關係，讓所學的專業知識能在實務的工作崗位上有所發揮。村官異地培育計畫，整合上述實踐的民生學院、管理學院與設計學院之專長，規劃出以學習、思考及行動三大特性之下的學習性、討論性與回饋性的課程。於「村官異地培育——新農村建設人才培育合作方案」中規劃：

（一）創意特性的學習性課程

學習型課程以課堂中專題講座為主，內容如下：1.社區組織與發展，2.志工訓練與管理，3.小康計畫，4.方案設計與評估，5.倫理教育與服務，6.

衛生保健，7.食品科技新發展，8.產業與創新管理，9.文化創意產業專題，10.創意設計。以上課程旨在培養學員的社會工作專業知能與進入農村所需具備的文化能力（cultural capability），引導學員在一系列的學習經歷中設計出適合自己當地農村的實作方案，不僅如此，更具有方案設計與行銷的能力。同時，此方案加強對農業生產品與技藝創新的敏銳度及發展產業管理的能力，課程中也提出推行衛生保健的知識與倡導身心健康的基本概念。

（二）思考特性的討論性課程

此課程以工作坊與社區、校外參訪為主，其中工作坊將設計團體動力、個人自我成長認知與助人溝通等相關課程，並進行實務團體活動與討論，促進學員職涯中的自我認識與發展，並協助學員能有效的與農民溝通，得以提供適當的協助與服務。此外，也會帶領學員參訪社區、彰化縣的各農會以及二水鄉家政推廣實驗中心，幫助學員瞭解台灣農村的社區型態，增加真實的感受與體驗。

（三）行動特性的回饋型課程

課程規劃以行動創造實質的回饋，每日晚間的小組分享為主軸，由先前的學習與思考特性的課程內容進行討論，將課程所學經過討論與分享來刺激學員思考，擴充更廣闊的思維框架，進而創造屬於因地制宜的可行性方案。這樣的方案整合學習知識、實務教學、實地參訪與分組討論，學員得以完全使用這兩個禮拜所學的知識概念與技術實務，創造適合自己當地農村需求的方案。

整體課程以學習、思考與行動三大課程特性取向，加上彰化二水家政實驗中心長期扎根農村社區工作的成功實例，並依據實踐辦學特色：傳統與現代兼顧、人文與科技整合、通識與專業齊觀、本土與國際並行、軟體與硬體並重和學校與社區融合，規劃出新農村建設中的人才培訓實踐計畫，如圖 11-2：

新農村建設人才培育規劃構想

一、傳承：發揮擴大辦學特色
二、理念：參酌美國社區學院
三、內涵：老人/社區/婦女教育
四、方式：課室教學/實地參訪
五、整合：學校現有特色及教學資源
六、合作：結合社區發展協會
七、拓展：編撰教材、製作教案
八、作為：理念推廣至大陸友校
九、延伸：種子培訓、師資培育
十、強化：以社區為範疇

圖 11-2　新農村建設人才培育規劃構想圖

　　隨著大陸在國際舞台崛起，「硬實力」贏得世人矚目，台灣宜發揮「軟實力」的優勢，兩岸合作辦學，朝向「攜手共濟，互利共贏」。針對新農村建設的靈魂人物「大學生村官」培訓執行現況的瞭解，回應村官對「如何迅速有效融入農村連結人際情感」、「創造改革致富的有效組織」、「創意行銷、設計」等軟性知識的迫切需求，以及對農業社區成功轉型經驗、「實地考察」的具體期待，結合實踐大學北、中、南校區與產業合作的珍貴經驗，運用民生、設計、管理三學院師資，以及中華民國社區發展協會的整合資源智慧，設計了一個具備「學、思、行」的培訓實踐計畫。

　　培訓計畫，在專業學者的專題講座中領略符合大陸大學生村官所需且實用的知識，特別是小康計畫如何在大陸落實、創意行銷與設計等知識如何成功運用在農村的產業行銷工作上、台灣的農村社區如何轉型成功的經驗。同時，安排具有社會工作實務經驗與曾參與社區發展工作的資深社工員、社區指導員來擔任培訓課程的指導員，將台灣當地的成功經驗結合大陸村官既有的基礎之上，因地制宜，進而創造一套具備可行性與前瞻性的新農村建設之實踐方案。

我們也期待在課程中的團體動力工作坊，透過體驗與沉澱，讓成員能夠有明心見性的深度自我瞭解，產生源源不絕的熱情與毅力，充權賦能完成生命中的任務。當然，成員們在異地培訓中，在知識的饗宴之外，亦可享受台灣在地的文化，又能親自見證寶島居民「安居樂業」的生活，以提昇知識創新與宏觀視野。

結語

由於大陸的「新農村建設」與台灣「小康計畫」的理念、精神及目標一致，本文嘗試以台灣小康社會的成功經驗結合大陸培育農村建設人才——村官為例，期能建構一套具可行性與前瞻性的新農村建設實踐方案。統整而言，本諸於「實踐是檢驗真理的唯一標準」，借鑑台灣「小康計畫」到大陸「全面建設小康社會」的實踐，是一項強化社會本身的體質與競爭力的構思規劃；兩岸同心協力共同塑造社會建設的新價值與新文化作為，以協力發展兩岸高品質的人文素養及生活水準。台灣小康計畫的精神與經驗正呼應著「民生是歷史的重心，文化是生活的核心。」此亦為推展新農村建設的精髓，全面建設小康社會的目標。

「思路決定出路，態度決定高度。」二十一世紀是一個知識經濟的世紀，也是一個全球化的時代，更是一個競爭激烈的時代。以今日社會觀察，能立足於寰宇，厥為「建設硬實力」、「發揮軟實力」及「善用巧實力」。綜觀台灣的發展歷程，並非依憑物質資源及財貨資源，實賴人力資源。然而創造人力資本尚需教育啟蒙，尤其是全民的素養。「小康社會」所倡議的是社區居民在學習的作為中，發展出「造人－參與學習的提昇」、「造景－生活環境的改善」、「造產－經濟生活的增進」，帶動整個社會能永續發展。這項經驗應可以援引至大陸「全面建設小康社會」的發展，發揮保存、運用並創新的知識、精神、文化、歷史、地理的特色，進而使民眾開創美好的

未來，所形塑的和諧社會，並隨時代的發展，融注於庶民生活之中，發揮敦厚尚禮的文化之邦，促使經濟更加發展、民主更加健全、科教更加進步、文化更加繁榮、社會更加和諧、人民生活更加殷實。兩岸攜手合作共同達成我民族同胞所期待「安居樂業」社會的典範，以為中華民族與中華文化創造輝煌的新頁與篇章。

第十二章　農村社會工作的發展

前言

　　我們的社會在急遽地變遷之中，資訊在爆炸，知識也在勃興，人們在國際化與全球化的趨勢中生活，也在不確定的時代中生活，因此壓力也越來越大。在鄉村中，農民越來越少，城鄉的差距越來越不明顯，鄉村社會學的研究方向也因而必須有所改變與調整。因應全球化與國際化的趨勢，農村社會工作是，在社會工作的專業理念、價值觀的指導下，社會工作者以社會工作的工作方法介入到以農業生產、農業戶口為主的農村社區建設當中，增強農民的自我權利意識，挖掘農民自身潛能，完善、提昇農村社區競爭力，推動農村社區的全面建設發展，協調農民、農村社區以及農村政權組織的關係，促進農民社會福利的完善。在農村社會工作的園地裡辛苦耕耘，以求提昇品質，發展農村社會工作的全面性和務實性研究方向與理論觀點。

　　此外，這項專業的發展，是建構在落實農村社會工作的基本概念：第一，重建政府與農民信任關係及農民自信心、自尊和權力意識。第二，透過與農民同行、廣泛參與和增能，倡導政府和社會政策改變。第三，推進農村社區教育和社區衛生項目，提昇村民應對社會變遷的能力。第四，經由農戶家庭、社區提供支持服務，重構農村互助友愛精神。將能力建設作為農村社會工作的核心，將促進農村社區福祉和保持可持續發展作為基本目標。農村社會工作的作為還需有「全球性的思考」與「地方性的行動」，透過國際間的比較研究與合作交流，共同為啟發農村社會工作的學術專業而努力，並進一步謀求社會的福利與鄉村人民的福祉，這也是在邁入二十一世紀的今天，所有關心農民、農村與農業的各界人士共同面臨的挑戰與應有的期許。

壹、我國農村工作的發展

　　農村社會工作以農村、農民、農業、當地政府和農村社會工作者為主體，以優勢視角和能力建設為理念，以社會工作為方法，應用人本模式、社區模式、發展模式、社區資產模式，倡導社會包容、公平、公正為目標的一門藝術科學。農村社會工作發展涉及：第一，在工業化、都市化作為當今世界發展主流方向的現實情況下，我們如何認識農村社會工作發展；第二，在全球化發展的今天，我們如何看待農村社區的發展，農村社會工作者如何開展農村社區工作；第三，在經濟發展作為社會發展整體目標的現實下，農村社會工作又如何理解農村社區的發展，農村社區的出路在哪裡；第四，在以主流文化占主導的文化格局中，農村社會工作者又如何看待次級文化的存在和發展問題；第五，如何建構農村社會工作領域。

　　綜觀人類生活文化發展史，家庭是人們私人生活最重要的領域，而社區則是民眾公共生活中最基本的單元。文化的發展必須扎根於社區，才能開花結果；民眾也必須建立社區共同體意識，關心自己的家園，協力經營，社區才能永續發展。

　　美國社會學家羅吉斯（M. Roges）認為：農民是農產品的生產者和傳統定向的鄉下人，他們一般比較謙卑，大多是自給自足的（雖然並非完全需要），就是說他們生產的糧食和其他東西，大部分都是自己消費的。因此，農民和自給自足的農業生產者是同一個意思。

　　農村社區的基本要素：第一，聚集在一定地域以內的人口；第二，這一群人生活在一種特定的社會結構中，有相應的社會組織、社會制度，並有著共同的行為規範；第三，在這個區域內有一定的公共設施和活動中心；第四，其居民具有共同意識、歸屬感、共同文化、習俗等。在台灣，農村不僅是農民生產與居住的場所，也是大多數其他非農民的生活空間，不僅是人類生存的場所，也是其他生命體生存的活動空間。農村的功能從以往的以生產為唯一目標，轉而同時扮演著自然生存基本條件的維護、生物多樣性動植物的保護、文化及人文景觀的維護角色等。

　　農村社區的特點為：第一，以從事農業為主的居民聚集在一起；第二，具有廣闊的地域，人口密度較低；第三，對自然生態環境的依存性強；第四，血緣關係較深厚，人際關係比較密切；第五，社會組織、社會制度比較簡單；第六，社區文化多具有地方特色；第七，生活節奏緩慢。根據社區的基本要素和農村社區的基本特點，我們可以把農村界定為：農村社區是農村社會區域的共同體，是一個主要以農業生產為特徵的居民聚集在一定區域內，具有一定的社會組織、社會制度、活動中心、共同意識的人群共同體。

　　農村社區的功能：第一，提供共同生活的場所；第二，共同的文化生活；第三，提供互幫互助的平台；第四，是農村社區組織活動的基礎。

　　為農村尋求適合的發展道路，是近代以來人們一直關注的問題。學者們從不同角度提出了各種各樣的設想，也進行了各種農村發展的實踐。分析這些影響農村發展變革的措施，可以更好地幫助我們理解農村發展的規律性。本章從組織理論視角，結合農村發展實踐的幾個典型事例，分析影響農村發展的因素，發現符合農村內部發展規律的機制。

　　二十世紀三〇年代，以晏陽初、梁漱溟為代表的一批知識分子，主張從鄉村建設入手，由鄉村建設引發工商業，從而達到民族自救，稱為鄉村建設運動。晏陽初認為中國農村存在四大基本問題——愚、窮、弱、私，互為因果關係，即愈愚愈窮，愈弱愈私。主張透過四大教育來解決這四大問題：以「文藝教育」培養知識力，以救農民之「愚」；以「生計教育」培養生產力，以救農民之「窮」；以「衛生教育」培植強健力，以救農民之「弱」；以「公民教育」培植團結力，以救農民之「私」。通過家庭、學校、社會三大方式來推行四大教育。梁漱溟則是從「文化復興中國」的角度著重於建設一種新的社會組織構造。他認為對中國社會的改造，就要在批判性地繼承傳統文化的基礎上，求助於西方的「團體組織」和「科學技術」這兩大法寶，並且從農村著手才能取得成功。他是中國歷史上第一個提出了「鄉村自治」主張的學者，並提出兩個原則：從理性求組織；從鄉村入手。同時提出了「以農立國」的觀點。他主張以農為本，先振興農業，再從農業中引發工業。

近期，人們為改善生活品質及追求經濟的發展，無計畫的開發利用自然資源，導致自然資源的耗損及環境受到破壞。雖然現代化的建設帶來進步與繁榮，但也帶來環境上諸多的問題，例如道路的拓寬紓解了交通流量，卻帶來噪音及交通安全的困擾；廣場及空地舖面的水泥化，雖方便使用及管理，卻增加雨水逕流，減少地下水源補充，也破壞動植物賴以生存的基地；溝渠水泥化，以及綠帶、池塘、溼地的減少，使生態環境破壞，少了蟲鳴鳥叫，農村也少了生命的活力；廢水及汙水的排放，汙染河川，除河川環境遭受破壞外，其生產、生態及遊憩休閒功能亦受到影響。

農村社區為供農村人口集居之地區，在我國依據非都市土地使用分區管制規則多劃定為鄉村區，但因長期缺乏整體的規劃與發展政策，使農村社區日漸凋敝，產生許多問題：

一、農村住宅雜亂問題，包括：人口外流，農宅無人照料；建地不足，加蓋鐵皮屋。

二、農村社區不僅建地不足，公共設施亦極其缺乏。包括：巷道狹窄，車輛進出不便。缺乏農業共同設施，如共同農機棚與機具修護中心、集貨場、農產品展售中心……等，影響農業現代化。缺乏相關設施，如：圖書室、集會場所、社區公園及運動場……等，影響村民生活品質之提昇。

三、農村傳統文化的沒落：因為農村勞動人口的老化，年輕人又缺少承接的使命，許多農村固有的傳統文化一直在消失中，村民對家鄉的歸屬感與認同感也漸漸薄弱。

四、缺乏與農村風貌和自然環境相調和的景觀規劃：農村的地景、風貌、田園景觀，以及農村的生態環境與綠色資源均為農村景觀的重要部分；長期以來由於農業只強調生產層面，忽視生活及生態層面的多功能價值，使農村一昧的追求都市化的高樓、寬敞的大道及截彎取直的溪流，因而喪失農村獨特的風貌與自然環境相調和的景觀，因此。如何加強農村自然保育與景觀維護的功能，刻不容緩。

社會工作採取的「優勢取向」從承認我們服務的所有人如同我們自己一樣，是一個種類的成員，並享有與成員身分隨之而來的自尊、尊嚴和責

任。成為成員和農民，享有參與權和責任，保證和安全等特徵是賦權的第一步。成員資格的另外一個意義在於人們必須走到一起，讓他們的聲音被聽到，需要得到滿足，不公平受到重視，從而實現他們的夢想。農村社區這些問題宜有改善及經營，以謀長遠的發展。目前，在政府積極推動生態工法的前提下，如何從多方位思考，建立自給自足、永續發展的生態農村，是我們今後努力追求的目標。

貳、農村社工的現代使命

隨著經濟社會的發展，我國總體上已進入著力破除城鄉二元結構、形成城鄉經濟社會發展一體化新格局的重要時期，農村基層社會管理和服務中的新情況新問題不斷湧現，城鄉人口流動日益頻繁，農村組織和居民構成日趨複雜，矛盾糾紛化解難度不斷加大，這些問題的解決迫切需要構建新型農村基層社會管理體制。

隨著工業化、都市化、現代化的快速發展，社區越來越成為人們生活、工作、學習、休閒的社會實體，作為一項專業性的社會工作，社區社會工作是社會工作與管理人員必須具備的基本專業知識。社區社會工作在西方的起源和發展大多發生在都市，但在今日，社區社會工作則需要在都市社區和農村社區同時開展。農村社區的分散性和農民的邊陲性，在很大程度上決定了農村是社區社會工作的重點和弱點，今後的社區社會工作應該是農村社區工作與城市社區工作並重，這樣，社區社會工作在市場經濟條件下才能發揮其積極作用。農村社會工作的對象、目標、方法正面臨著機遇。

社會工作是社會學的一個重要組成部分，它作為一門學科現在已經形成並正在快速發展。近年來，隨著社會學的恢復與重建，隨著社會的發育與成長，社會工作越來越受到社會學界與各級政府的重視。

一、審時度勢，搭建平台

農村社會工作是社會建設的一個重要組成部分，關係到千家萬戶。長期以來，農村社會工作人才因缺乏統一的組織和系統的培訓，呈現出無組織、無秩序、鬆散分布、單兵作戰或無用武之地的狀況。同時，隨著農村經濟社會的發展和生活水平的不斷提高，農村群眾在技術服務、醫療衛生、救濟救助、法律諮詢、文化娛樂等方面的需求越來越多。農村群眾對各方面服務的需求越來越強烈，標準越來越高，渴望一種更全面的近距離服務方式的產生。在新形勢下依託社區加強社會人才工作隊伍建設，正是符合了農村群眾的服務需求。根據農村社區群眾的需求，農村社區的建設因事制宜因地制宜合理設定崗位，明確職責分工，為廣大農村社會工作人才提供了施展才華的舞台。如各鄉鎮在公共服務的基礎上結合實際，不斷豐富服務的內容，既貼近不同層次群眾需求針對性地做好服務，又為更多的社會人才提供了發揮的空間。

二、多措並舉，充實隊伍

農村社區化服務與建設，需要建立一支具有較高專業化水平的社會工作人才隊伍。在工作中，我們將人才隊伍建設作為社區建設的重要內容，做到教育、規劃、安排、部署、評估，使人才隊伍得到不斷發展壯大，滿足了群眾需求和社區需要。隨著社會的進步，國內許多的社會公益人士，本著奉獻的誠意、利他的情操、助人的胸懷、服務的熱忱，踴躍參與志願工作，促使志願服務成為推動社會福利工作重要的一環，更是結合政府與民間力量促進社會祥和的最佳途徑。因應這種趨勢，並配合志願服務法的頒行，積極推展志願服務工作，希望能有效發揮民眾服務意願與功效，達到全民參與社會服務的目標。以九十七年為例，台灣的志願服務含文化、教育、環保、醫療、衛生、財政、經濟、農業、體育、科學、國防、消防、警政、社會福利……等各領域登記有案之志願服務團隊數已達一萬一千餘隊，志工人數達五十萬人，服務人次達九千萬人次，服務時數達五千萬小

時。以社會福利領域為例，志願服務工作乃是依據志願服務法及「廣結志工拓展社會福利工作——祥和計畫」等相關規定辦理，成員遍及家庭主婦、大專青年學生、勞工朋友、公教人員、退休人員及其他專門技術人員。

　　為能促進農村社會工作的落實，宜積極充實志工隊伍，建立社會工作志願者隊伍，並通過建立農會、水利會和四健會等團體，積極發揮他們在人才、技術、資訊等方面的優勢，探索「福利社區化」的方式，開展各類惠農服務活動。多管道選聘優秀人才。進一步加大宣傳動員力量，提高社會工作志願者對農村社區的認同感，及時將優秀大專青年等出類拔尖人才，邀請到社會工作志工隊伍上來，提高整體素質，提昇服務質量與水平。

三、強化培訓，提高素質

　　社會工作是一種幫助人和解決社會問題的工作，它服務於社會上的貧困者、老弱者、身心殘障者和其他不幸者，預防和解決部分經濟困難或生活方式不良而造成的社會問題，實現人與社會和諧發展。

1. 是強化集中培訓：採取多種形式，把普及社會工作專業知識技能與社區本職業務培訓結合起來，制定社會工作人才學習創新計畫，根據群眾需求不斷豐富培訓內容，定期開展各類集中培訓活動，定期組織，效果明顯。

2. 是創新培訓方式：採取「走出去學」和「請進來教」相結合。建立實行實務訓練、考察學習、實習學習、交流輪替等制度，多渠道、寬領域培養鍛鍊社會工作人才，要全面服務於農村群眾需求。推進社會工作發展，促進社會建設是個系統工程。在農村地區開展社會工作，必須立足於農村實際，服務於農民需求，把群眾的根本要求和迫切願望作為社會工作的切入點，切實增強工作的針對性和實效性，使大課題實際化、大方向清晰化、大目標具體化。培養能夠運用社會工作專業知識和技能解決問題的社會工作人才。充分發揮農村遠程教育網絡設備的作用，對農村社區社會工作人才進行遠程教

學培訓。開通建設諸都市農村社區網絡平台，將各職能部門為民服務的業務範圍、操作規程等內容上網，社區工作人員隨時學習。

3. 是提昇培訓層次：根據學理及實踐，制定農村社會工作人才隊伍培訓方案，努力提高培訓的專業化、職業化水準。一方面大力開展社會工作專業知識的普及培訓，舉辦社會工作知識專業講座；另一方面，廣泛發動社區幹部職工以及社區、公益性民間組織的從業人員，逐步培養一批具有從業資格和專業技能的社工人才。

四、健全機制，推動發展

1. 是健全工作開展機制：結合社區分布、農村工作實際和農民辦事習慣等實際情況，系統確定社區綜合服務中心作息方案，從辦事流程、服務標準等方面建立健全了一系列規章制度，將社區化服務納入制度化、規範化軌道，確保農村社會工作的順利開展。

2. 是建立動態管理機制：訂定教育培訓、志工服務、專業規範等系統，對農村社區化服務與建設的相關議題做出規定，確保農村社區化服務與建設順利推進、規範運行，以利社會工作發揮作為。

3. 是專業人才培育機制：實習教育源自於經驗學習（experiential learning）理論，學者柏拉圖（Plato）曾經提及應把知識與經驗相互聯結，支持經驗學習教育的概念，主張有意義的學習是同時在職場與課堂中進行，進而建議學生參與經驗教育，使工作經驗具有教育意義。經驗學習同時包含學習過程和教學方法，使學生專心於一項活動，然後要求學生回應經驗，因此學習教材是學生分析與反思的部分基礎。實習制度，係指上述大專校院系所（科）之必修或選修課程，具有學分或時數規定，學生必須赴職場進行理論與實務課程實習，是學校教學活動的延伸；旨在讓學生獲得職場的實務經驗與能力，學生須實習成績評核及格後才能獲得學分或畢業資格。換言之，校外實習是學校與用人單位結合進行教育，安排學生至職場實地實習，促進校內教學與職場實習的銜接，具有統整學校課程與職

場實務的功能，以達成培育用人單位所需專業人才的教育目標。經驗學習是農村社會工作教育必要的一部分，經驗學習活動的範圍包含：實務經驗、課堂本位的實用活動和合作教育經驗。全體教職員要增加學生的專業知能及為生涯做準備，當學生在就業前已具備專業領域的工作經驗時，則更容易進入所選擇的農村社區。

透過建立農村社會工作教育平台，加強農村社會工作專業人才培育，方能實現農村社區服務與社會工作人才建設的目標。農村社會工作人才是指具有優質的人文素質和一定的社會專業知能，直接從事農村社會服務、社會教育和推廣等工作，為構建和諧社會和富麗新農村建設做出積極貢獻的人員。從人才分類的角度來說，社會工作人才是一個特殊的人才群體，在解決社會問題、維持社會秩序與穩定、構建和諧社會等方面發揮著重要的作用。對社會工作的需求空間日益增大，對社會工作人才的素質要求也相應提高。社會工作人才必須對自身的社會角色和應具備的基本素質有清醒的把握，這既是和諧社會建設的需要，又是社會工作專業活動與社會對此承認和接納兩方面互動的結果。一般而言，社會工作人才的基本素質包括：道德素質、心理素質、知識素質和智能素質等幾個方面。

（一）道德素質

道德是社會生活中調整人與人之間以及人與社會之間的行為規範的總和，是辨別是非善惡的標準。道德素質是人的核心素質，決定一個人的發展方向和發展限度。愛因斯坦就說過：「智力上的成就，在很大程度上依賴於性格上的偉大，這點往往超過人們的認識。」社會工作人才的道德素質要求，是社會工作的職業特性所決定的。從本質上說，社會工作是個道德化的職業，社會工作的成敗得失，與社會工作人才的人生信念、專業態度、價值觀等密切相關。社會工作人才要把利他主義價值觀當作核心價值取向。利他主義價值取向，是社會工作人才價值的最重要體現，也是社會工作區別於其他工作的最主要的特點之一。這一特點決定了社會工作人才必須具有較強的服務意識和奉獻精神、高度的責任感和高尚的道德情操，努

力從物質和精神兩個層面幫助服務對象改善生存環境，促進服務對象與其
生存環境達到適應性平衡。

社會工作人才必須認同並遵循社會工作專業的倫理準則。發展積極的
職業認同感，崇尚專業的倫理精神，是社會工作人才基本的角色要求之一，
是衡量一個社會工作人才是否合格的重要因素。對社會工作人才來說，社
會工作專業的倫理要求不僅是外在的需要，更應該成為一種內在的自覺。
因為社會工作人才的服務對象在某種程度上是特殊的人，需要解決的困難
和問題多種多樣，在這種情況下，社會工作人才的道德自覺與專業價值的
內化就顯得尤為重要。

社會工作人才要體現對服務對象的尊重與關懷。社會工作的工作對象
多是弱勢群體或處於困境中的人，有這樣或那樣的負面經歷，對生活可能
感到無奈、悲觀乃至絕望，需要社會的支持與接納，尊重與關懷。社會工
作人才要本著負責的態度，在工作中完整地接納服務對象，對他的現狀、
價值觀、人格和利益予以接納、關注和愛護，使他們感到被理解、被尊重、
被認同，沒有被社會所拋棄，獲得一種自我價值感，從而逐漸舒緩自己的
困難和問題，重拾生活的信心。

（二）心理素質

心理素質，是指人們認識和把握自我的能力，是個體在成長與發展過
程中形成的比較穩定的心理機能，是多種心理品質的綜合表現。心理素質
是現代人最重要的素質之一。快節奏、強競爭的現代社會，給人們帶來了
巨大的心理壓力，以良好的心理素質承受和消解心理壓力成為人們共同的
需要。社會工作人才應該具備良好的心理素質，因為除了需要克服自身的
心理壓力外，更為重要的是社會工作的職業特點要求社會工作人才以健康
的心態、良好的風貌面對和感染服務對象，使之重新樹立解決疑難、走出
困境的信心。

合格的社會工作人才，首先需要樹立樂觀的人生態度。社會工作人才
面對的常常是處於困境中的各色人群，從中他們看到了比一般人更多的生

活的無奈與人性的負面。在這種情況下，若沒有一種積極樂觀的態度，自己的理想、信念就會受到衝擊，甚至從助人者變成受助者。反之，如果能一直保持對生命的樂觀，面對生命中的灰色便能泰然處之，並通過自身的榜樣與示範，把樂觀主義情緒傳遞給服務對象，鼓舞、激勵和提高他們戰勝困難的決心和勇氣。其次，保持自信的心理狀態。社會工作人才要在對自己有一個清醒認識的基礎上，從心理上接納自己，相信自己的價值，認為自己有潛質有能力去面對並解決不同問題，有能力去幫助別人，即使處於逆境，也要確信自己有自我超越的能力。這一點在面對服務對象時尤為重要，因為一個不自信的人，是很難以助人者的姿態出現，並得到受助者的信任的，更談不上有效地幫助他人了。再次，要具備堅韌的意志品質。意志是人們自覺地確定目的，並且根據目的來支配和調節自己的行為，克服困難進而實現目的的心理過程。在目前我國社會建設很不成熟，對社會工作的認同普遍不高的情況下，社會工作還是一項比較艱難的事業，因此社會工作人才在工作中，可能常常會遇到坎坷、困難和挫折，甚至會遭遇誤解和指責，這種情況下，堅韌的意志品質，能夠幫助社會工作人才不輕易放棄也不輕言失敗，而是尋求突破困境的辦法，以最終達成助人自助的目的。

（三）知識素質

知識就是力量。一個人要具有力量，首先要具有知識，正所謂「根之茂者其實遂，膏之沃者其光曄」。才能的大小，首先取決於其知識的多寡、深淺和完善的程度。一般情況下，知識淵博者，其才能亦相應提高。社會工作專業性很強，系統性也很強，涉及面比較廣，要求社會工作人才具有比較完備的知識體系，並隨著時代的發展不斷更新、充實自己的知識儲備。這樣，才能使自己才思敏捷，工作得心應手，從而提高工作效率。

社會工作人才首先需要具備社會工作專業理論素質，這是最基本的知識素質要求。社會工作能夠作為一個學科而獨立存在，是有豐富的理論作支撐的，社會工作人才要有效地開展工作，必須懂得社會工作的專業理論

與知識，掌握比較系統的社會工作方法、程序和技術。其中，尤其要熟練掌握心理工作技巧。因為儘管社會工作方法各異，形式多樣，但人作為社會的主體始終是社會工作的直接對象，社會工作主要是做人的工作，而研究表明現代社會中人的問題與困境產生的根源和本質很大程度上在於人的心理，這已經是不爭的事實，所以對人性全面、正確地認識和理解是社會工作人才起碼的知識要求。其次，社會工作人才應該具備合理的知識結構。隨著社會的發展，社會工作越來越複雜，要求社會工作人才的知識結構既高度分化又高度綜合。這種形勢下，社會工作人才的知識儲備要做到專與博的特色，在提昇自己專業知識基礎的同時，廣泛汲取有助於社會工作開展的其他相關知識，努力拓展知識面，形成比較完善的知識結構。就社會工作是社會管理的一部分來說，社會工作人才要熟悉相關的政策法規知識，瞭解社會工作的相關政策法規依據，使工作依法開展；就社會工作主要是與人互動這一特點來說，社會工作人才要懂得人際關係，掌握人際溝通的技巧。此外，社會工作人才還要懂得一定的行為科學、社會心理學、領導藝術等基本人文素養，以便對服務對象的態度、感情和需要做出靈敏的反應，使工作的開展更加游刃有餘。

（四）專業智能

智能是指在已有的知識基礎上形成的技能或能力，是一個人順利地進行某種活動的一種個性心理特徵，簡單地說，智能就是運用知識的能力。培根指出：「各種學問並不把它們本身的用途教給我們，如何應用這些學問乃是學問以外的、學問以上的一種智慧。」培根所說的這種智慧就是智能。社會工作人才不僅要具備紮實的專業理論知識，更為重要的是要具備回應社會問題的實踐能力，使社會工作專業價值與專業理論具體化和操作化。

社會工作人才需要具備的基本智能素質：

第一，是洞察能力，即一個人多方面觀察事物，從多種問題中把握其核心，抓住其實質的能力。敏銳的洞察力是分析問題、解決問題的基礎。社會工作人才日常面對的是看似平常、但其實紛繁複雜的社會現象，而所

要解決的問題其核心和實質往往隱藏得較深。具備敏銳的洞察力，對社會工作人才透過現象看本質，抓住問題的要害，以及對問題的解決能起到事半功倍的效果。

第二，是研究能力。具備較高的調查研究能力，一方面有助於社會工作人才深入瞭解服務對象的問題和困難，把握問題和困難的全貌及產生的背景，並據此提出解決的對策和方法。另一方面，有助於社會工作人才綜合歸納出自己的關於社會問題和社會工作的看法和觀點，為有關部門制定和實施解決社會問題、推動社會工作的政策法規提供參考和依據。

第三，是協調能力。現今社會工作的發展逐漸超越了傳統的救貧濟弱的範圍，調適人與人、人與社會、人與自然之間的關係，創造和諧的社會環境，已經成為社會工作的一個重要領域。社會工作人才要從根本上關注服務對象的生存狀態，協調自身與服務對象、服務對象與環境的關係，自覺地發揮服務對象和環境資源尤其是社會資源之間的橋梁紐帶作用，就必須具備較強的協調能力。

第四，是創新能力。社會工作本身沒有統一的模式，沒有標準化的程序，也沒有固定的方法，在很大程度上屬於一種開拓性、創造性的活動。這一特點要求社會工作人才在客觀現實的基礎上，採取靈活的態度，對社會工作模式、程序和方法有所發現、有所發明、有所創造，並隨著主客觀情況的變化，不斷更新、創新社會工作方式方法，使社會工作能適應不斷變化的形勢的需要。

第五，是表達能力。表達能力是運用文字和語言等方式闡明自己思想、目的的一種能力。社會工作人才要總結和交流經驗教訓、受理服務對象的訴求、激勵有救助需求和處於困境中的服務對象、宣傳社會工作政策法規、普及社會工作方式方法、傳遞自己的思想、觀點、意見和建議等等，都需要具備良好的口頭表達能力和文字表達能力。

第六，是學習能力。當前，我國社會工作領域越來越寬，內容越來越多，複雜程度也越來越高，對社會工作從業者的綜合素質提出了挑戰。社會工作人才對此必須有清醒的認識，並做出積極的反應，根據需要努力學

習，盡快掌握開展社會工作的新知識、新方法、新手段、新技術，使自己的綜合素質不斷得到提高。而要做到這一點，沒有相當的學習能力是不可能的。

圍繞新農村建設，以提高科技素質、職業技能和經營能力為核心，以農村實用人才和農村生產經營型人才為重點，著力打造服務農村經濟社會發展、數量充足的農村專業服務人力。促進了公共服務向農村延伸。開展農村社區化服務與建設，將農村社區居民納入服務圈，使農村社會工作得到了突破性發展，使農民群眾和都市居民一樣享受到了一系列公共服務。建立起了連繫群眾、服務群眾的新機制，為社會工作人才實現價值搭建了舞台，促進了由管理型政府向服務型政府的轉變，解決農村問題。農村社區社會工作人員在向農民提供服務的過程中，維護了社會穩定，促進了農村生活。

參、農村社會的安全保障

社會保障制度在設計上是人類社會權的重要內涵，是由國家提供各種必要之服務，使人民能享有符合人性尊嚴的最起碼生活條件，進而能夠追求其人生的幸福。社會安全制度基本的目的是保障國民有關社會生活之基本照顧，以免顛沛流離，而其最高理想約為《禮運大同篇》中所說「老有所終、壯有所用、幼有所長、鰥寡孤獨廢疾者皆有所養。」亦是憲法中明文規範的政府作為。台灣光復初期，因百廢待舉，加以經濟支付能力受限，台灣的社會保障制度基本上是一個高度職業導向。保障程度最高的是軍公教階級，其次是勞動者階級，再次是農民階級，最後則是不屬於上述職業類型的其他階級；農村社會保障制度在整個台灣社會保障體系架構下，以及嚴重的貧富差距與城鄉發展差距日益加大的情形下，更顯弱勢。

社會權（social rights）為人權不可分割的一部分，其乃人民自國家獲得積極社會保障之基本權利；這些權利包括生存權、健康權、受教權、工作權、住宅權以及財產形成權等。為保障人民充分享有這些社會基本權，國

家必須有積極的作為，透過社會政策之施行，建構關懷性、防備性以及發展性社會福利制度，並以其作為實現公義社會之基礎。社會權可說是一種享有福利與社會安全保障的權利，社會權主要是以經濟上的弱者為保障的對象，政府應負責提供此等弱勢族群社會基本生活之維持，因此，現代國家莫不主張人民有要求國家權力積極作為的權利。社會權的發展，顯示出社會福利與社會安全已變成國家的責任，而不再只是個人、慈善團體、宗教組織的責任，或是政府的德政。

隨著國家越來越被期待發揮積極照顧人民生活之功能，藉以促進社會安全與社會正義，「社會權」的提出與討論不但具有社會福利政策面向的意義，更當然同時是一個憲法層次的議題。這在我國尤其是一個順理成章的探討面向，因為如所周知，我國憲法在許多規定當中已明顯傳達「社會權保障」的意向。社會安全制度，是一個為解決社會問題、促進社會平等而設計的現代社會制度。

台灣農村社會保障制度隨著戰後台灣農業的發展歷程之變遷與未來可能發展，有三項主軸，第一是關於土地保障，基本的目的是消除不公平的租佃制度，讓農民可以從佃農的身分解放出來；第二是關於產業的保障，基本的目的是保障農業生產的基本收益，不至於因農產豐收或國外傾銷，而導致穀賤傷農的情形發生；第三是關於農民的保障，基本的目的是維持農民作為國民一分子，起碼健康的照顧與生活機能的提供，得到國家基本的保護與保障；從一九四五年起這六十幾年期間，台灣農業發展大致可分為六個階段：

一、農業恢復時期（一九四五至一九五三），重點是生產設施的重建與恢復生產；農村社會保障的重點是透過公地放領、三七五減租、耕者有其田等政策，完成對農民土地所有權的保障。

二、農業支援工業時期（一九五四至一九六七），重點是土地改革與加強增產，尤其是一九五五年，當土地改革最後一個階段「耕者有其田」完成之後，自耕農階層已成為台灣農村社會的主導力量。

　　三、農、工業發展不平衡時期（一九六八至一九八○），重點是非農業部門的急速成長，勞動力大量的由農業部門向工商業部門移動，農業增產報國的時代告終，政府轉而注重農民收益與農民權益，台灣農業保護政策基本上在此一階段逐漸成形。

　　四、農業結構轉型時期（一九八一至一九九○），由於美國廉價農產品的大量湧進傾銷，台灣農業成本相對居高不下，導致台灣農業社會經濟面臨危機，由於農村的相對窮困，一九八七年十二月，台灣全島各地農民權益促進會相繼成立，農村社會保障的重點是透過農會一元化制度的輔導與保證收購價格制度，利用高經濟農作技術的不斷研發與價格下限（Price-floor）機制，完成對農業產業的基本保障。

　　五、農業自由化（一九九一至二○○○），隨著國際經貿的自由化與兩岸交流頻繁，以及社會結構丕變，台灣農業在進入九○年代以後，一九九三年的關稅暨貿易總協定（GATT）烏拉圭回合談判，一九九五年亞太經濟合作會議（APEC）大阪領袖會議通過貿易自由化行動綱領，都宣告台灣農業保護政策終將走入歷史。

　　六、農業全球化（二○○一至現今），二○○二年一月一日，台灣正式加入世界貿易組織（WTO），加速台灣農業全球化的腳步。以台灣高素質研究人力、多樣性生態文化及發達的資通技術環境為基礎，另推動農村再生計畫、海岸新生計畫及六萬公頃綠色造林計畫，共同支持精緻農業的發展。

　　為因應全球化及國際經貿自由化，確保農業永續發展，發揮台灣農業的科技優勢與地理條件，農委會基於健康、效率、永續經營的施政理念，提出「精緻農業健康卓越方案」，該方案已於二○○九年經政府宣布，推出生技、觀光、綠能、醫療照護、精緻農業及文創等六大新興產業之一，這是對抗金融海嘯的大戰略，也是「寧靜的產業革命」，更是政府推動的重點發展產業。農業雖是最傳統的生產事業，也是最現代的綠色生態與服務業，不僅是經濟產業，更兼具自然保育及人文建設等多元功能，是創造人類優質生活環境的產業。

　　從台灣農業發展的六個階段中，由於台灣正式加入 WTO，使得保證價格制度終將走入歷史。台灣農村社會保障的重點則是透過農民健康保險與老農津貼，建構完成對農民權益與基本生活的保障。就現行農民權益保障制度：

一、農民健康保險

　　為增進農民福利，維護農民健康，政府參照開辦勞工保險前例，以行政命令訂頒「台灣省農民健康保險暫行試辦要點」，自民國七十四年台灣光復節起試辦農民健康保險，由台灣省政府選定組織健全、財務結構良好、人員配置適當及其轄區醫療資源充足的基層農會為投保單位，農民健康保險之被保險人以依農會法第十二條規定入會的會員為限，不包括贊助會員，被保險人初次投保無最高年齡限制。對於試辦地區的農民提供了生活保障和醫療照顧，因此廣受農民的歡迎與接納，未參加試辦地區則咸盼早日實施，經政府自民國七十六年第二期試辦農民健康保險，擴大投保地區，對初次投保之農民年齡，規定不得超過七十歲，但原已加保者不在此限。自民國七十七年起全面辦理農民健康保險並取消初次投保不得超過七十歲之限制。

　　嗣政府根據此項試辦成效，以農民健康保險涉及農民權利和義務，亟宜立法以落實制度，於是制定「農民健康保險條例」，於民國七十八年七月一日開始實施，條例為使保險範圍普及，除農會法第十二條所定之農會會員外，將年滿十五歲以上從事農業工作之農民分為自耕農、佃農、雇農及佃農配偶四種納為投保對象。

　　條例中將農民健康保險之保險費率訂為月投保金額 6%至 8%，月投保金額依勞工保險前一年度實際投保薪資之加權平均金額擬訂，報請中央機關核定之，保險費的分擔比例為政府補助 70%，被保險人負擔 30%。保險事故分為傷害、疾病、生育、殘廢及死亡五種。

二、老農津貼

　　七〇年代以後，台灣工商業快速發展，社會經濟結構急遽轉型，農業生產成本逐漸提高，農家自農業之收入相對減少，農業人口相對老化，雖然政府採取一系列之加速農村建設措施，惟農家所得相較於非農家所得仍呈現偏低現象，有賴政府予以關心。因此，在尚未建立老年給付或國民年金制度前，實有必要照顧老年農民之生活。八十四年制定「老年農民福利津貼暫行條例」，據以發放老年農民福利津貼每月三〇〇〇元；其後逐步提高，並將老年農民福利津貼予以調整，一〇一年元月起，老農津貼更增加到每月七〇〇〇元。國民年金原規劃將農民一併納入參加國保，惟為確保農保被保險人權益不會因為國民年金開辦而受到影響，政府刪除農保被保險人納入國民年金之規定，因此，農民仍可繼續加保農保，相關的喪葬、殘廢、生育等給付也依照原有的制度。

三、福利社區化

　　為因應二十一世紀社會之脈動，促進社會均衡發展，創造社區生命力，掌握民眾福利服務需求，農村將邁向以「福利社區化」為主軸的社會服務機制，透過社區居民共同的關注及付出參與，發揮我國「守望相助、疾病相扶持」的傳統生活的理想，利用現代保全服務的提供或是傳統的街坊巡邏，強調「社區共同體」的概念，以促進社區居民更好、更安全的生活環境。社會福利社區化的基本理念有三：第一是「in the community」：將需要關懷、照顧的弱勢族群留在自己的社區內，給予妥切的關懷與照顧。第二是「by the community」：經由社區願意付出愛心奉獻的居民，為社區內的弱勢族群提供服務。第三是「for the community」：建立社區居民休戚與共、相互扶持的生命共同體意識。目的在藉由結合社區內外各種社會福利機構、團體的資源，重新強化家庭鄰里社區之非正式照顧網絡的機能和力量，建立社區福利體系和服務輸送網絡，始能有效促使社會福利落實於基層。

肆、農村社會工作的實踐

農村需要振興是基本共識，長期以來，政府部門較著重執行的多是硬體建設，因此容易導入建設思維中。但農村振興顯然是個包含了人、環境、產業與生態的複雜工作，應視之為一項龐雜的「社會工程」，政策上如何架構這項社會工程，乃是政策制定者的新考驗，是以往所不熟悉的。凡是關心農村發展的人，都應謹慎細緻地加以面對，共同思索出路：

一、農村振興需要全面性的政策。以吸引人才為例，產業就業是一大關鍵，原有農業如何技術升級、除農業外可鼓勵何種新產業在農村發展提供就業？進而考慮教育、交通乃至老人照顧等條件如何滿足需求？政府應針對此類課題訂定不同層級的行動計畫，農村社會工作者的社會服務機構或組織性質將農村社會工作劃分為三種不同的領域：（1）政府相關部門，（2）社會第三部門，（3）志願者團體和民間組織。形成社區服務網絡。

二、農村的社區普遍有待培力。鼓勵由下而上的參與行動是培植農村能量應走的路，但培育的工作應該按部就班，且應就受培育者的條件分級分主題處理。目前居留於農村的人，年老者雖較有空閒，但能量有限，為數不多的青壯者則多忙於生計，能參與社區營造者非常有限。整體而言，農村的社區營造普遍有待培力，以期能有效地推動社區自訂計畫的工作。

三、農村整體規劃是必要的，目前較可行的是在條件具足的社區進行試驗。為了建立由下而上的規劃經驗，可以鼓勵若干已有豐富社區營造能力的農村社區進行試驗，其由下而上的討論經驗、訂定公約的做法、訂出的農村再生計畫內容等，都可作為其他社區的參考。

四、社區之上的層級，如跨鄉鎮成一區或整個縣，應先訂定通盤性計畫，以鼓勵人力留住或遊子返鄉為目標訂出中長程計畫，在鼓勵產業發展、提昇學童教育、改善公共交通乃至健全安老系統等方面確立行動計畫。其中，可以讓社區配合推動者，鼓勵社區加以討論，納入再生計畫中。

五、再次重申，農村景觀保育是呈顯農村特色的外相因子，但不是生成因子。農村景觀是因為有農夫在其中用心耕耘維護才動人的，沒有農夫的農村，就沒有農村景觀，也沒有農的價值。

農村社會工作具有服務為本、教育為本和組織為本三個明顯的特點，以農村社會工作的主要內容包括：

一、農村社會服務。在過去的幾年中，健康的觀念促進了鄉村地區社區精神健康中心的發展。這些中心以及公共福利機構給個人和家庭提供絕大部分服務。其他如矯治、職業康復和教育等服務，也可以由在鄉村地區建立的一兩個人的小型機構提供。

二、提供遠程教育。農村社會工作教育包含：農村社會工作職業教育和對農村社會工作者的訓練，農村社會工作的繼續教育。從二十世紀九〇年代初開始，為了滿足社會服務機構對社會工作專業人才的需求，美國猶他大學社會工作研究生院採取遠程教育的方法（教育網等）面向鄉村開設社會工作課程的做法值得參考。

三、直接服務角色——做個人、夫妻、家庭和群體工作（如為酗酒、家庭暴力、藥物濫用、抑鬱等提供二十四小時危機熱線等）。這些行動推動了鄉村社會工作的發展。借鑑美國的農村社會工作者強調「以通才的專業，為全人的服務」開展個人、家庭、群體以及整個社區工作的能力。

四、資源專家——鄉村社會工作者必須清楚政府或社區具有哪些資源，如何有效地配置資源等。為此，農村社會工作的實習內容主要由三部分組成：（1）瞭解農村社區，（2）專業價值的訓練，（3）農村社會工作者實務能力的訓練。

五、社會服務行政管理者和社區組織者——鄉村社會工作者常常扮演協調社區所有服務的角色。

六、鄉村社會工作者需要具備與社區的權力結構建立起連繫的能力。農村社工是社會工作專業的重要領域，也是社會工作系的一門深具特色的社會工作實務，該專業來自於農村社會工作的實踐，是回應政策和服務社會為目標，它針對農村的現狀和問題，服務農村、促進發展，從實踐到理

論，從服務到學習的一項專業，該專業具有很強在地化，有很濃烈的「草根性」色彩，以服務為導向、實務為本。工作者須具備農村社會工作基礎理論、方法與技能的掌握，能夠把握農村社會工作實務模式運作方式、農村社會工作分析技巧、農村社會工作技能和技巧，使理念和能力能夠符合農村社會工作實務崗位，為新農村建設作出自己的專業貢獻。

根據農村社會工作的服務對象分類，即按照機構服務對象不同，我們把農村社會工作領域分為：（1）農戶家庭服務，（2）兒童服務，（3）婦女服務，（4）農村老年人服務，（5）農村教育服務，（6）農村醫療衛生服務，（7）社區發展（農村發展）。

一、農戶家庭服務

農村家庭出現了小型化趨勢，隨著這些變化，農戶家庭成員之間正式的支持開始不斷減弱，為農村社會帶來了許多新問題，例如：兒童照顧、老年人照顧、保護婦女權利等，亟待處理。這一領域主要服務類型有：家庭成員服務、家庭教育服務、鄰里服務、家庭支持服務。農村社會工作者角色是，農村社會工作者中需要處理家庭衝突和其他形式給家庭造成壓力的問題；為此農村社會工作者常常扮演著調解者的角色。

二、農村兒少服務

隨著經濟體制改革的變化，農村家庭在自由市場經濟的種種衝擊下，年輕夫婦到外務工，留下兒女無人照顧，家庭教育等問題不斷出現；另外，大眾媒體的普及，也影響青少年的行為和價值觀，青少年偏差行為日漸嚴重，輟學問題也開始浮現。這一領域主要服務類型有：教育服務、照顧服務、改善生活環境服務、其他支持服務。農村社會工作者角色是，農村社會工作者在農村青少年服務中主要扮演著始能者的角色，幫助服務對象提昇各種潛能。提供輔導和支持服務是目前社會工作者運用的主要方法。

　　兒少社會工作就是把社會工作的知識、方法和技巧應用到兒童的教育和保護工作中，不僅救助和保護不幸兒童，而且關心一般兒童，使他們健康地成長。兒少社會工作是一項兒少福利工作，需要充分運用一切能促使兒童、青少年成長發展的個人和環境的資源，以確保兒少福利服務的實施。狹義的兒少社會工作者是一種事後補救性的工作，多採取機構服務的方式，救助和保護那些家庭或父母無力撫養的兒童或者有各種問題的兒童，包括孤兒、殘障、輟學、棄嬰、受虐或行為偏差兒童、青少年等。廣義的兒少社會工作是社會福利的組成部分，包括國家和地方政府為保護兒少權益、促進兒少健康成長所採取的一切措施，其中主要有：能增進兒少健全發展的各種措施；能防範危害兒少的保護措施；能保障兒少福利的措施；能協助兒童處理成長和適應過程中的難題的措施；以及能促成兒童發展潛能的措施。

　　在農村的兒少社會工作尤其重視號召組織青年作實驗性的創意規劃，並吸引更多的青年投入農村服務之中。簡易的志工課程，將志工們深入農村之中，提供個別農戶的需求，更將有機無毒農業、產銷履歷的概念傳達於各戶中。將各地大專院生、高中職生的知識，投入農村，輔導農家子弟的課業與提供現在社會升學資訊及自我求學經驗分享。期待農家子弟們，也能夠加入農村服務的行列，能夠帶動在地農校學生等的關注，不再仰賴外地志工學生，建立自強的農村服務與農務協助組織化，以期面對突發狀況，如颱風等天災，臨時的災害所需的第一線救援行動。積極反映地方心聲使政府發展颱風來臨前的減低損失救災政策，並將一梯梯的志工夥伴們串成服務網絡，能夠在災害來臨時，讓青年們能為在第一時間返回農村服務時的農戶，提供支援，將活動時所建立的情感作延伸。希望活動能達到農村議題的普及化，及吸引更多領域的專家學者，不僅是青少年且為更廣泛的年齡層投入關懷農業，共同構思農業發展的新藍圖，結合創意與行銷，有機農產的推行，同時提昇農戶的生產所得，及消費者飲食的健康，讓健康的農產品能幫助更多的人，將有機農產與農業觀光帶動起來，必能改善整體的農業環境。

三、農村老年人服務

　　隨著社會結構和家庭功能不斷變動，農村老年人面臨許多問題，例如：年輕人外出工作，農村老年人需要照顧孫子女；而且，老年人雖年齡增長，健康也開始出現問題，他們對子女的依賴性越來越強，生活須倚靠子女照顧。同時，老年人的社會角色也不斷弱化，人們很少關心、關注老年人的需求。

　　這一領域主要服務的內容有：爭取社會相關部門改善老年人福利、為老年人提供文化生活服務、家庭護理、保護老年人權利。農村社會工作者在農村老年人服務方面，扮演著協助者、組織者、倡議者的重要角色。老人社會工作者針對老年人的生理、心理和行為特徵進行工作，解決各種各樣老年人提出的問題。老人社會工作的實施內容涵蓋老人社會生活的一切領域，擇其要者，可概括為以下八個方面：

(一) 掌握有關老年期發展、老年醫學和老人行為的最新學術成果，熟悉有關老年人權益的法律條文，運用個案工作、群體工作、社區工作、人類行為與社會環境、諮詢原理、心理治療和衛生保健等專業知識和技巧，為老年人提供適當的生活條件和機構照顧。

(二) 協調各類老人福利、老人服務機構的工作，尤其是透過影響決策，安排好老年人的生活，使老年人的正當權益得到法律的保障。

(三) 改變社會對老年人的偏見，使老年人自尊與獨立地生活。一方面協助老年人發揮餘熱，鼓勵他們從事教育傳授、參謀諮詢、自我服務、生產經營、社會公益等工作，繼續為社會服務；另一方面向子女解釋老年人的生活、需要和渴望，幫助子女履行贍養父母的義務，給予老人更多的生活照顧和細緻的關心，在經濟上、生活上、情感上為老人創造良好的生活環境。在家庭和婚姻觀念比較保守的國家和地區，老年人社會工作者要啟發老人的子女理解父母的要求和行為。

(四) 協助老年人度過角色轉換時期，適應退休後的新的社會角色。協助健康而且有才幹的老年人獲得更多的生活自決的機會，使他們獨立地選擇他們所追求的生活，較持久地保持他們對生活和工作的興趣，參與國家建設，貢獻於社會。引導老人群體，治療社會不適症，並協助他們發展一支由老人及其家屬組成的老人支持者隊伍，改變社會、政府對老人的態度，從而影響政府決策，在財政上支持保健社會服務。

(五) 引導社會資源，協助解決因喪失工作和長期患病而引起的經濟貧困問題。

(六) 為老年人提供家庭和機構兩種形式的醫療衛生保健服務，開展諮詢和教育服務，開設專供老人活動的場所。

(七) 採用個案和群體的工作方法，協助老人面對死亡，即與他們共同探討死亡的生理問題、宗教問題和哲學問題，使他們盡情傾吐對死亡的恐懼情緒。為臨終老人提供臨終關懷服務，協助老人接受死亡，而不致孤獨地、恐懼地結束生命。

(八) 社會工作者召集志願工作者，實施訓練計畫，在福利和社會機構中指導志願者從事各種服務工作，解釋服務的需要、發展計畫等。志願者工作包括購物、家庭協助，為醫院及其他機構的病人舉辦娛樂活動，以及提供各種專業的服務。

四、身心障礙工作

身心障礙康復是一項為殘疾人提供服務，使其恢復和發展從事正常生活能力的工作。這裡所說的殘疾人包括生理功能、心理狀態的異常或喪失，部分或全部失去以正常方式從事活動的能力，不能在某些社會生活領域發揮正常作用的人。隨著科技的發展和社會的進步，通過醫療、工程、心理、社會及其他手段恢復和補償殘疾人的功能和能力已成為現實。殘疾人康復社會工作就是其中的一種手段。

　　身心障礙人康復社會工作把社會工作原理、方法和技巧運用到康復工作中去，協助殘疾人恢復和發展他們的潛在能力，實現他們在現代生活中的社會適應功能。廣義的康復社會工作的服務對象包括各種殘疾人和行為上的殘障者，它通過專業化的程式和技術對生理的、心理的、行為的殘障者實施再教育和再訓練，增強他們適應社會的能力，介入正常的社會生活，乃至成為具有建設性的社會一員。對行為上的殘障者，康復社會工作透過再造改變其動機和態度，促使其自覺接受社會規範和法律規章的約束。殘疾人康復社會工作是一種講目標的專門技術，必須藉助各種性質特殊的專業技術，運用必要的社區資源，協助殘疾人充分恢復或實現其生理功能、職業能力和情緒適應能力，順利地參與社會生活。

　　身心障礙人康復社會工作的目標是廣泛運用專業知識幫助殘疾人這一特殊的社會群體。它使殘疾人的功能喪失減低到最低程度；防止殘疾人可能增加的損傷；最大限度地提高殘疾人的生理功能；增進殘障者對於困難情境的自我處理和自我照顧能力以及向他人傾訴和溝通的能力。與此同時，康復社會工作還要使殘疾人獲得充分的情緒支援，並培養其社會適應能力；提高殘疾人的職業技能，發揮其潛能，增強其社會生活能力，並最終使殘疾人也對社會有所貢獻。具體而言，殘疾人康復社會工作的工作計畫通常必須包括五個方面的內容：其一，協助康復醫師正確地診斷、有效地醫治，以維持身心障礙人康復後的健康狀況和自我照顧能力。其二，要考慮殘疾人康復後應有的基本醫療設施，包括地方性的醫療單位、老弱殘疾人的療養所及福利機構的設施。其三，家庭照顧方案的實施。康復社會工作者要與康復醫師、護士等定期到殘疾人家庭探訪，提供康復指導。其四，要與有關機構協調，開展一切必要的和可能的社會服務專案，促使殘疾人有效運用醫療設施，同時補充醫療服務的不足。其五，提供社會工作的專業服務，解決殘疾人社會適應問題，滿足身心障礙人社會福利需求。

五、學校工作

學校社會工作是把社會工作的原則、方法與技術運用到學校環境中，促成學校、家庭和社區之間協調合作，協助學校形成「教」與「學」的良好環境，引導學生尋求個別化和生活化教育，建立社會化人格，習得適應現在與未來生活的能力。由於學校社會工作的具體活動和程式都是學校社會服務，因此也被稱為學校社會服務。學校社會工作的服務對象包括全體學生（包括心智不全、肢體殘缺、情緒障礙和有行為偏差的學生），學校的行政主管和教學、教導人員，所有的學生家長，以及社區領導和有關部門（如教育部門）的工作人員。

學校社會工作追求著四個重要的目標：

其一，實現社會福利。社會福利在狹義上是撫助社會生活功能失調的人。為了使全體學生都能發揮潛能，學校社會工作為學校中學習和生活適應失調的學生提供服務，協助他們處理困難和解決問題，同時也在幫助他們學會如何預防問題的出現和發展自己的潛能。

其二，保證實現教育機會均等和普及義務教育。義務教育既指政府有義務提供教育設施給全體學齡期青少年，又指所有的學齡青少年有均等的教育機會。要實現這種教育機會均等和義務教育政策，必須為少數因經濟、社會、心理等因素不能參與或不能充分運用教育的機會的學生提供生活與學習的撫助和保障，使他們得以利用受教育的機會，掌握知識內涵，發揮潛能。

其三，促進家庭、學校和社區的協調，以配合學校的需要和增強教育的功能。家庭、學校和社區是影響學生的心理、行為和學習成績的三大因素，也是促進學生形成社會化人格的三大力量。協調這三者之間的關係是學校社會工作者的專業服務和職責所在。

其四，學校社會工作的最終目標是促進學生德、智、體、群、美等的全面發展。學校培養的學生首先必須符合社會規範，遵紀守法；其次必須掌握文化科學知識，學會生存，學會分析問題和解決問題，學會成為一個建設性的社會成員。

學校社會工作涉及青少年，它在整個教育體系中具有三大功能：

(一) 學校社會工作是因應現代學校大量班級教學制度的機制。與私塾、家庭教學等傳統教育相比，現代學校的大量班級教學制儘管符合經濟原則，但是忽視了教育中重要的個別需要與生活指導。忽視個別需要、忽視生活指導可能導致社會不適應症。社會工作者在專業服務和體系下展開學校社會工作，可以完善教育功能，協助學生在大量班級教學制度中得到一些個別化與生活化的教育，使學生能夠健康成長。

(二) 增強學校與家庭關係，現代教育制度專業化程度起來越高，不僅學校內教師與行政人員各司其職，教師在課堂上傳授知識，行政人員在校內服務學生與教師；而且，學校教育與家庭教育、社會教育嚴重脫節。學校社會工作有利於學校與家庭、社區之間的連繫，確立統一的教育目標。

(三) 適應現代社會分工合作的需要。現代社會的職業分工越來越細，服務所需的技術也越來越精。在學校教育工作中，教師除傳授專業知識外，不可能給予學生心理上、生活上和社會關係上的專業指導。為此，完善的現代學校不僅需要任課教師與行政人員，還需要心理工作者和社會工作者的配合和服務。

現代社會急遽變化，家庭功能銳減，給青少年的教育管理工作帶來了嚴重的後果。學校社會工作積極引導社會資源，學校、家庭和社區齊心共為，建立社區服務網絡，幫助青少年解決成長過程中遇到的生理、心理和社會適應問題，使他們健康成長，發展潛能和專長，成為社會的建設性力量。這對青少年的健康成長和社會發展都具有著十分重要的意義。

六、農村婦女工作

在傳統社會，婦女在生活經歷、生活機會上存在明顯的不平等，在農村社會，婦女更是在權力、利益、尊嚴保護方面都存在較大的落差。開展農村婦女服務目標是在支持男女平等下，滿足婦女基本需要，支持農村婦

女參與社區事務、發展婦女組織，為她們提供各種知識和網絡服務。這一領域主要服務的內容有：婦女能力建設服務、婦女社會支持網絡服務、反家庭暴力服務、婦女生計技能服務、婦女健康服務。

農村社會工作者角色是，農村社會工作者在農村婦女服務工作中，扮演著組織者、培訓者和支持者的角色。

七、農村衛生保健服務

在農村社區中，對傷殘康復服務、衛生健康的需求越來越迫切，這一領域的服務類型有：婦幼保健服務、傷殘康復服務、基本醫療知識服務、身體健康恢復服務。現代醫學認為人生病的原因、發病的過程及治病的效果都與現代社會生活有關，所謂健康也必須是生理、精神、社會活動與人際關係都達到健全的狀態。社會工作者因此成為醫療衛生保健團隊中的成員之一，負有探索疾病中的社會因素、人際關係與心理情緒的任務，成為病人、家屬和醫護人員之間的橋梁。社會工作參與醫療衛生保健工作，一方面是病人及其家屬有這種需要，另一方面是現代醫療衛生保健工作科際整合發展的結果。農村醫療資源相對於都市較為稀缺，是以，社會福利經由社會工作直接參與醫療衛生保健服務，以實際工作健全農村衛生保健服務。

醫療社會工作就是把社會工作的專業知識和技術運用到醫療、衛生、保健機構中，協助病人及其家屬解決與疾病相關的社會、經濟、家庭、職業、心理等問題，以提高醫療效果。醫療社會工作不但能促使病人早日痊癒，保持身心健康，而且協助解決產生疾病或因疾病而產生的各種社會問題，預防疾病的蔓延與復發，使病人精神振作地重新適應社會。

醫療社會工作者的基本工具是會談，通過會談可以瞭解病人的社會情境、人格和社會資源。會談是有目的、有計畫、被評估和被記錄的。會談的方式根據病人及其家屬對問題的敏感性而決定。

醫療社會工作的內容可分為醫院照顧工作、社區照顧工作和疾病預防工作。

(一) 醫院照顧工作。醫院設立社會服務部，醫療社會工作者為就醫或入院的病人提供服務，在醫院各科室和病房中提供服務，也參與醫院的行政工作。

(二) 社區照顧工作。社區照顧工作為社區內的老年病人和病後康復期的病人提供家庭式的照顧。這些老人身體衰弱，但並不需要住院治療，而且願意留在社區。照顧項目大致分：機構照顧、社區照顧和家庭照顧。隨著「福利社區化」成為農村衛生保健服務的重心。

(三) 疾病預防工作。促進健康與預防疾病是醫療衛生保健社會工作的新方向，醫院只有積極參與所在社區的疾病預防與保健，才能真正實現為社會服務的理想。社會工作者在疾病預防方面大有作為。他們可以從事社區衛生教育，承擔醫院對社區衛生教育的職責。藉助大眾傳播媒介，如通過有線電視現場直播社區座談，可以有效地傳播衛生保健知識，尤其是那些與本地區有關的特殊的流行疾病知識。他們組織、訓練志願者隊伍，發起社區志願服務運動，把社區內自願從事服務、有一定時間和能力的居民組織起來，由醫院協助加以訓練，從事社區內對老年人、殘障者等的服務工作，同時宣傳預防疾病的知識。他們協助醫療機構、社會機構和學術機構從事地區性疾病的調查研究，透過瞭解社區的疾病傾向達到預防的目的。農村社會工作者扮演著連繫人、宣傳者和支持者的角色。

八、農村社區發展工作

為幫助社區內建立良好社會關係，發展村民團結互助的精神，培養社區責任感，志在改善社區內生活品質，並透過推動社區改善物質環境和人文環境來強化社區生活的過程。這一類也提供一些實質服務：建立社區活動中心、改善社區基本設施等。農村社會工作者角色是，需要掌握較強的人際交往技巧及良好的溝通、協商、談判能力。靠政府、社會、農村社區

自身力量，發展農村社區基本建設，發展農村社區經濟，強化農村社區功能，預防和解決農村社區問題。農村社區建設就是要把農村社區經濟發展和社會發展放在整個社會發展的大環境中。農村社會工作者角色，首先是研究者；其次是倡導者；最後，農村社會工作者是農村社區建設的參與者。

　　農村社會工作按工作內容劃分，還可分為農村社會救濟、農村社會福利、農村生育規劃、農業技術推廣等。農村社會工作，如果按工作性質來劃分，農村社會工作可分為消極被動型和積極主動型兩類。所謂消極被動型的農村社會工作是指對發生各種困難的農村居民給予幫助或對已出現的農村社會問題採取應急措施，如對弱勢者進行救濟、對受災地區的農民給予援助等。所謂積極主動型的農村社會工作是指開展具有預防性和建設性的工作。預防是為了儘量減少農村社會問題的發生，如：疾病預防、防止生態平衡遭受破壞等；建設性工作指為提高農村居民的社會適應能力而進行的工作，如：農村再生、社區營造、農村文化建設、農業技術推廣等。

結語

　　觀察先進國家鄉村發展過程，當都市發展至一定程度之後，因都市生活環境品質日益惡化，都市人口開始有回流到鄉村享受自然景觀的渴望，故農村再發展早於數十年即被重視，如德國在三十年前即開始進行農村發展規劃及運動，落實由下而上的推動方式，透過居民參與、專業的社區規劃，減少推動阻力。同時，當地居民對於自己參與討論計畫之實施，亦會產生認同感，更能達成政策推動目標。

　　在台灣，農村不僅是農民生產與居住的場所，也是大多數其他非農民的生活空間；不僅是人類生存的場所，也是其他生命體生存的活動空間。農村的功能從以往的以生產為唯一目標，轉而同時扮演著自然生存基本條件的維護、生物多樣性動植物的保護、文化及人文景觀的維護角色等。農

村社會工作是社會工作的一個重要組成部分，也是現階段真正具有特色的社會工作的體現。它是專業的引導下，廣泛發動各種社會力量在農村所開展的社會服務；農村社會工作的目的在於預防和解決社會問題，增進農村的社會福利，推動農村的社會發展。二○一○年「農村再生條例」通過，強調建設「富麗新農村」為願景，藉由農村社會工作的推動，以培育具有農村經營人才。

第一，對於社工學系，增進於專業議題關照的高度。

第二，對於社工系老師，增進教師專業能力的寬度。

第三，對於社工系學生，增進渠等生涯能力的深度。

第四，對於實務單位，增進服務於社會實踐的廣度。

第五，藉由研議的成果，增進專業學術交流的厚度。

農村社會工作以「築夢培根、幸福農村」為主軸，結合產、官、學界辦理農村再生人力培訓工作，依據社區資源不同之差異，逐漸凝聚共識，建立農村民眾參與農村規劃的機制，培養農村規劃的知識與技能，同時激發農村居民熱愛鄉土的情懷及自主建設新農村的能力，改善農村生活品質，自主營造充滿活力、生氣盎然的幸福農村。

參考書目

一、中文部分

文建會（1999）。社區總體營造理念與實務研討會會議手冊。台北：文建會。

教育部（1998）。邁向學習社會——推展終身教育，建立學習社會。台北：教育部。

王政彥（2002）。終生學習社區合作網絡的發展。台北：五南圖書出版公司。

甘炳光（1997）。社區工作——理論與實踐。台北：五南圖書出版公司。

吳英明（1999）。市民社會與地球村。台北：宏文館圖書股份有限公司。

李天賞（2005）。台灣的社區與組織。台北：揚智文化。

李增祿（1983）。社會福利與社區發展之研究。台中：台中市社會工作研究服務中心。

林振春（2001）。學習型社區的推動策略與實施現況。成人教育，60。2-10。

徐震（1990）。社區與社區發展。台北：正中書局。

黃源協（2000）。社區照顧：台灣與英國經驗的檢視。台北：揚智文化。

楊國德（1996）。塑造社區學習文化的途徑。台北：心理。

劉毓玲（1997）。建立社區理想國。台北：天下文化出版股份有限公司。

蔡培村（1996）。成人教學與教材研究。高雄：麗文文化公司。

蔡漢賢（1986）。社區發展的回顧與展望。台北：中華民國社區發展研究訓練中心。

蔡宏進（2005）。社區原理。台北：三民。

葉至誠（2010）。社區工作與社區發展。台北：秀威資訊科技股份有限公司。

賴兩陽（2002）。社區工作與社會福利社區化。台北：洪葉文化事業有限公司。

蘇景輝（2003）。社區工作——理論與實務。台北：巨流出版社。

陶蕃瀛（1994）。社區組織與社區發展實務。台北：五南圖書出版公司。

二、西文部分

Anderson, Benedict.（1992）. *The Imagined Communities, 2nd ed.* London: Verso.

Barham, Elizabeth. (2003). "Translating Terroir: the Global Challenge of French AOC Labelling." *Journal of Rural Studies* 19: 127-38.

Brookfield, S. (1984). Adult learners, adult education and the community. British: Open University.

Christenson, A. James. (1989). Themes of Community Development. In Christenson, J. A. And Robinson Jr., J. W. ed. Community Development in Perspective. Ames: Iowa State University Press.

Chaskin, J. R., Brown, P., & Venkatesh, S. (2001). Building Community Capacity. N.Y.: Aldine De Gruyter.

Cloke, Paul. (2000). "Rural." In R. J. Johnson, G. Pratt, D. Gregory, and M. Watts eds., *Dictionary of Human Geography, 4th ed*. Oxford: Blackwell.

Davies, M. (1987). Community care practice handbooks-An introduction to social work theory. England: Wildwood House Limited.

Friedman, J. (1994). Cultural identity and global process. London: SAGE.

Fiffer, S. & Fiffer, S. S. (1994). 50 Ways to Help Your Community. Doubleday: A Main Street Book.

Ginsberg, L. H. (Ed.) 1976, Social Work in Rural Communities: a Book of Readings. New York: Council on Social Work Education.

Heimstra, R. (1974). Community adult education in lifelong learning. Journal of Researth & Development in Education, 2,34-44.

Hardcastle, D. A., Wenocur, S., & Powers, P. R. (1997). Community practice theories and skills for social workers. New York: Oxford University Press.

Leff, J. (1997). Care in the community: Illusion or reality? New York: John Wiley & Sons.

Raymond, J. (1995). Empowerment in Community Care. U.S.: Chapman & Hall.

Saleebey, D. (Ed.) 2004, The strengths Perspective in Social Work Practice. Boston, MA: Allyn and Bacon.

Scales, T. L. & C. L. Streeter 2003, Rural Social Work: Building and Sustaining Community Assets. Belmont, CA: Thomson Learning.

Schust, C. S. (1997). Community health education and promotion--A guide to program design and Evaluation. Maryland: Aspen Publishers, Inc.

Sen, Rinku. (2003). Stir it up: lessons in community organizing and advocacy. Jossey-Bass.

Sherraden, M. 1991, Assets and the Poor: a New American Welfare Policy.

實踐大學數位出版合作系列
社會科學類　AF0158

農村社會工作

作　　者 / 葉至誠
統籌策劃 / 葉立誠
文字編輯 / 王雯珊
封面設計 / 賴怡勳
執行編輯 / 蔡曉雯
圖文排版 / 王思敏

發 行 人 / 宋政坤
法律顧問 / 毛國樑　律師
印製出版 / 秀威資訊科技股份有限公司
　　　　　114台北市內湖區瑞光路76巷65號1樓
　　　　　電話：+886-2-2796-3638　傳真：+886-2-2796-1377
　　　　　http://www.showwe.com.tw
劃撥帳號 / 19563868　戶名：秀威資訊科技股份有限公司
　　　　　讀者服務信箱：service@showwe.com.tw
展售門市 / 國家書店（松江門市）
　　　　　104台北市中山區松江路209號1樓
　　　　　電話：+886-2-2518-0207　傳真：+886-2-2518-0778
網路訂購 / 秀威網路書店：http://www.bodbooks.com.tw
　　　　　國家網路書店：http://www.govbooks.com.tw
圖書經銷 / 紅螞蟻圖書有限公司
　　　　　114台北市內湖區舊宗路二段121巷28、32號4樓
　　　　　電話：+886-2-2795-3656　傳真：+886-2-2795-4100

2013年1月BOD一版
定價390元
版權所有　翻印必究
本書如有缺頁、破損或裝訂錯誤，請寄回更換

國家圖書館出版品預行編目

農村社會工作 / 葉至誠著. -- 一版. -- 臺北市：秀威資訊
科技, 2013. 1
　　面；　公分. -- (社會科學 ; AF0158)
　BOD版
　ISBN 978-986-326-014-1(平裝)

　1. 社會工作　2. 農村

547　　　　　　　　　　　　　　　　101020732

讀 者 回 函 卡

感謝您購買本書，為提升服務品質，請填妥以下資料，將讀者回函卡直接寄回或傳真本公司，收到您的寶貴意見後，我們會收藏記錄及檢討，謝謝！

如您需要了解本公司最新出版書目、購書優惠或企劃活動，歡迎您上網查詢或下載相關資料：http:// www.showwe.com.tw

您購買的書名：＿＿＿＿＿＿＿＿＿＿＿＿＿＿＿＿＿＿＿＿＿＿＿＿＿

出生日期：＿＿＿＿＿＿年＿＿＿＿＿＿月＿＿＿＿＿＿日

學歷：□高中 (含) 以下　　□大專　　□研究所 (含) 以上

職業：□製造業　□金融業　□資訊業　□軍警　□傳播業　□自由業
　　　□服務業　□公務員　□教職　　□學生　□家管　　□其它＿＿＿

購書地點：□網路書店　□實體書店　□書展　□郵購　□贈閱　□其他

您從何得知本書的消息？

　□網路書店　□實體書店　□網路搜尋　□電子報　□書訊　□雜誌
　□傳播媒體　□親友推薦　□網站推薦　□部落格　□其他＿＿＿＿＿＿

您對本書的評價：(請填代號　1.非常滿意　2.滿意　3.尚可　4.再改進)

　封面設計＿＿＿　版面編排＿＿＿　內容＿＿＿　文／譯筆＿＿＿　價格＿＿＿

讀完書後您覺得：

　□很有收穫　□有收穫　□收穫不多　□沒收穫

對我們的建議：＿＿＿＿＿＿＿＿＿＿＿＿＿＿＿＿＿＿＿＿＿＿＿＿＿

＿＿＿＿＿＿＿＿＿＿＿＿＿＿＿＿＿＿＿＿＿＿＿＿＿＿＿＿＿＿＿＿＿

＿＿＿＿＿＿＿＿＿＿＿＿＿＿＿＿＿＿＿＿＿＿＿＿＿＿＿＿＿＿＿＿＿

＿＿＿＿＿＿＿＿＿＿＿＿＿＿＿＿＿＿＿＿＿＿＿＿＿＿＿＿＿＿＿＿＿

11466
台北市內湖區瑞光路 76 巷 65 號 1 樓

秀威資訊科技股份有限公司　　　收

BOD 數位出版事業部

（請沿線對折寄回，謝謝！）

姓　　名：＿＿＿＿＿＿＿＿＿　年齡：＿＿＿＿　性別：□女　□男

郵遞區號：□□□□□

地　　址：＿＿＿＿＿＿＿＿＿＿＿＿＿＿＿＿＿＿＿＿＿＿

聯絡電話：(日) ＿＿＿＿＿＿＿＿＿　(夜) ＿＿＿＿＿＿＿＿＿

E-mail：＿＿＿＿＿＿＿＿＿＿＿＿＿＿＿＿＿＿＿＿